燕京大学与中西关系

Yenching University and Sino-Western Relations, 1916—1952

PHILIP WEST

〔美〕菲利普·韦斯特 著

程 龙 译

北京师范大学出版集团
BEIJING NORMAL UNIVERSITY PUBLISHING GROUP
北京师范大学出版社

序　言

对燕京大学中外教师以及校友们的采访是本书研究中最为令人欣喜的部分。我首先要感谢包贵思女士（Grace M. Boynton）。她让我"触摸"到了当时北京的城市生活，还允许我阅读她在燕京大学教授英文的30年间所保留的通信和日记。1970年2月，她与世长辞，我从此失去了一位挚友。

我与傅泾波的谈话几乎同样意义重大，他曾长期担任燕大校长司徒雷登的私人秘书。在华盛顿对傅泾波长达数个小时的采访为了解燕京大学在中美两国的行政管理和内部运作提供了宝贵的信息。

两位德高望重的燕大教员洪煨莲和梅贻宝也生活在美国。我在哈佛燕京图书馆的工作室采访了洪先生，在艾奥瓦市见到了梅先生，他们两位都接受了我长时间的访谈，并允许我录音。

在费城地区与燕大名人们的会谈也是富有成效且十分珍贵的。我见到了夏仁德夫妇（Randolph和Louise Sailor），他们为做好燕京大学的学生工作亲密合作了20多年；我也拜会了奥古斯塔·瓦格纳先生（Augusta Wagner）和玛格丽特·斯皮尔女士（Margaret Speer），后者允许我阅读她在燕大期间与父母罗伯特·斯皮尔夫妇（Robert Speer）的通信；我还曾与蒲爱德女士（Ida Pruitt）一起喝茶，也谈到了她对燕大一些尝试性举措的激烈批评。我还要感谢霍夫索默女士（Abigail Hoffsomer），她来自位于纽约的亚洲基督教高等教育联合会。她允许我查阅燕京大学董事会的行政档案和通信。我曾多次拜访她，而每次拜访，她都在一间可以俯瞰哈德孙河的阅览室里为我准备好书桌和打字机。

我曾到佛蒙特州万宝路市（Marlboro）去见米尔德丽德·莱宝（Mildred Raible）和多萝西·麦克阿瑟女士（Dorothy MacArthur），打听她们父亲高厚德（Howard S.Galt）的有关情况。她们慷慨地将高厚德先生未刊手稿《燕京大学：起源与历史》（*Yenching University: Its Sources and Its History*，1939）的复本赠送给我。德怀特·爱德华（Dwight Edwards）所著《燕京大学》（*Yenching University*，1959）一书就是在高厚德研究的基础上写成的。尽管他们二人对传教士的工作持有不同看法，但高厚德和艾德敷的研究为燕大校园生活提供了很多有价值的细节，而这正是本书聚焦跨文化研究时未曾关注的内容。

我也曾到俄亥俄州的特拉华（Delaware）与范天祥夫妇（Bliss和Mildred Wiant）长谈，听他们讲述在燕大20年的执教生涯；我到伊利诺伊州的额尔金（Elgin）去看望伊丽莎白·柯克帕特里克女士（Elizabeth Kirkpatrick），她跟我谈起了其父母博晨光夫妇（Luciusand Lillian Porter）的故事，并让我阅读了她父亲的日记以及她与父母的通信。在前往中国台湾从事一年语言学习和研究的路途中，我在加利福尼亚州波莫纳（Pomona）与步济时夫人（Stella Fisher Burgess）会谈了几个小时，当时她已经是89岁高龄的老人。1974年她去世之前曾给我写了一封长信，诙谐幽默地谈起了她作为"中国通"在燕京大学的经历，也谈到了她丈夫步济时（John Stewart Burgess），信中充满了对历史的洞见。

在中国台湾和中国香港，我也采访了几位燕京大学的校友。其中应该特别提到的有刘廷伟，我们花了几个小时谈论他的哥哥刘廷芳；魏景蒙为我写了介绍信；叶楚生和李满桂回忆了20世纪20、30年代他们在燕大校园里担任学生领袖的情况。在香港的燕大校友中，我还要感谢谭纫就、田兴智和马蒙，他们回忆了各自的学生生活和燕大的一些相关人员，我还要对陈丽山表达谢意，他送给了我一份自己编辑的《燕大校友通讯录》。

除了以上在美国和中国的联系人外，我还拜访了英国剑桥的赖朴吾夫妇（Ralph and Nancy Lapwood），他们是1952年最后一批离开燕大的全职西方教员。最近，就在1974年秋天执教于日本期间，我和京都同志社大学①的有贺铁太郎长谈了一个下午。

_____

① 同志社大学：位于日本京都的私立大学，设立于1920年，是基督教教会学校，该校的同志社礼拜堂是日本最悠久的新教教堂之一。本书的页下注都为译者注，章后注为原书注。——译者

1930年，有贺曾作为客座讲师访问过燕大。他谈到了同志社大学曾非常积极地希望加强与燕大的联系。我还要感谢东京国际基督教大学（International Christian University）的武田清子和山本澄子，她们作为东亚与西方跨文化关系的研究者和教育者，发现我的研究与她们的工作有很多相似之处，因此对本书很感兴趣。山本教授的文章让我第一次注意到了吴雷川这个人物的重要性，他是燕京大学第一位华人校监。

学术界的朋友们对于本研究同样重要。哈佛燕京图书馆的吴尤金（Eugene Wu）慷慨地从缩微胶片上为我复制了中文资料《生命》《真理周刊》和《真理与生命》，其中有很多关于华人教师的记录，而《燕大月刊》《燕大周刊》《燕京新闻》和《新燕京》则是研究燕大学生的主要资料。斯坦福大学胡佛图书馆的马约翰（John T. Ma）也同样将其图书馆的丰富资料提供给我使用。白思达（Glen Baxter）向我提供了一份学者名录，他们都以各种方式与哈佛燕京学社保持了几乎长达50年的联系。

对于那些阅读了本书全部或部分内容的朋友和同事们，我要致以最诚挚的谢意。傅高义（Ezra Vogel）、柯文（Paul Cohen）和费正清（John Fairbank）阅读了本书不同撰写阶段的全部文稿；斯蒂芬·莱温（Stephen Levine）、玛德琳·莱温（Madeline Levine）、乔治·威尔逊（George M. Wilson）、邓嗣禹、包华德（Howard Boorman）、夏德仁、蔡为仑（Stephen Tsai）、范天祥以及贝德士（M. Searle Bates）对书稿提出了批评意见；查尔斯·海福德（Charles Hayford）、孟旦（Donald Munro）、谭若思（Ross

Terrill）以及平野健一郎在研究方法和概念上提出了具有启发性的建议；奥利弗·霍姆斯（Olive Holmes）和阿伊达·唐纳德（Aida Donald）曾帮助编辑文稿，而柏士隐（Judith Berling）和沙伦·曼森（Sharon Manson）则进行了校对和文献编目工作。

最后，我要感谢哈佛大学东亚研究中心，尤其要感谢曾多年担任我导师的费正清先生；我还要感谢印第安纳大学在过去5年间为这项研究慷慨地提供资金支持。

受访者对同事们以及其他相关人员的印象和看法，对这项关于燕京大学的研究产生了决定性影响，但文中若有任何事实或历史判断方面的错误，责任完全在我。

我对燕京大学的第一印象是，这是西方人在中国所做的努力，我应该对其表示尊敬，我的研究也围绕着它的贡献展开，强调它在与中国合作办学以及推动社会学、新闻学和汉学研究中的作用。我也注意到了燕京大学的毕业生们，这个庞大的群体多达3000余人，他们在教育、政府和商业界担当着领袖角色，无论在中华人民共和国成立之前或之后，他们同时在国共这两大对立的阵营内服务。燕京大学在外交方面也有举足轻重的地位，司徒雷登是新中国成立前最后一任美国驻华大使，而两位燕大20世纪30年代的学生则在20世纪70年代的中西关系中发挥了巨大作用，一位是曾担任中华人民共和国驻联合国大使的黄华（曾用名王汝梅），另一位则是沈剑虹，他曾在美国与中国台湾断交前担任中国台湾驻华盛顿的代表。

因为对燕大人的由衷崇拜，我现在仍对燕大的各种贡献持赞赏态度。但在深入研究后，有关贡献的内容显然被放错了位置，特别是本研究从头至尾都是在越南战争的背景下进行的。那些年，我对燕京大学的印象受到了影响，因为美国用来为其在越南的行为进行的辩解，听起来就像为在华传教士的行为进行辩护一样。我曾极力避免以当代思维研究历史的缺陷，但又无法回避如下观点，即西方对当代东亚历史的影响既有积极的一面，也有消极的一面。

当我的注意力转向中国人与西方人的文化交流时，燕京大学仍然是中西关系史上一个很有意义的课题。通过研究这所学校30多年间有关人物的态度和行为，我得以理解20世纪中西关系中深刻的二元对立，这些人中既有纽约燕京大学董事会的美国商人，也有后来成为共产主义运动领导人的青年学生。燕京大学早期的历史是对中西跨文化合作的一次见证，其后期历史则是有关东亚冷战问题的一项研究。

目　录 / Contents

第01章

/ 概论

在19世纪之前，中国的历史很大程度上可以被解读为其内部事务的历史，与西方世界几乎没有关联。然而19世纪以来，中西关系便成了中国近代史不可或缺的组成部分。随着西方军事力量渗透到东亚海域以及中国在鸦片战争（1839—1842）中的失败，中国不得不面对前所未有的、来自海上的外部挑战，也由此陷入了几次与西方世界的新战争。每一次冲突的结局，都有一项条约强加给中国，令其备感屈辱。而与此同时，西方扩张的力量也在逐渐加强。在炮舰外交政策的保护下，条约口岸在沿海和内河流域兴盛起来，那里进行着大量中西贸易，也孕育了我们称之为民族觉醒的思想意识。中国共产党比其他任何组织都更加有效地激发和驾驭了这种民族精神，当中华人民共和国成立后，中国共产党便公开消除欧美在华的影响力，10年之后，苏联的影响也被从中国去除。然而，西方仍然是中国历史的重要组成部分。西方的价值观念，例如人们正在实践的信仰，已经被中国吸收在内。当中国的领导人寻求建立新的政治秩序时，西方也成了反面典型，而新建立的秩序在某些方面实际上也源自西方，但它却具有更加鲜明的中国特色。

对于西方人，尤其是美国人来说，中国十分重要，尽管这种重要性很晚才被认识到。美国近来所参加的三场战争都发生在中华文化圈内。第一场是美国作为中国的盟友，共同对日作战；在朝鲜进行的第二场战争中，中美两国的军队历史上第一次兵戎相见，展开了全方位的较量；第三场战争旨在反对越南革命，而激励这场革命的精神及其效仿的榜样，都紧紧地与中国革命的实践联系在一起。其中的每一场，尤其是最近的这次越南战争，都给美国社会带来了深刻影响。我强调这些国际关系的重要性，并不意味着忽视国内形势的发展。在理解中西双方交往历史的过程中，国内情况无疑具有更加重要的意义。但整个20世纪，中西关系在相互惧怕和彼此友好之间摇摆不定，二者在自我形象认知和国家战略之间的冲突，已经并将继续产生意义深远的结果，其不仅影响到中美双方，更将波及整个世界[1]。

/ 阐释中西关系的不同观点

尽管中西关系意义重大，但学术界并未形成一套统一的观点对此加以阐释。主观感受和戴着有色眼镜看问题的偏见，仍然主导着学者们的分析和结论。与关注中国和诸多西方国家内部事务的理论研究不同，在中西关系领域，尚未出现一个被大家广泛接受的视角。社会学家采用诸如"跨种族社会分层"和"文化同化"等术语，尝试建立跨文化关系的研究体系。但这些研究大部分建立在少数族裔适应主流文化的模式之上，由此而归纳出的结论显然与中西关系问题相去甚远。在后者的研究范畴内，何为主流文化和主流政治，都还是一个悬而未决的问题。与此相似，研究外交的学者也已经从国际关系角度进行了阐释，但他们的研究通常局限于正式的外交关系，所使用的材料也大多来自西方。在本书的研究中，外交固然非常重要，但外交史也仅仅是跨文化关系中的一个方面。从长远来看，与外交事务关系不甚密切的一些个人，以及不断演进的传说故事和视觉形象，也都是跨文化关系的重要组成部分。至于民间交往领域，中国方面还远未进行过深入的研究[2]。

多年以来，研究中西关系的那些学者，要么与传教事业有所关联，要么就对西方侵略中国持赞成态度。赖德烈[①]在他里程碑式的著作《基督教在华传教史》（*A History of Christian Missions in China*，1929）的序言中开篇就谈到，他如何"肩负着基督教的

[①] 赖德烈（Kenneth Scott Latourette：1884—1968），美国汉学家，研究基督教史和中国近代史。1910年首次来华，曾在长沙雅礼学校和湘雅医学院工作多年。著有《早期中美关系史（1784—1844）》（*The History of Early Relations between the U. S. and China, 1784—1844*）和《基督教在华传教史》等。——译者

使命"；而其研究目的之一，就是"要阐明在华教会的活动比起那些毫无责任感的工作更应该得到支持"。德涅特[①]的《美国人在东亚》（*Americans in Eastern Asia*，1922）对后来东亚外交史和专题论文的写作起到了决定性作用。他的学术影响力强化了"美国与中国具有特殊关系"这一印象，其中一个特殊性在于，比起他们的欧洲同伴，美国人对中国更加负责任[3]。

赖德烈和德涅特的研究广度至今仍无人能及，但社会主义革命的成功促使研究者开始质疑他们二人的理论假设，并重新评价中西关系的性质。在对中西关系再评价的过程中，我们可以看到两种主要倾向。第一种观点认为，对中国来说，与西方的接触是负面经历，100年来，中国在与西方国家以及日本的战争中屡屡失败就是最明显的表现。传教士、教育家和商人们所带来的，以及成千上万的中国留学生所学习的西方文化，发挥着更加隐晦的作用，但其破坏力却丝毫不减。汪一驹所著《中国知识分子与西方，1872—1949》（*Chinese Intellectuals and the West*，*1872—1949*，1966）一书便强调学习西方文化毫无用处，且不适合中国国情。汪一驹认为，"西式教育培养了一批精英人士，但他们却与周围的现实生活格格不入"。对于那些从农村来到城市的人，西式教育是"一个城市化的过程，学生们一旦接受了它，便再也无法回到他们的家乡。课程中大量使用的外国材料，加速

---

① 德涅特（Tyler Dennett，1883—1949），美国历史学家，曾在约翰·霍普金斯大学、哥伦比亚大学和普林斯顿大学任教，著有《美国人在东亚》《罗斯福与日俄战争》等。——译者

促成了学生们与本土文化和现实生活的隔膜"[4]。詹姆斯·汤姆森（James C. Thomson）的《当中国面对西方》（*While China Faced West*，1969）则认为这个问题应归罪于渐进主义的失败，即受西方影响的改革方式的失败，它们未能有效地采取更加大胆、影响力更为广泛的措施来应对国家的问题[5]。汪一驹和汤姆森的结论令人深感不快，因为在将近半个世纪的时间里，很多中国人和西方人都相信，西方文化的影响和渐进式改革一定会奏效。随着毛泽东著作及其译本在西方逐渐流行，越来越多的人倾向把过去中国接触到的欧美文化当作"文化帝国主义"来批判[6]。

与上述意见相关的一个观点认为，西方国家帮助中国的努力，不仅对中国产生了负面影响，而且从一开始就注定要失败。史景迁（Jonathan Spence）在《中国的助手》（*The China Helpers*，1969）一书中考察了16位来华的西方顾问，从17世纪清代宫廷里的耶稣会士到20世纪50年代在中国工作的苏联专家，介绍了他们如何想"给中国带来精神和物质上的提高。而每位顾问，都试图用某种方式掌控中国的发展方向"。但最终，"他们都成了中国的仆人，而不是主人，并淹没在他们自己所带来的科学技术中"[7]。史景迁认为，他们的动机从一开始就带有批判中国的意味，其努力则自然误入歧途，也显得十分幼稚。

中国的社会主义革命胜利后，第二种倾向开始出现。这种观点认为，中西关系影响的对象已经从中国转变成西方。双方的角色已经互换。西方国家不仅没有什么可以再教给中国，在某种意义上，中国反而成了西方的楷模。英国著名汉学家李约瑟

（Joseph Needham）说："整个世界都需要谦虚地向中国学习，不仅学习当代中国，而且要学习各个历史时期的中国，因为中国人的智慧和经验中有很多治疗思想疾病的良药。"马克·塞尔登（Mark Selden）在回应一批新时代的中国学者时说："世界各地有许多男男女女，他们想建立一个社会，反抗令人窒息的压迫，推翻专制政府，摆脱科学技术的奴役，对他们来说，中国革命无疑是一种鼓舞和激励。"[8]最近，美国顶尖的中国问题专家撰写论文并编辑成册，名为《中国的发展经验》（*China's Developmental Experience*），这本书"对理解美中关系提出了独到的见解"。它"从中国的发展实践中总结了一些好的经验和坏的教训，或许可以为西方社会和其他发展中国家所借鉴"[9]。西方人最感兴趣的莫过于中医，这从近年来出现的数以百计有关中医的论文和众多图书就可见一斑。这种转而向中国学习的现象在中西关系史上并不是什么新鲜事。大概200年前，许多西方思想家就把中国当作模范，从中寻找素材，以支持他们对人类和社会的一些独特看法[10]。

如果说这种观点有什么新变化，那就是原来大家认为的"西方主宰中国，西方优于中国"的假设明确的受到了挑战。多年以来，近代历史被定义为西方扩张和影响世界其他地区的历史。有些人仍然相信西方国家可以为中国提供学习和借鉴的东西，西方的影响力仍然在世界上不断扩大。然而，对中国人来说，他们至少已经加入了这场争夺战。用史景迁的话说，历史的循环已经结束。中国顾问"开始在很多领域与西洋顾问一争高下，用他们高超的专业技术来证明中国人对世界的理解和认识同样正确有效。……中国，曾经远远超越西方，却一度被其压制，现在又开始用自己的方式来解决世界上的问题"[11]。汤因比对这种论断也表示支持，他写道："如果21世纪被证明是人类历史上的东亚世纪，这丝毫不令人惊讶。"[12]

中国超越西方的可能性，有助于改变过去双方力量对比的失衡，弱化以往西方高高在上形象的不良影响，这种发展前景，可能会令那些仍然支持西方宗教或世俗事业的人感到不快。但在如今的西方世界，也有另一部分人谴责西方势力的深度扩张。随着视角的变化，一些初出茅庐的学生为西方势力在中国的寿终正寝大声叫好，这并不稀奇。他们很难相信，中国的年轻人也曾经是狄更斯、易卜生、托尔斯泰和泰戈尔的追随者，或者也曾加入过《圣经》学习小组。如果在课堂上有人讲到，基督教青年会实际上曾是中国大学校园里最受欢迎的社团，一定会引来学生们的偷笑。这种对历史的不信任，也是西方自我怀疑的一种方式。

/ 基督教与中国文化

中国在近代与西方的碰撞主要发生在贸易、传教和外交所能影响到的领域。我想主要谈一谈教会，尤其是基督教新教教会，这并不是说贸易和外交不重要，而是因为教会的历史为本研究提供了最直接的背景。皈依新教的教徒在数量上总是不及天主教，但在破坏儒家文化秩序和提出新观点方面，他们的影响力却比天主教教会大得多。在中国各省份的2000个县中，有1500多个都设有教会，同样重要的，还有其广泛分布的学校系统，以及晚清和民国时期它们与中国统治阶层的政治联系。跟随传教士皈依基督教新教的中国人还不到总人口的百分之一，20世纪20年代末蒋介石当政后，基督教新教在政界的影响力急转直下。这一失败与早期新教的成功同样快速而急剧。

从儒家文化价值观的角度来强调20世纪中期基督教教会的失败，容易把人引入歧途，因为后来的共产主义革命在传教士作为先驱所开创的那些领域都取得了成功，这是显而易见的。传教士所尝试努力的领域十分广泛：教普通人识字，用方言出版杂志和宣传册，提倡妇女教育，主张男女平等，呼吁废除童养媳，认为社会公共责任高于孝顺和家庭责任，成立学生组织推动体育锻炼和道德养成，引进西方知识文化并将其中国化，以塑造中国的新生活[13]。这些观念在19世纪的中国是十分新颖的，它们在太平天国运动（1851—1864）、1898年康有为（1858—1927）和梁启超领导的百日维新和后来20世纪前25年中所开展的广泛社会改革中都发挥了作用。尽管取得了这些成绩，传教士及其信徒却未能把这些观念转化为持久的政治纲领。他们的这些改革计划既缺乏马克思主义分析问题时的犀利和全面，也没有列宁主义所说的一个团体组织应具有的政治性。在中国文化史的语境下，传教士反对共产主义以及共产主义对传教士的批判，在某种程度上属于世俗范围内的冲突。他们彼此方法不同，但却有着相似的目标。安德鲁·马尔罗（Andre Malraux）①曾引用共产国际中国负责人鲍罗廷（Michael Borodin）的话："你们都能理解新教传教士的行为，对吧？好，那你们也能理解我的行为。"[14]

在评价基督教在华作用时，另一个问题随之出现，即当前的学术界开始否定传教事业的宗教特性。某种意义上说，这是20世纪宗教与科学之争的持续发展，这种情形在中国和西方都曾出现过。19世纪晚期以来，中国的文化先驱们已经否定了中国思想和历史的宗教特性。严复（1854—1921）、梁启超（1873—1929）、胡适（1891—1962）和陈独秀（1879—1942）等关键人物都持这一看法，尽管他们在政治观点、是否效忠前清和与西方的关系上有很大不同。面对西方的强势挑战，改良派试图用西方世界的话语来维护中华文明，反对"中国倒退落后"的西方观点，这是可以理解的。而对于支持激进变革的人来说，西方科学提供了一个激动人心的新社会范本，为青年和大众的教育及现代化提供了有力武器。无论哪一个群体都卷入了世俗化的浪潮中，用杨庆堃（C.K.Yang）的话说，他们都"带着不屑和轻蔑的目光，把宗教扫地出门"[15]。

科学与宗教之争在民国初期的1922年引发了一场"反基督教运动"。直到今天，共产主义对宗教的批判，仍源于科学与宗教的冲突，以及教会与帝国主义之间的联系[16]。到20世纪20年代末，

---

① 安德鲁·马尔罗（1901—1976）：法国著名作家，曾在戴高乐当政期间担任法国信息部长。——译者

这场争论明显以科学的胜利而告终，因为中国的知识分子，包括基督徒在内，都在试图避免的错误，就是被指责为"非科学"。宗教实践也要放到科学的语境下，以获取合理性。科学开始与爱国联系在一起。

对宗教的不信任也深深根植于西方思想文化，并开始影响我们对中国历史上哪些内容重要以及中西关系性质的解读。它决定了学术研究要提出怎样的问题，以及使用怎样的材料。当然，这种反宗教倾向，在早期西方汉学研究中并非如此普遍，因为那些研究成果大多在宗教人士的努力下完成，如德国哲学家莱布尼茨和欧洲耶稣会士，本身就是传教事业的组成部分。近几十年来，科学与宗教的冲突愈演愈烈，因为在西方，特别是美国的学院和大学里，宗教生活仍在持续，而这些地方恰恰是那些反宗教研究的发源地，人们不免把宗教持续存在与大学里的思想落后、学术衰落联系在一起。这种冲突在我关于燕京大学的研究中尤其明显，文献中所记载的跨文化联系几乎都是宗教性的。这类材料是否会由于太过于主观，而无法作为历史研究的有效基础？我必须首先对自己，继而对我的同事们回答这个疑问。最近，学术界倾向所谓的"硬数据"，而忽视对个人和宗教观念的研究，这不仅影响到对中西关系的考察，也影响到其他汉学研究领域。例如，狄百瑞（William T.de Bary）认为，明史研究者们忽视个人的宗教实践，将其看作被美化了的个人故事，因此，他们在试图理解哲学家兼政客王阳明时就遇到了巨大困难[17]。那些认为自己很科学的人所做的论断，可能和其他人的结论一样，包含着某种价值取向并具有主观性。150多年前，威廉·詹姆斯（William James）就曾说："科学理论最初的前提假设与宗教情感是一样的，如果我们了解了足够多的事实，就会毫不怀疑地相信，'肝脏'既决定了坚定的无神论者的信仰，同时也决定了卫理会信徒对自我灵魂的焦虑不安。"[18]

关于基督教在中国失败的原因，有一个广为人们接受的解释，即中国人不懂得"原罪"的观念，不知道何为"愧疚"和"自我救赎"。在《传教士、中国人和外交官》（*Missionaries, Chinese, and Diplomats*, 1969）一书中，作者保罗·瓦格（Paul Varg）就认为中国人没有"罪恶感"。与西方不同，中国社会里"并未建立起观念与现实之间的内在冲突，因此，中国人并没有基督徒所称之为'原罪'的那种感觉，也没有上帝之爱与个人之爱的分别"。其结果，是"基督教教会在中国并没有遇到真正的需求，更多的时候，传教只是一个令人费解的事业，无法根植于中国的土壤"[19]。瓦格的著述至今仍然是有关新教在华传教事业最好的研究，不过，他的论点显得过于肤浅，并与另一个传统看法紧密相联，即中国人作为儒家文化的追随者，根本不懂宗教，因为儒家文化毕竟不是宗教，而只是一种哲学。这种解释常常会得出这样的结论，西方宗教观念不能扎根中国，因为中国是一个注重"羞耻感"的国家，而不是像西方那样注重"罪恶感"。

中国人和西方人之间存在很多重大的文化分歧，这是毫无疑问的。但这些差异足以解释基督教在中国的失败吗？我认为并非如此。中华文化可能比我们所认为的还要更加丰富多样，即使在政局非常稳定的时期也同样如此。几百年来，儒家文化很好地服务于皇室、贵族和士绅阶层的利益，但并非统治阶层中的所有人，都把自己视为绝对的儒家文化追随者。萨满教的一些观点，如祖先崇拜，早在儒家文化之前就已经出现，并和儒家文化共存至今。佛教文化在很大程度上也已经是中华文化的一部分。它扩展到社会的各个阶层，为人们描绘了一个充满罪恶和救赎的世界。20世纪的中国文学甚至充满了神鬼志怪的主题和善恶因果报应。艾伯华（Wolfram Eberhard）在《传统中国的"愧疚感"和"罪恶感"》（*The Guilt and Sin of Traditional China*，1967）中研究了大众文学中这些观点的流行与普及[20]。在汉语里，"愧疚"和"原罪"可能与基督教新教理论中所提到的这两个词有着不尽相同的含义，但我们必须记住，即使在传教士和华人教徒中，如何理解这些概念，也同样存在很大分歧。

佛教和后来的马克思主义都成了中国人生活的一部分，这进一步印证了中华文化并非简单地等同于儒家文化的观点，中国人也并非不理解由一系列观念所构成的基督教。表面上看，佛教所强调的沉思冥想和远离世俗生活，正如我们在其丰富的僧侣修行传统中所看到的那样，与儒家文化所强调的和谐社会关系格格不入。然而，佛教不仅成功地在整个中国传播开来，还在12世纪时，成功影响了宋明理学的产生，使其发展为新的官方意识形态。在上述1000多年的中国历史中，佛教时常受到迫害打压，与儒家文化纷争不断，尽管如此，佛教还是取得了上述成果。保守主义者会说，是中华文化改造了佛教，这就等于承认，佛教有可能与中华文化和谐共存。实际上，对很多人来说，信仰佛教正是中国人的标志之一。

崇尚和谐的宋明理学和崇尚斗争的马克思主义提供了截然相反的人类形象，很难想象还有什么比它们之间的对立更为鲜明。在20世纪初，有谁能想到，马克思主义能够在中国获得成功，同时被领导层和普通民众所接纳？但马克思主义一旦成功后，无论其背后原因是什么，我们却很明显地看到儒家文化又开始在中国延续它的传统，虽然我们也可以指出它的中断以及与马克思主义的冲突。从某种意义上讲，今天的中国人就是马克思主义者。

在研究17世纪皈依天主教的中国教徒时，我们发现，有很多高级官吏是在通过科举考试晋升的过程中皈依天主教的，有些人在皈依后甚至被提拔到更高的位置。向下延伸到20世纪，曾经学习过儒家经典的孩童和青年学生中，也有不少人皈依基督教。诚然，在这些皈依基督教的信徒中，有些人被称为"吃教徒"，他们改变信仰不过是为了换一碗饭吃。但在当时的中国，皈依基督教并不是唯一的选择，人们也有其他机会。当我们尝试从皈依基督徒的角度来理解中西关系时，"吃教徒"这个概念带给我们更多的是误导而非帮助。基督教在中国被人接受有各种各样的原因。它的吸引力有时出于爱国主义，有时则基于物质主义。一个成功的基督教教会（通常被中国人称为"耶稣之家"）从表面上看，是十分强调物质和世俗生活的[21]。

如果与日本进行比较，基督教与中国文化之间的冲突关系将更加明显。日本著名作家远藤周作曾经创作过一本小说《沉默》

（*Silence*）和一部戏剧《金色国家》（*The Golden Country*），描写了17世纪初期日本迫害基督教徒的故事。在这两部作品中，他认为日本人缺乏"个人""原罪"和"上帝"等必要的概念，影响了基督教的生根发芽。简单地说，日本就是一个"泥潭"，所有外来文化的种子都在这里泡烂。在这部戏剧中，负责调查基督徒的官员井上爵士，在谈到短短50年间有20万日本人皈依基督教时说："基督教这株植物并未生长，只是看起来好像生长了而已；它也没有开花，只是看起来好像开花了一样。……不论你想从国外移植什么样的植物到这里，它都会枯萎死亡，或者只开一朵花、结一个果，看起来仿佛是真正的花朵和果实，但其实不是。"[22]远藤的观点遭到了日本基督徒的反对，他们认为自己就是真正的日本人；另一些人也反对远藤，他们不愿意把武士阶层和德川幕府的价值观与政治主张等同于日本文化，而德川幕府正是迫害基督教徒的凶手。

/ 中西关系的政治影响

中国并未对西方形成文化挑战，但这并不意味着西方文化可以在中国为所欲为。恰恰相反，从16世纪一直到现在，基督教被系统地引入中国时，都遇到了强大阻力。不过，理解这种反对的本质十分重要。是谁主导了对基督教的反抗？这种反抗又如何影响我们对中西关系的解读？

柯文在《中国与基督教》(*China and Christianity*, 1963)一书中研究了中国官方如何反对"异端"观念，从傅奕(555—639)[①]、韩愈(768—824)对佛教的批判到雍正(1723—1735)禁止基督教的圣旨和命令。正统对异端观念的批判在19世纪的60年代达到了高潮，这一时期正是柯文的研究对象。当时，以基督教观念为意识形态的太平天国运动控制了中国心脏地带并威胁要推翻清政府。直到1864年，清政府才镇压了叛乱，并极力禁止基督教的深入扩展。但中国方面的努力受到了不平等条约的限制，这些条约保护基督教的传播，而作为中央政府雇员的各级官吏对此都必须依法执行。尽管有这样的保护，在清朝统治的最后50年，仍然发生了数以百计的冲突，它们被委婉地称为"教案"。

根据柯文的分析，这些反对传教士的教案是中国排外运动与西方帝国主义之间不可避免的对抗。这是外国传教士与中国知识分子之间的"文化冲突"，前者常常"对中国文化吹毛求疵，表现出一种令人无法忍受的傲慢姿态"，后者"则无一例外地回应以漠不关心，或满腔怒火"[23]。柯文对19世纪晚期清政府反对基督教的学术研究是十分有价值的，不过，他的研究也引发了一些疑问。例如，官方所主导的排外运动在多大程度上影响了中国底层社会？除了雍正的圣谕外，如果我们把他父亲康熙皇帝(1661—1722)有关接受基督教的谕旨也囊括在讨论范围内，上述"异

---

① 傅奕(555—639)：历北周、隋、唐三朝，唐高祖时为太史令，曾以激烈的排佛言论而著称。——译者

端"的历史是否还能站得住脚？中国官员的文章对中华文化做了多少概括总结？这些中国官员不但是文化传统的继承者，而且是特定政治结构的支柱。

现在，我们从官方对基督教的反对转而研究华人基督徒的数量，上述问题使得这种转向变得更有意义。这些华人基督徒既包括从16世纪开始皈依天主教的信徒，也包括从19世纪开始皈依新教的信徒。必须承认，这些数字缺乏准确性，但它们的确表现出某种发展趋势。作为总人口的百分之一，基督徒的数量微乎其微，但这个小数目的变化却反映了中西关系的发展趋势。

最早的华人信徒出现在耶稣会士来华期间的16世纪最后10年。其数量在明代（1368—1644）末年增加到5万人左右。尽管经历了改朝换代，到1700年，基督教信徒的数量还是迅速增加到25万至30万人。耶稣会士为清代宫廷做了大量技术和科学贡献，作为回报，清政府允许并支持基督教，在50多年的时间里，基督徒的数量增加了7倍。耶稣会的成功引起了天主教其他在华教会的妒忌，最终导致了18世纪著名的"礼仪之争"，并沉重打击了耶稣会改造基督教以适应中华文化的努力。与"礼仪之争"相伴随的，是雍正即位后的权力斗争，一些官员觊觎耶稣会士在宫廷里的位置，终结了清政府对基督教的默许和容忍，继而禁止基督教的传播和实践。18世纪，对基督教的迫害主要由官方主导进行，到1800年，基督徒的数量已经减少到20万人左右。那时，几乎所有的外国传教士都被迫离开了中国。不过，对基督教的迫害也只是时有发生，并且在19世纪初期就已基本停止，这甚至比官方解除对基督教的禁令（1844年禁令得到部分解除，最后在1860年全部解除）还要早。到1850年，基督徒的数量又重新回到30万人左右，并在一个世纪之后增加到350万人，达到前所未有的高度[24]。

与此相比，新教教徒出现的时间较晚，人数也较少。当第一位新教传教士于1807年抵达中国时，天主教已经在中国所有18个省建立了教会，并大多由华人牧师主持。新教教徒的数量在第一个50年内增加十分缓慢，除非我们把太平天国的拥护者也计算在内，在太平天国运动被镇压之前，其教徒的人数达到成百上千人。到1900年，新教教徒的总数增加到9万余人，在随后的20年内，这一数字增加近4倍，超过了35万人，到20世纪40年代末，更是达到近50万人[25]。1949年新民主主义革命胜利后的情况不得而知，因为我们无法再获得有关基督徒的数据。

哪些政治因素可以帮助我们理解这些数字的变化呢？首先，基督教被引入中国，与欧洲政治经济扩张有着明显的关联，最初是在16世纪，后来在19世纪和20世纪则更加显著。与此类似，1949年基督教的衰落也与西方势力在中国的崩溃以及社会主义政权的建立有关。这样的观察为中西关系提供了一个研究视角，但却不能合理解释双方在历史上跨文化交流的动因。例如，早期的耶稣会传教士是乘坐葡萄牙三桅大帆船抵达中国的，但耶稣会在中国的建立却与葡萄牙的军事、贸易和外交关系不大。耶稣会士被接纳具有一定的政治原因，因为皇帝和高层官员首先希望利用他们的数学和天文学知识更准确地预测日食和月食，以及制定更精确的阴历，以此来加强皇权。随后，这些技术被用来彰显皇帝对天道的精深理解，以证明其统治天下的合法性。这些史实虽然很重要，却未能解释为何中央政府中很多与技术无关的高级官员皈依了基督教，甚至成了布道者。它也未能解释基督教为何传播得如此迅速，竟然在17世纪扩展到中国社会的各个阶层。

能够明确地被称为政治事件的，是官方对基督教的限制和迫害，以及19世纪的"教案"。这些攻击主要源于统治阶层内部对基督教的嫉妒和敌视，在19世纪末的王朝衰落期，他们尤其担心基督教的传播会破坏中国政治制度赖以存在的社会基础。但无论在17世纪还是19世纪，那些敌视和担心并非统治精英们的共同意见。实际上，早期的基督教皈依者就出现在皇家宫廷内部，即使在基督教遭到官方禁止时期，仍然有很多官员和士绅阶层对其持容忍态度。到18世纪末期，天主教教会的成员开始减少，但远未达到消亡的程度。知识分子阶层的一部分人直到19世纪晚期仍然支持基督教，即使当时"教案"发生的数量尤其多。20世纪20年代，双方的冲突最终导致了"反基督教运动"的爆发，同时马克思主义在学生群体中的影响逐渐增大，为基督徒提供了一种平等看待中国与西方文化的视角，反对西方给中国带来的屈辱。与早期发生过的冲突一样，这次运动仍然是权力斗争的一种表现，是知识分子领袖们在学生群体中争夺追随者的斗争，也是政治党派设法扩大各自权力的斗争。

简而言之，对中国基督徒简单地进行分类是行不通的。明清时期政府官员和农民的形象常常被我们贴上儒家文化追随者的标签，但在这一框架内，人们的思想和行为仍具有广泛的多样性。有些信仰儒家文化的人转向了基督教，这种转化时而带给人痛苦，时而带给人快乐，例如遵守一夫一妻制的要求。但事实是，他们做到了，而且并不因为做了这样的转变就不再是中国人了。这些转变在天主教耶稣会灵活的神学框架内很容易实现，即使在基督教新教以及托钵僧教会等更为严格教条的宗教框架内，这些转变居然也实现了。我们还必须在主流和非主流的文化传统之间做出分别，即要区分受过教育的精英阶层的文化以及普通大众的文化。在贫穷的生活状态下，人民大众可能未必像毛泽东以及当今中国教育心理学理论所指出的那样犹如"一张白纸"，我们可以确定的是，他们有着自己独特的文化传统，与知识分子截然不同，有时甚至还相互冲突。

我们必须承认中国社会是"多样的"，而这种多样性也同样适用于教会组织，传教士之间的分歧有时比他们与中国人之间的矛盾还要大，燕京大学的情况就很好地证明了这一点。实际上，教会也是多样的[26]。历史文献中到处都是案例，足以证明传教士的沟通技巧傲慢而拙劣，甚至令人产生误解。双方关系的发展毫无疑问证明了那句谚语——"光有好的动机是远远不够的"——的正确。华人皈依基督教的数量和情况说明，传教士所声称的互惠互利和互相理解是值得信赖的。政治方面的担忧的确限制了我们理解中西关系的努力。但跨文化交流的历史却不仅仅是外交，也不仅仅是政权的创造力和破坏力对交流双方所产生的副作用，而是一个彼此影响的过程，从观点的简单交换到人员的接触联系。

令人振奋的新观点认为，重要人物能产生深远的影响，政治现实则带来压力，它们彼此相互依存，有时其中一个因素也可以通过另外一个来进行解释和说明。例如，按照西方的理解，基督徒首先应该崇信上帝，但在20世纪下半叶的中国，这个观点却可能成为政权的威胁，正如17世纪的日本把对宗教的虔诚看作是对当权的武士阶层利益的威胁一样。相应地，某一政权所施加的政治压力也改变了中国和西方对彼此的印象。以政治的角度来阐释跨文化关系，只不过会把跨文化研究变成统治阶级辩护的工具而已。如果只是想为20世纪基督教在中国的失败和马克思主义的成功寻找先例，这样的想法未免过于狭隘。这将忽视民国时期丰富绚烂的色彩，正是在这个时期，燕京大学创立并得到发展，也正是在这个时期，人们可以观点迥异，但却不妨碍他们本质上仍是中国人。

注释

1. 费正清就20世纪中西关系的重要性提出了一个有说服力的观点。见 John K. Fairbank, "Assignment for the '70's," *American Historical Review*, 74.3:862 (February 1969).
2. Akira Iriye 是一位跨文化交流史研究领域的先驱，他在强调中西关系中东亚一方的同时，也结合双方形象和外交对中西关系的影响。见 *Across the Pacific*: *An Inner History of American-East Asian Relations* (New York, Harcourt, Brace and Jovanovich,1967) and *The Cold War in Asia*: *A Historical Introduction* (Englewood Cliffs, N.J.,

Prentice Hall,1974).

3. Edward D. Graham, "Early American-East Asian Relations," in Ernest R. May and James C. Thomson, eds., *American-East Asian Relations*: *A Survey* (Cambridge, Harvard University Press,1972), 3-18. 以上论著提供了更多的对学术文献的考察。

4. Y. C. Wang, *Chinese Intellectuals and the West, 1872—1949* (Chapel Hill, N.C., 1966), 377.

5. 见 James C. Thomson, Jr., *While China Faced West*: *American Reformers in Nationalist China, 1928-37* (Cambridge, Harvard University Press,1969).

6. 关于文化侵略的论文，参见 Arthur Schlesinger, Jr., "The Missionary Enterprise and Theories of Imperialism," in John K. Fairbank, ed., *The Missionary Enterprise in China and America* (Cambridge, Harvard University Press,1974)，336-373. 有关中国对中西关系的研究，见 Albert Feurwerker and S. Cheng, *Chinese Communist Studies of Modern Chinese History* (Cambridge, Harvard University Press, 1961),39-47.

7. Jonathan Spence, *The China Helpers*: *Western Advisers in China, 1620-* 1960 (London, The Bodley Head, 1969).

8. Joseph Needham, *The Past in China's Present; A Cultural, Social, and Philosophical Background for Contemporary China* (London, Arts and Sciences in China，1960), reprinted in *Far East Reporter* (March 1973), 37; Mark Selden, *The Yenan Way in Revolutionary China* (Cambridge, Harvard University Press, 1971), *viii*.

9. Michael Oksenberg, ed., *China's Developmental Experience* (New York, Academy of Political Science and Columbia University,1973), preface.

10. Lewis A. Maverick, *China*: *A Model for Europe* (San Antonio, Texas, Paul Anderson Co., 1946).

11. Spence, *The China Helpers*, 293.

12. Arnold Toynbee, ed., *Half the World*: *The History and Culture of China and Japan* (New York，Holt, Rinehart and Winston, 1973),11.

13. Fairbank, *The Missionary Enterprise*, 2.

14. As quoted in Schlesinger, *The Missionary Enterprise*, 372.

15. C. K. Yang，*Religion in Chinese Society* (Berkeley，University of California Press, 1961),6.

16. Richard C. Bush, Jr., *Religion in Communist China* (New York, Abingdon Press,1970),15-37; Carleton B. Lacy, "Protestant Missions in Communist China," Ph.D. diss., Yale University, 1953, chaps. 1-3.

17. Wm. Theodore de Bary, ed., *Self and Society in Ming Thought* (New York, Columbia University Press,1970),18. 感谢Charles Hayfold让我明白了这一点，我记得1968年我们在台北散步时就此进行了长谈，那时我刚刚开始阅读燕大华人师生出版的宗教文献。

18. William James, *The Varieties of Religious Experience* (New York, Modern Library 1902),15.

19. Paul Varg, *Missionaries, Chinese, and Diplomats* (Princeton, Princeton University Press,1958), 319-320.

20. Wolfram Eberhard, *Guilt and Sin in Traditional China* (Berkeley, University of California Press,1967).

21. See D. Vaughan Rees, *The "Jesus Family" in Communist China* (London, Paternoster Press，1959).

22. Endō Shūsaku, *The Golden Country*, trans. Francis Mathy (Rutland，Vermont, Charles E. Tuttle Co., 1970)，64. 若想了解对Lord Inoue学术解读的评论，请参阅George Elison，*Deus Destroyed*: *The Image of Christianity in Early Modern Japan* (Cambridge, Harvard University Press,1973).

23. Paul A. Cohen, *China and Christianity*: *The Missionary Movement and the Growth of Chinese Antiforeignism*，*1860—1870* (Cambridge, Harvard University Press,1963), 264-265.

24. Kenneth S. Latourette, *A History of Christian Missions in China* (London, Society for Promoting Christian Knowledge,1929),107,129,158, 182. 洪业估计1837年在华天主教徒有22万人，1850年有33万人，1881年有47万人，1911年有136.3万人，1920年197.118万人。见 William Hung, "Contribution of the Western Church" in Milton Stauffer, ed.,

China Her Own Interpreter (New York,1927), 86-87.

25. Varg, *Missionaries, Chinese, and Diplomats*, 89, 249.

26. Fairbank, *The Missionary Enterprise*, 1-19.

第02章

/ 寻找适合输出的基督教

20世纪之前，在西方人的印象中，中国不过是一个静止不前、缺少变化的社会。当然，历史文献显示，中国的社会变化还是非常显著的，尽管它从未能跳出传统的窠臼。从乡村学堂到科举考试，儒家意识形态都占据支配地位，也统治着学者们的头脑和思想。不过，并非所有学生和学者都能通过考试，从而成为政府官员。他们以儒家观点调整相应的人际关系，不仅仅局限在家庭和政府中。业余时间里，一些学者聚集在一起，组成"社"或"团"，他们从事各种活动，从朗读诗歌到讨论重大的社会和政治问题。党派被皇帝明文禁止，但实行德政的皇权同时也实施较轻微的刑罚，因此，社会上还是有很大的自由空间。

每当王朝衰落时期，这样的小型社团就变得越来越多，清代

（1644—1911）末期尤其如此。1895年，中国在甲午战争中的失败使学者和学生们走到一起，共同讨论救国方略，希望将国家从内忧外患中解救出来。儒家文化的理论框架已经轰然倒塌，人们不得不尝试新思想。据估计，清末的中国大城市中有数百个这样的社团，其中有些团体的思想以政党纲领的形式表现出来[1]。康有为、梁启超在1898年领导的戊戌变法就是由两个社团的内部讨论所引发的，这两个社团当时都在研究西方思想的传播[2]。20年后，包括李大钊、陈独秀和毛泽东在内的早期马克思主义研究会，很快就为中国共产党的成立奠定了基础[3]。

/ "生命社"

在燕京大学朝气蓬勃的活力背后就有这样一个社团，它叫"证道团"。该团体1919年成立于北京。当时，燕京大学已经建校3年有余，但该团体内部的成员仍然在讨论这所大学在传教事业中的作用，以及它在中国社会中想要达到的目的。与其他类似团体不同，"证道团"中的成员既有中国人也有西方人，他们都是燕京大学早期历史上的领导人物。其中有司徒雷登（John Leighton Stuart），1919—1945年的燕大校长；博晨光（Lucius Chapin Porter），首任男校校长和哲学教授；高厚德（Howard S.Galt），教育学教授，并长期担任学校的行政领导；步济时（John Stuart Burgess），燕大社会科学的领导人；卢拉·麦纳

（Lulla Miner），燕大女校校长。华人领导有刘廷芳，他在海外学成归国，是燕大宗教学和心理学的首位华人负责人；吴雷川，华人校监，宗教学和中文教授；徐宝谦，宗教学教授以及该社团的发起人；赵紫宸，神学教授并长期担任宗教学院院长；洪业（洪煨莲），燕大男校首位华人校长，著名汉学家[4]。几年之后，该社团更名为"生命社"[5]。

"生命社"的成员都是积极的基督徒，他们的共同目标是"展示基督教的真理和价值"及其与中国的关系。他们常常一起讨论中国教会的"改革"和"本土化"。"生命社"最重要的工作便是在1920年出版了《生命》杂志。它最初为季刊，后来改为月刊，刊物以中文为主，仅有个别几期使用英文。这份刊物由社团成员自掏腰包资助，以保证编辑工作的独立自主。他们所恪守的信条是"国际化、自成一派、政治上无党派，既独立于教会，又独立于科学"[6]。这份杂志的编辑们坚信，基督教会在中国的救国运动中发挥着重要作用[7]。

在巅峰时期，杂志的发行量达到了2000份左右，分别发往中国的21个省乃至日本、印度尼西亚和美国的华人社区。当然，这份刊物并非为整个华人基督教会代言，因为当时仅基督教新教就有50多种中文宗教报纸和杂志，其中有些比《生命》的发行量大得多[8]。但由于《生命》在基督教本土化运动中的作用，以及与众不同的燕大知识分子们的推动，这份杂志在众多刊物中尤其敢于言事，也更具权威性[9]。

杂志刊发的文章都是用较新的文体，即刚刚流行起来的白话文写成的杂文。与早期文言文的格式化不同，这类杂文主要用于表达作者的个人观点。读者会感觉到，这些文章都是很快写就的，且在出版之前仅做了微小的改动。文章的性质似乎也很适合传播基督教的观点，以及论证其宗教实践的有效性。这种文体表达方式在整个杂志的出版发行过程中从未改变过[10]。

在《生命》杂志存续的整整7年以及更名为《真理与生命》之后的11年中（1919—1937），编辑工作都由燕大教员来完成。三期英文特刊分别出版于1922年、1925年和1927年，均由博晨光担任编辑。杂志所讨论的问题常常来自于社团大会的议题，至少在杂志创办初期是如此。文章如果不做特别说明，其观点则代表了整个社团的立场[11]。除了专题文章之外，杂志还时常介绍一些神学知识，解释《圣经》，刊登虔诚文学、书评和其他文学作品，包括作家冰心（谢婉莹）和许地山早期的一些诗作。他们当时都是燕京大学的学生。杂志的管理与出版工作最初由基督教青年会的北京分部负责，后来则由燕京大学宗教学院来承担。

"生命社"保存着社团会员的名单，相关日志显示大家常常在一起开会，有时会议记录和总结就发表在杂志上[12]。不过，社团中的外国会员很少在他们当时的文章和书籍中提到"生命社"的有关活动，华人会员也较少关注于此，他们只有在自传性质的文章中才会讨论自己的"宗教实践"。在杂志创办初期，社团会员每周开一次会，但到20世纪20年代，会议就变得没有规律了。会员们的想法已经完全融入不断发展的大学中，随着他们把精力投入全国性的教育和宗教工作中，"生命社"也成了名存实亡的组织。这个社团的重要意义，在于它出版了刊物并指明了燕京大学在中国社会中的位置和作用。如果说燕大在早年有一个办学宗旨的话，那就是"生命社"的宗旨。但在详细分析这些宗旨所具有的西方文化特点之前，我想讨论一下它们产生的背景、中国当时的情况、燕大几位主要西方创始人的生活和学校的创立等内容。

/ 中国的情况

"生命社"的西方会员表现出一种莫名的自信，现在回过头来看，不免令人吃惊，但这种自信正是社团成员们分析了中国在20世纪最初十年的情况后的产物。1900年的义和团运动是一个分水岭。在此之前，皈依新教的人数很少；但在此之后，当中国几乎毫无保留地接受西学以及数以千计的学生蜂拥出国留学之后，新教皈依者的人数则急速增加。1911年到1922年，转向基督教新教的人数在20万上下，几乎相当于此前100年间基督教在中国信徒人数的总和。到1935年，近50万中国人归属于新教的某一个教派[13]。

得益于新教教会的努力，教育活动的发展也充满生气。1889年，45%的新教成员是教会学校的在校学生。这一比例在1915年攀升至64%[14]。想要学习英语和西方科学的华人子弟都希望进入新教教会学校。此外，草创阶段的中国出版业也受到了来自新教教会的巨大影响。19世纪末叶，林乐知（Young J. Allen）编辑的《万国公报》（*Review of the Times*）就是西方思想的一个重要来源，著名的商务印书馆的创办人①就曾在新教教会接受过训练[15]。

在新教教徒快速增长的同时，教会总部向中国提供了更多的资金，并派遣了更多的人员。整个19世纪，中国一直被近东地区和印度甩在身后，直到1899年才成为新教传教事业的前沿阵地，并将这一前沿地位保持了半个世纪之久[16]。当时，新教徒在个人能力上具有明显优势，他们也利用这一优势，令中国向基督教新教敞开了大门。正如赖德烈所指出的，英国和美国，尤其是两国的中产阶级，从工业革命的财富积累中获得了利润，他们中的大多数都是新教徒。此外，英国是中国最大的贸易伙伴，在条约口岸，英国领事发挥着至关重要的外交功能，英语更是中外贸易得以进行的媒介[17]。当时，美国国内支持在华传教事业并为之提供各种资源的机构，主要是基督教青年会（YMCA）和基督教青年女会（YWCA）以及"学生志愿者运动"。这些机构组织了大学校园里绝大多数的志愿者活动，并培养训练了一批受过高等教育的人来从事传教活动[18]。

尤其是基督教青年会为"生命社"与中国国情相结合奠定了基础[19]。该教会著名的布道家艾迪（Sherwood Eddy）和穆德

---

① 这里指张元济（1867—1959），光绪年间进士，曾参加维新运动，后任上海南洋公学译书院院长。1901年创立商务印书馆。——译者

（John R.Mott）在20世纪初曾向数以千计怀有好奇心的中国市民发表过演讲。在1913年穆德抵达北京之前的一次热身会议上，15000余名士兵、学生、政府官员和商人参加了由基督教青年会职员举办的讲座，题目包括无线电报和陀螺仪[20]。基督教青年会显然在北京获得了成功。当时北京60%的居民为男性，包括数以千计的大学生和即将成为政府官员的人，他们大多背井离乡，在京城生活。长期以来，他们接受的教育要求其报效祖国，但与此同时，他们对国家所遭受的命运感到十分悲痛。这些人形成了一个庞大的群体，亟待组织起来[21]。1913年，基督教青年会三分之一的成员（大约100余名）都是在美国庚子赔款学校，即后来的清华大学参加过《圣经》学习小组的大学生，这是其成功的标志之一[22]。

基督教青年会常常召开区域性和全国性的大会。1920年4月1—5日，第八届全国大会在天津召开，与会者特意乘坐一辆专列从上海抵达天津，这趟专列由2节头等车厢，3节二等车厢和5节三等车厢组成。全部500名大会代表都享受到以半价购买车票的优惠。在大会第三天，中华民国大总统黎元洪到场致欢迎辞[23]。到1920年，基督教青年会在20余个中国城市和200多所中学及以上学校内组建了分会，其中还包括许多官办学校[24]。

基督教青年会在中国的活动受到人们如此欢迎，以至于到1912年，一些省的主席要求基督教青年会在他们所处的省会城市开设分支机构。吉林省咨议局甚至要求在该省内的所有地区都设立分支部门[25]。民国政府的联合内阁成员，包括袁世凯、蔡元培、唐绍仪等，也都纷纷支持基督教青年会的活动[26]。到20世纪20及

30年代，基督教青年会的前几任干事已经成了公众眼中的名人，写有他们名字的名单几乎与《民国名人辞典》里的内容无异，尤其是生于19世纪90年代的那批知名人士[27]。1929年，南京国民政府的10位内阁成员中，有6位曾留学美国，7位是基督徒，2人曾担任过基督教青年会的干事[28]。

"生命社"的中西成员都与基督教青年会保持着密切合作[29]。早在20世纪初期，司徒雷登就曾在南京与基督教青年会一同共事，这为他打开了"传教事业的新局面"，在决策和财务等各个方面，华人都与教会中的外国干事享有同等权力[30]。基督教青年会是中国第一个实行华人管理并获取华人支持的基督教新教组织。例如，1901年，教会有7名外国干事和3名华人干事；到1907年，外国干事达到28名，而华人干事为16名；1912年，前者的数量为75人，后者为85人；到1934年，外国干事仅有19人（其中9位得到国际委员会的资助，另外10位则依靠本土资金），而华人干事则多达217人，且全部由本土筹措的资金给付薪水[31]。燕京大学中国化的尝试，即是对基督教青年会已取得成绩的认可。

1922年，弥尔顿·斯托弗（Milton Stauffer）编辑的基督教新教出版物《基督教占领中国》（*The Christian Occupation of China*）露骨地表达了对基督教发展的信心。这本小开本的图书有468页，其中附有110页的图表，用令人印象深刻的数据介绍了教会活动如何深入中国人的生活。这本书的目的就是要"通过介绍中国境内的新教教会，在工作中做到更有效率、更好协作、更加平衡，从而更为快速有效地使中国基督化"。该书用大量篇幅研究了基督教对各省少数民族、学生、盲人、车夫、麻风病人、肺结核病人和鸦片吸食者所做的工作，也调查了基督教出版物所产生的效果[32]。书中不断重复的"占领"一词，在包括华人教徒在内的许多中国人看来，完全是西方传教士盲目自大的表现。此外，1922年还出版了伯顿（Ernest D. Burton）编辑的另外一本书《中国的基督教教育》（*Christian Education in China*）。该书在措辞上虽然没有那么傲慢，但其写作意图却与上一本书十分类似。伯顿的大作号召教会中的教育者加强合作，与中国新的国家教育体系相竞争。由此看来，中国的"反基督教运动"从1922年开始，恐怕也并非巧合[33]。

/ 传教士教育家

在寻求输出基督教的过程中，传教士教育家与那些只知道传教的狭隘原教旨主义同事们逐渐分道扬镳。在燕京大学建立之前，他们都曾参与教育和社会工作，代表了新教教会更加自由的一面。他们体现着两种倾向：一种是在中国教会内部，它强调做有益的工作比传播福音更加重要；另一种是在基督教新教内部，它强调耶稣作为社会改革者的一些观点。这两种倾向都是"社会福音"运动（Social Gospel）的组成部分。在19世纪后半叶，新教教会遭到了马克思主义的攻击，指责它未能做出相应调整，以解决资本主义所带来的社会公平正义问题，而只是统治阶级利用的工具。作为回应，基督教产生了社会改革方面的神学理论，并着手开展相应的实际工作，例如基督教青年会及青年女会所开展的活动。20世纪初，新教教会组织的学习班就增加了一些课程，诸如对社会问题的科学研究。与世俗的社会主义运动一样，社会福音运动就社会改革方面的举措也在西方引起了轰动，但在中国，其影响范围则相对较小[34]。

回顾历史，我们为这些传教士教育家们贴上自由神学和社会福音的标签，但在当时他们并未自我标榜为自由主义者。其中有些人还可能会反对这一定义。在"五四运动"之前的年代，他们的童年经历和中国对其生活的影响，都使他们将教会更多地定位为神学和宗教性质。他们能够在"生命社"与华人共事，正是基督教新教与中国思想及政治事件共同发展演化的结果。

司徒雷登（John Leighton Stuart，1876—1962）

司徒雷登代表着"生命社"和燕京大学的精神。他也是最为著名的在华新教传教士之一。虽然有着保守刻板的宗教家庭背景，他却以灵活多变的宗教政策和热情开朗的个性而闻名。他跨越宗教、教育和外交领域，成就了当代中西关系的一段佳话。在中国他也有相当多的追随者[35]。他的回忆录《在华五十年》（*Fifty Years in China*）很快就被译成了中文，最初是以连载的形式出现，1954年以《司徒雷登回忆录》的书名，在台北正式出版[36]。

司徒雷登从事教育工作，有着深厚的家庭渊源。他的祖父罗伯特·斯图尔特（Robert Stuart）[其外甥女玛丽·托德（Mary Todd）与亚伯拉罕·林肯总统结婚]曾担任过肯塔基州莱克星顿市特兰西瓦尼亚学院（Transylvania College）的院长。他的父亲约翰·斯图尔特（John Linton Stuart）是美国南方长老会最早派往中国的3位传教士之一，并在杭州创办了第一所教会学校。司徒雷登的母亲玛丽·霍顿（Mary Louisa Horton）是阿拉巴马州莫比尔市（Mobile）市长及杰出教育家贾基·霍顿（Judge Gustavus Horton）的女儿，她在莫比尔设立了一所私立女校。来到中国后，她在杭州又创办了一所女校[37]。

司徒雷登出生在杭州时，中原地区仍处于太平天国运动之后的恢复阶段，传教站的围墙就是外国孩子们幼年活动的边界。司徒雷登的名字John Leighton来自美国南方长老会总干事约翰·威尔逊（John Leighton Wilson），其童年的社交圈子被严格地局限在父母所在的教会之内。在早期家庭教育中，他的中国玩伴都是经过"精心挑选"的，一如他阅读的书籍一样，全部是英文书。孩提时代的司徒雷登很喜欢和父亲一起去乡下传教，但他后来回忆道，那些聆听布道的人问了很多奇怪的问题，这让他当时就产生了怀疑："来中国传教是否值得？"[38]在他后来的生涯里，由于传教士与世隔绝的生活令人十分厌倦，他因此与家庭和世俗社会保持了紧密的联系，直到去世。

早年的疑问很快被证明是一种对基督教的"厌恶"。当司徒雷登11岁时，他返回美国阿拉巴马州莫比尔市开始正式求学。这位从杭州初来乍到的小男孩深切地意识到，自己被当成了异类：

他穿的衣服是上海英式服装的老古董，说话的口音让人想起思想保守、人们印象中性情孤僻的老头。令人难以置信的是，他完全不懂美国当代的语言、风俗和标准，对年轻人的刻薄也一无所知。最令他蒙羞的，是在校园摆摊售卖活动时所出售的一些生活用品，让大家感到好奇，那是父亲在中国乡间传教时为他和弟弟做的。那些东西是在"穿上奇装异服，用筷子吃饭，哼唱着中文赞美歌"时才会用到的，"除此之外，它们只适合放在博物馆里展览"[39]。

司徒雷登在美国学校的时间长达15年之久，在此期间，他尽量避免被别人看出比其他人更加了解中国。他最不想当的就是传教士。但当时的宗教发展浪潮很快就深深影响了他。在夏洛特维尔市（Charlottesville）的潘托普高中（Pantops），以及1893年到1896年在里士满（Richmond）的汉普登—悉尼学院（Hampden-Sydney）求学时，司徒雷登就成了基督教青年会公共活动和学生志愿运动的一位领袖人物。从学校毕业后，他决定投身教育事业，返回潘托普高中教授拉丁文和希腊文。但迫于来自宗教的压力，他在1899—1902年期间不得不进入美国"协和神学院"（Union Theological Seminary）深造。在那里，他的信仰接受了最严峻的考验，他志愿加入海外传教事业，并似乎命中注定要重返中国。

司徒雷登在经历了很大的内心痛苦之后才决定加入传教事业。他后来写道：

无论怎样夸大我对于去中国传教的厌恶都不为过。在那个国家，找不到我想要的生活和工作。那里常常有一大群无所事事的人喋喋不休地闲聊，路旁小庙和庙会的神龛前都站满了好奇的人群，你把宗教小册子分给大家阅读却最终一无所获，中国人或觉得你滑稽可笑，或对你怒目鄙视，此外还有诸多身体上的不适和行动上的不便等等，也没有提高智力、满足学术研究兴趣的机会，那是一种"活死人"或者相当于从世界上提前退休的生活[40]。

但人们似乎无法抗拒如下事实，如果一个人是"真正地、全身心地追随基督，他就会成为一个到国外去的传教士，除非有什么外在原因不允许他这样做"。决定做传教士就是"把基督教当作最高价值的明证"。在做了这个决定之后，司徒雷登感到"满足、解脱，甚至兴奋"[41]。在随后两年时间里，即1903—1904年，他为学生志愿者运动在美国南方奔走，召集其他自愿去传教的人。在新奥尔良，他遇到了阿兰·托德（Aline Todd）女士，她的姐姐和司徒雷登的好朋友拉西·莫菲特（Lacy Moffett）结为了伉俪。在两对夫妇共同举办了婚礼之后，司徒雷登带着新婚妻子登船起航前往中国。那一年，他28岁。在阔别18年之后，他又回到了自己的出生地，并沿着父亲的足迹，投入汉语学习和杭州乡村的传教事业[42]。

　　然而，被限制在乡村地区传教的司徒雷登很快无法接受前景一片渺茫的未来。他是否愿意继续参与教会工作，取决于他对在中国的未来重新思考的结果。这一新的思考确定了他未来的两个任务。第一，在中国的任务应与脑力劳动相关。这意味着背离父辈们对信仰的狭隘界定。从孩提时代起，司徒雷登便成长在通往宗教的道路上，但他在学生时代因此遭受的窘迫明显令他终生难忘。在学校和神学院的生活使他了解到基督教全新的表达方式，例如，自由神学和社会福音，强调人性的善而不是原罪，强调上帝的爱，而不是仇恨。用司徒雷登的话说，这意味着把"过往"的神学概念与当代学术研究已经证明的结论及已清楚认定的发展方向"分离开来"[43]。求学期间在美国北方的旅行以及一些内心的醒悟，让他发现了南方长老会正统理念与其他"当代新发展"的冲突。考虑到这样的经历及其幼年时期对传教事业的厌恶，司徒雷登还能重操他父亲的旧业，并且一干就是几乎5个年头，这不免令人惊讶。这种冲突大概只是他一时观念上的模棱两可，再回想时便已经思路清晰了。但1909年以后，司徒雷登的想法就不可能再回到过去了。

然而，司徒雷登对自己前途的重新定位，并未使他愤世嫉俗乃至离经叛道。终其一生，他都与美国南方长老会学院传教士的观点保持一致。他意识到"要和他们一致，因为南方的观点总是一贯正确的，忠于过去和历史遗产，这是最高尚的道德"[44]。他重新为自己定位的任务，是从过去观点中择一而从之，而不是都抛弃掉。在他的成长过程中，"科学发现"和"现代化对旧事物的批判"已经深入了他的教育中，但最终却未能战胜或削弱"长期以来基督教信仰的真理"。它们只是清除了"过时的知识积累"[45]。进化论已经对《圣经·创世纪》中上帝创造万物的故事提出了挑战，并削弱了司徒雷登观念中对《圣经》文本的信任，但并未能彻底摧毁他心中宗教传统的权威。司徒雷登一生中遭遇了很多重大变化，但早期信仰的核心却一直未曾改变，这表明"宗教赖以获得活力的源泉并不受外界或环境因素的影响"[46]。在司徒雷登看来，基督教绝非只能与西方文化相结合，他从未怀疑过，基督教将在中国受到欢迎。

司徒雷登重新定位的第二个任务便是实现自己的职业理想。他很快放弃了在杭州附近的传教工作，回到他曾经热爱的教育事业。1909年，他进入金陵神学院（Nanking Theological Seminary）任教，教授希腊文和《新约全书》的神学理论。在南京的日子可能是他一生中最为快乐的时光。他热爱自己的学生，也很快发现了他们的爱国情感。在神学院，他也投入学术研究工作，用中文出版了《初阶新约希腊语》（*Essentials of the New Testament Greek*），还编撰了《新约希腊文中英词典》（*Greek-Chinese-English Dictionary of the New Testament*）[47]。在此之后，他所写的东西则仅限于行政与外交文书和一些零星文章了。

司徒雷登在南京待到1919年，才前往燕京大学担任校长。1918年，燕大聘任委员会在为新成立的学校物色领导人。这个人不能与当时华北地区教会学校之间的冲突有所牵连，也不应卷入英国或美国北部教会之间的纷争。作为来自中国南方和美国南部长老会的一名传教士，司徒雷登同时满足这两个条件。与此同时，他熟悉中国人看待问题的立场，在华人和教会团体中享有较高的威望，汉语水平出众，又有学术成果，看上去"大公无私，比其他任何人都更加能体现耶稣基督的精神"[48]。司徒雷登后来写道，他接受这项工作"完全是出于宗教的原因"，但他也承认了影响这一决定的另一个因素，即"想看一看想象中的那所孕育于历史古城的基督教大学究竟有何潜在的能力"[49]。

在接受这一职位时，司徒雷登要求不必承担为学校发展筹集经费的任务，但富有讽刺意味的是，他在1919年夏末开始担任校长不久，就投入募集资金的工作中，在这方面，他拥有非凡的能力。燕京大学能在10年之间，从一所默默无闻的学院发展成中国高等教育的领军院校之一，很大程度上是才华横溢的司徒雷登担任校长的结果。正如艾德敷所说："燕京大学与司徒雷登是同义词，换句话说，当汇文大学①所属的一所学院召唤司徒雷登时，燕京大学已经就此诞生了"[50]。

司徒雷登对教会使命做了重新定位，背离传教而转向"社会福音"，这是燕大外籍教员们的共同特点。1926年，华北地区一家著名的英文报纸盛赞他"勇敢地意识到教会与帝国主义已经、可以、并且应该分割开来，更以行动去实现这一理想"。文章说，司徒雷登重拾早期传教士在罗马帝国时期传播基督教的视角和方法，不做征服者，而是把自己当成被征服的人。他们四处传教，却没有任何政治势力的支持，也不再"有意或无意地成为西方列强经济渗透的工具"[51]。20年后，当司徒雷登被任命为美国驻华大使时，

---

① 汇文大学：Methodist Peking University，成立于1890年。燕京大学赖以成立的四所教会学校之一。——译者

这些溢美之词再次被中国的主流报刊甚至革命领袖重新提起[52]。

博晨光（Lucius Chapin Porter，1880—1958）

博晨光是对"生命社"和燕京大学第二重要的西方人。他也是本研究中唯一一位从燕大草创阶段到共产党接管之后，一直在燕大工作的人。博晨光带给所有人一种乐观向上的精神。他的名字意为"光明"，他也常常用拉丁文"Lux"作为自己的签名。许多认识他的人都会同意他悼词中的这句话："他是一位激情四射的人，他的生活如光影一般摇曳多姿……无论何时何地，他总是受人欢迎，他总能把气氛推得更高。"[53]民国时期中国最受尊敬的思想家之一胡适，在博晨光去世后写道："从我初到北京的时候起，他就是我亲密的老朋友，他是一位心地善良、崇尚自由的传教士教育家，他对我关于宗教的一些狂悖观点都采取宽容的态度。"[54]

博晨光成长在教育和传教士世家，他天生就属于燕京大学。他的祖父阿隆·查宾（Aaron Chapin）从新英格兰地区移居美国西部，并于1846年创立了贝洛伊特学院（Beloit College）。威斯康星州的贝洛伊特市成了博晨光的家乡。他的父母在传教休假期间就回到这里，1949年博晨光退休后也在此居住，直到去世。他的父亲亨利·波特（Henry Dwight Porter）是一位传教士医生，被美国公理会海外传教委员会派往中国，他的叔叔、婶婶以及堂兄弟当时都是华北地区创办教会学校的先驱。博晨光出生于天津，在山东省德州附近的小村子庞庄长大。和司徒雷登一样，他在返回美国上大学之前的早期教育都是在家中完成的。博晨光回忆起他的幼年时，认为自己是生活在三种主流文化边界的"边缘人"：一种是他儿童时代的中华文化世界；一种是在天津和北平的英国侨民文化，前者是他常常去旅行的地方，后者是他后来居住生活的城市；最后一种是来自他的家庭和正式教育中的美国传教士文化[55]。在他看来，"三种文化的任何一种都不比其他另外两种更优越，三者都是浑然天成和杰出优秀的"[56]。

1901年，他从贝洛伊特学院毕业后便在贝洛伊特的公立学校教书。后来，他进入耶鲁神学院，1906年获得学士学位，又凭借耶鲁的旅行奖学金在英国和德国学习了一年。随后，他返回布鲁克林（Brooklyn），在克林顿街公理会教堂当了一年助理牧师。当时，他在尼米亚·柏英顿（Nehemiah Boynton）的指导下工作，此人是另一位燕大杰出人物包贵思的父亲。1909年，博晨光开始在中国工作，教授伦理学、哲学、心理学，担任体育教练，并指导位于北京通州的华北协和大学（North China Union College）男生合唱团（这是华北第一个男子合唱俱乐部）。从1909年到1918年，博晨光一直在那里教书，最后一年他还担任了新成立的燕京大学通州分校的校长。

在许多燕大校友和同事的记忆中，博晨光是一个运动健将。他甚至在72岁高龄时还和比他小50多岁的贝洛伊特学院田径队成员一起高兴地披挂上阵，参加跨栏比赛[57]。他每天写日记，其中只有个别时候提到天气，因为跑步和体育锻炼才是每日必做的事。博晨光把对体育的那份执着热爱也带入了他的工作。他看起来喜欢冒险，而且因为善于解决困难而在燕大校园里小有名气。

除了几次返回美国访问以及1941年12月到1945年9月被日本人囚禁之外，博晨光余下的职业生涯都是在燕京大学度过的。1922—1924年，他是哥伦比亚大学的丁龙（Dean Lung）讲座教授①；1928—1929年以及1931—1932年，他在哈佛大学讲授中国哲学课程。尽管他在早期的学术研究领域名不见经传，却在建设"哈佛燕京学社"方面出力甚多。1928—1939年，他担任该学术团体在中国的执行干事，鼓励其他人从事学术研究。他为美国普通读者写了很多关于中国哲学的文章，也十分喜欢参与学术讨论。为了追求个人的学术兴趣，他加入了1948年成立的"远东研究会"（Far Eastern Association），是该学会的早期会员。到1958年去世之前，他都尽可能地参加该学会及其后来发展成的"亚洲研究协会"（Association of Asia Studies）的年会[58]。

和司徒雷登一样，博晨光也对传教事业有强烈的困惑感。在被美国教会授予任务之前，他写道，自己"完全没想到会成为传教士"[59]。他对一切教条主义深恶痛绝。他从来不受"基督或基督教官方神学概念的束缚"，对他来说，追随基督不是被"封闭、

---

① 丁龙讲座教授：1902年美国哥伦比亚大学设立的专门研究中国文化与汉学的讲座教席。讲座的创立者是首任美国加州奥克兰市市长、哥伦比亚大学校董卡朋蒂埃（Horace Carpentier，1824—1918），讲座教席以他的华裔仆人丁龙命名。——译者

限制在静止的教条世界中"。相反，基督教的本质意味着"思想和精神的快乐自由"[60]。多年以后，他认为自己成了"双向传教士，在把西方基督教、哲学和科学带给中国青年的同时，也向美国人解释中国哲学的博大精深和中国人对生活的看法"[61]。博晨光在他的文章中表达了对中国人民及其文化遗产的深深热爱。他一改父亲曾流露出的不礼貌的傲慢态度。义和团运动之后，德军曾在北京周边的村落里展开报复行动，他父亲竟然将德国士兵称为"上帝的代表"，认为这"不是复仇，而是维护正义"，并对"命运选择了德国而不是美国"深表遗憾[62]。

　　博晨光反对他父亲这一代人的观点，他不认为报复行动是名正言顺的。像司徒雷登一样，他认为义和团的种种行为是受误导所致，但还算不上邪恶。他公开承认与德军统帅瓦德西的夫人（Graf von Waldersee）有亲戚关系，正是这位德军司令官在义和团运动之后下令摧毁中国的村落。1908年，博晨光在德国留学期间，还曾探望过瓦德西夫人[63]。他还曾花费三个月时间陪同一位公理会教徒威廉·阿曼特（William S. Ament）从中国返回美国的家中，并一路如护士般对其照顾有加。阿曼特是义和团运动后一位主张对中国进行报复的新教传教士[64]。博晨光发行量最大的著作《中国对基督教的挑战》（*China's Challenge to Christianity*，1924）一书实际上是向在华基督教自由主义者道歉，但他在书中的自由主义论调并未能削弱他对传教事业的认同。

高厚德（Howard Spliman Galt，1872—1948）

高厚德是"生命社"的元老成员，在创办燕京大学过程中发挥了重要作用。在20多年的时间里，他承担了燕大众多行政事务。他的生平经历进一步表明，在燕大办学宗旨不断演化的过程中，来自中国方面的影响极大。

高厚德成长在美国艾奥瓦州一个"笃信宗教"的公理会大家庭，家中有7个兄弟和2个堂姐妹。在继母的鼓励下，他进入艾奥瓦州的塔博尔学院（Taber College），并最终在芝加哥大学完成了学业。在学院求学期间，他受到"学生志愿运动"的宗教热情感染，像其中很多热血青年一样，进入哈特福德神学院（Hartford Theological Seminary），开始了严格的学习训练[65]。在那里，他遇到了华北地区的教育先驱谢卫楼（D. Z. Sheffield），后者鼓励他到中国去。由于担心语言问题，高厚德拒绝了这个提议。但他很快战胜了内心的恐惧，接受了召唤。颇有讽刺意味的是，他后来因为熟练掌握汉语口语和书面语而闻名。

1899年义和团运动爆发前夕，高厚德抵达中国，在隶属于美国教会的华北协和大学担任数学教师，由此开始了他的传教士生涯。义和团运动期间，他离开中国前往日本神户，在那里教了两年书。1909—1912年，他重新回到华北协和大学，协助重建学校并担任校长。在随后的5年中，他和博晨光一起将几座规模较小的基督教新教学院联合起来，并最终组建为燕京大学。也正是高厚德代表燕京大学聘任委员会，与身在南京的司徒雷登接触，邀请他担任校长[66]。

在燕京大学的生涯中，高厚德对教师培训尤其感兴趣。他在教育学系任教，有时也担任系主任。他认为，教育才是救中国的关键所在。他希望学生们首先要把所学的知识传播到乡村学校，对那里产生影响。据高厚德的女儿们回忆，他对燕京大学远离中国乡村、学费高昂以及多数燕大毕业生向往城市生活深表遗憾。高厚德在大学从事教育的目的之一，就是打破教师控制学生的传统，竭力保护教室中学生们的权益。高厚德写道："民主倾向应该被发扬光大，并成为常态。"[67]尽管他生性固执，但在燕京大学，他通过合作教学和体育运动来使教育"民主化"。他的个人特长是网球和棒球[68]。

与司徒雷登和博晨光相比，高厚德更热衷于学术研究。1925年，他进入哈佛大学，并于1927年取得教育学学位。20世纪30年代末日本占领中国，他从耗时的行政琐事中解脱出来，以加倍的努力从事中国传统教育研究。其成果最终形成《中国教育制度史》（*The History of Chinese Traditional Education Institutions*）一书，在他去世后的1951年出版。虽然他这本书只谈到六朝时期（222—589），但仍然被认为是研究中国教育的经典之作。高厚德也曾撰写该书的第二卷，将研究下限延伸到近代以前，但直到他1948年去世时，书稿仍处于草创阶段。他的疾病显然也影响了书稿的质量[69]。

在中国工作的前20年间，高厚德对中国人的态度显示了义和团运动所带来的不良后果。据他的女儿们回忆，当全家尚住在北京通州时，高厚德对中国人有些严厉，也不大信任。大女儿米尔德丽德当时10岁，有一次，她看到父亲强行夺走邻家华人妇女的一篮柴火，感到"万分恐惧"，那些柴火是那位妇女在高厚德家的前院篱笆下拾来的。但高厚德的女儿们也注意到，全家移居到学术气氛浓厚的燕大校园后，父亲的态度有了显著变化。高厚德后来似乎完全放弃了他早年导师谢卫楼的报复思维。谢卫楼曾为义和团运动后外国人的报复行动辩护，说这些行为并非"血腥"，而正体现了对"中国人性格和国情的了解"，"采取宽容政策则意味着白白失去了很多华人和外国人的宝贵生命"[70]。用他女儿们的话来说，高厚德刚刚在中国开始工作时，态度原本"十分傲慢"，后来却完全放弃了"把美国方式强加于中国人"的想法。第一次世界大战期间，高厚德变成一位和平主义者，他成为卡耐基和平基金会（Carnegie Peace Fundation）的坚定支持者。到20世纪30年代末期，高厚德对学术研究的兴趣逐渐超过了残存的宗教信仰。

不过，高厚德对中国的同情未能转化为他对学生政治示威的支持。信仰共产主义的年轻人在燕大校园里活跃起来，这已经不是什么秘密，他们还找到了司徒雷登，后者似乎对他们的激进倾向给予了鼓励。高厚德对此"强烈反对"，认为司徒雷登太"幼稚"[71]。高厚德思想保守，深受美国中西部传统的影响，他反对赛珍珠的小说，认为其作品过于"色情"。他对儒家文化中的"义"很感兴趣，这有助于解释他为何与华人校监吴雷川保持了比与司徒雷登更近的关系。在司徒雷登外出募集资金时，他常常担任执行校长，但其行政管理方式却与司徒雷登迥然相异。司徒雷登性格和顺，但高厚德却过于教条，他花费了大量精力编写大学章程，也更加严格地遵守它。不过，这两位领导人的工作关系从未达到破裂的程度，对于燕京大学来说，这是值得庆幸的。在回忆起高厚德时，司徒雷登曾满怀感激地说，"对于我无所顾忌的冒险倾向，他总是提醒我要稳健"[72]。高厚德十分谦逊，在他有关燕大历史的手稿中，很少提到他本人在行政管理中的重要角色以及他对学校的影响。

步济时（John Sturt Burgess，1883—1949）

步济时仅仅在燕京大学工作了10年，比起其他老燕大人，他任职的时间较为短暂。本书之所以在这里讨论他，是因为他在"生命社"中的突出地位，以及他为建立燕大与北京基督教青年会以及普林斯顿大学之间的合作做出的不懈努力。

与其他3位传教士相比，步济时成长在更加世俗的城市环境中。他父亲是纽约一位进口瓷器餐具的商人，还曾担任过美国驻英格兰的领事。但其家庭环境仍然与宗教有着较强的联系。步济时的父亲是长老会中的元老人物，也是基督教青年会的积极成员，他还是纽约州监狱改革的领导人。在普林斯顿求学期间，步济时成为青年志愿者运动的积极参与者。1905年毕业后，他曾在奥柏林大学（Oberlin University）和协和神学院短暂学习。随后，在日本政府的资助下，他前往日本教授英文，并为京都的基督教青年会工作。1907年，他进入哥伦比亚大学继续深造，学习社会学（1909年获得硕士学位，1928年获得博士学位）。在普林斯顿大学学生和校友的赞助下，他于1909年回到东亚担任基督教青年会的总干事。这一次，由于关注"觉醒的中国青年对基督教的挑战"，他来到了北京。1905年，他与斯黛拉·费舍尔（Stella Fisher，1881—1974）的婚姻加强了他与传教事业的联系，她的父亲亨利·费舍尔（Henry Day Fisher）就是在日本的一位传教士[73]。步济时曾担任"普林斯顿—北京基金会"以及后来的"普林斯顿—燕京基金会"中的多个职位，他是基督教青年会总干事中的模范，他"自律、自信、乐观，为社会进步和中西跨文化沟通而不懈努力"[74]。

在20世纪初期于北京青年会工作期间，步济时组织了一个由城市社区委员、学生社会服务俱乐部和一家妇婴医院构成的联合会，还协助慈善协会、服刑人员救助协会以及中国救灾委员会的工作[75]。步济时还负责与数百位参与青年会活动的在京学生保持联系，这些工作同样十分重要。他对领导中国社会福利事业的华人产生了不可估量的影响。一位仰慕他的学生张鸿钧将步济时称为"中国社会工作之父"[76]。步济时夫人斯黛拉曾回忆，早在1913年，因群众教育工作而闻名的晏阳初就是步济时家的常客。用她的话说，步济时对晏阳初及其所有中国朋友的工作方法都是"施洗者约翰的工作方法①……他在上，而我在下"[77]。

---

① 施洗者约翰：基督教中的重要人物，他在传教过程中不靠甜言蜜语来笼络人，而是严肃地指出别人的过错。——译者

步济时与燕京大学的接触是由"生命社"开始的，他先在宗教学院开设社会学课程，后来又在学院中组建了社会学系。他首次将田野调查的工作方法引入中国的社会学研究[78]。他在燕大的年轻同事许仕廉和吴文藻接替他担任了社会学系主任，他们帮助燕京大学奠定了在社会学研究领域的声望。只要步济时担任系主任，社会服务工作和社会学研究就紧密结合在一起，尽管这两个领域的工作很快不得不分开，因为随着青年会的神秘色彩逐渐淡去，要求提高纯粹学术研究标准的呼声越来越高[79]。

为了保持燕京大学的早年宗教特性，步济时认为，学术研究不应该与学校的实际功能和跨文化宗旨相分离。他在最著名的《北京的行会》(*The Guilds of Peking*)一书序言中指出，熟悉古代中国的社会组织，例如行会，"能够帮助深刻理解当前这个国家在向新的政治经济体过渡期间所产生的混乱情况。这些知识也会使人认清，东西方文化将如何命中注定地和谐共存"[80]。在北京多年的社会工作之后，步济时认为，西方的社会学理论在概念和结论方面过于狭隘。早在1917年，他就曾写道："大多数社会学著作在得出有关早期社会的结论时，都至少忽视了半数人类的存在。"[81]①步济时曾帮助另一位普林斯顿校友、基督教青年会成员、燕京大学长期的赞助人之一甘博（Sidney D. Gamble）完成了第一部关于中国城市的系统调查《北京社会调

---

① 这里指那些西方社会学著作没有对中国人进行调查研究便草率得出了结论。——译者

查》（1922）[82]。

　　1926年，步济时的子女罹患疾病，他不得不返回美国。几个孩子后来都一直待在美国，而步济时也仅曾在1928—1929年的一年间返回过燕京大学。1930—1933年，步济时先在波莫纳学院（Pomona College）担任社会学助理教授，后移居到费城成为天普大学（Temple University）社会学系的系主任，并在那里工作到1948年退休。步济时讲课充满了想象力，他在天普大学率先开设了有关婚姻和家庭的课程以及宗教社会学课程。除了和天普大学的学生们一起进行社会工作之外，1938—1943年，他还主持了卫斯理研究院（Wellesley Institute）有关社会发展的研究工作，创立了"费城成人教育协会"和该市的"跨种族基督教青年会"。步济时还是美国民主运动的成员。步济时夫人斯黛拉也是费城的一位社会工作者，她认为他们在成人教育和种族问题方面所做的工作乃是继续受到"燕大鼓舞"的结果[83]。后来，步济时夫妇还成为"友人协会"（Society of Friends）的成员。

/ 燕京大学的创立

　　燕京大学创立于1915—1920年，它由4所学校共同组成。最大的学校是由美以美会主持的汇文大学（Peking University）。该校成立于1890年，比著名的国立北京大学还早了八年，二者的名字时常混淆①。学校开设两门研究课程，一门使用中文，介绍中国古典文史、科学和数学；另一门使用英文，涵盖除了古典文史之外的所有学科。到1915年，英文已经成了授课的主要语言，因为政界和商界日益需要具备外语能力的人才，学院也适时地进行了调整[84]。

第二所学校是通州华北协和大学（North China Union College），位于北京以东13英里②的通州。它是1903年由公理会、长老会和伦敦会所创办的文科男校。上述教会在北京开办的学校被义和团运动彻底摧毁，协和大学设立的初衷，便是加强它们的教育工作。义和团运动之前，通州协和大学的校址由华北协和大学占据，与汇文大学不同，华北协和大学并不打算让它的学生们踏上阳关大道，通往"政府控制、收入丰厚的众多职位"。相反，他们"全力培养具备基督教精神的青年，他们只为教会服务"[85]。为了防止学生们毕业后从事那些"世俗"职业，课程所用的语言全部为中文[86]。随着义和团影响的衰弱以及西方文化越来越受欢迎，北京和通县的教会学校希望在中国的上层阶级中培养亲西方的情感，以便传教事业从中受益[87]。

第三所学校是北京的华北协和女子大学（North China Union College for Women）。它的前身是"贝满女塾"（Bridgeman

---

① 汇文大学的英文为"Peking University"，与后来的"国立北京大学"英文"National Peking University"相近。——译者

② 1英里=1.609公里

Academy），因创立者裨治文夫人（Mrs. Eliza J. Bridgeman）①而得名，后来由博晨光的两个亲戚玛丽·波特（Mary H. Porter）和珍妮·查宾（Jennie Chapin）负责管理。贝满女塾同样在义和团运动中被彻底毁掉，三分之一的学生也不幸罹难[88]。1907年学校改建为华北协和女子大学，麦美德（Luella Miner）为首任校长。经过多年协商之后，该校在1920年正式并入燕京大学。

第四所学校是一所神学院，由华北教育协和大学神学院和美以美会在北京的两所神学院共同构成。但实际上，这所神学院是1915年燕京大学所合并的第一所学校。

两年之间，两所男校就完成了合并。1915年12月，汇文大学董事会章程和大学组织机构章程都做了相应的修改，把这四所新教教会学校的人员都囊括其中。第二年春天，学校董事会进行了重组，1916年秋天，成立了新的校务管理委员会。但三所男校的学生却一直等到通州的学生们搬入北京城内汇文大学盔甲厂校园后才实行合并。1920年三所男校合并后，女校仍位于灯市口附近的美国教会内，位于主校区西北2英里外。在1926年燕京大学搬到北京西北5英里的新校址之前，女校和男校师生之间的联系微乎其微。把燕京大学的成立时间定为1916年，可以为研究提供方便，这一年，位于纽约的燕大董事会和北京的校务委员会同时建立起来。

合并工作中最为棘手的问题就是如何为新学校选择校名。据

---

① 裨治文夫人（1805—1871）：美国著名传教士裨治文的妻子。她1843年来华，先后在广州和上海传教，1864年在北京创立"贝满女塾"。——译者

高厚德记载，曾担任汇文大学校长25年（1894—1919）之久的刘海澜（H.H.Lowry）对将华北协和大学的几个学院合并进来深表忧虑，因为他们当中混进了很多具有"危险的自由主义思想"的传教士。但刘海澜手里握有一张王牌。国民政府已经表现出对基督教的日益接纳，如果新教教会学校想要充分利用这种氛围，汇文大学就应该是新成立的大学校址。非美以美会的教员从刘海澜的坚持中意识到，新学校的英文名称将采用汇文大学的"Peking University"，但两所男校的校友们却极不情愿接受对方的中文校名："汇文大学"和"协和大学"。

校董事会接受了几位中国教育家的建议，有关校名的争论才得以解决，这几位教育家包括来自国立北京大学的蔡元培和胡适，以及当时在北京教育委员会任职的吴雷川。他们建议采用北京一个较为文雅的别名：燕京。"Peking University"作为新学校的正式英文名称一直使用到1925年，因为从宣传的角度来说，"这个名称更容易引起美国赞助人对学校的兴趣，人们可以立刻明白，但像'燕京'这样的名字就需要解释一番"。正如高厚德所指出的那样："孔子以及世界上的其他人有时把名字的意义看得比什么都重要。"[89]

第二个难题是选择一位校长。在早期合并谈判的过程中，刘海澜已经明确无误地表示，他将成为新学校的校长。但一些教育界人士却对刘海澜颇有微词，纽约的学校董事会意识到，刘海澜狭隘的门户之见只能妨碍新学校的发展。在1917年之前，董事会任命刘海澜为名誉校长和执行校长。在经过一年的考察之后，燕大校务委员会开始了和司徒雷登的接触。

起初，因为教派冲突和两所男校彼此间的强烈不满，司徒雷登并不愿意接手这个职位。此外，四个教会的资金投入已近枯竭，无法购买与校园相毗邻的地块，也无法继续校园建设。财政预算虽然只有可怜的一点点，支出却已经是目前收入的两倍。司徒雷登认为，那100多个学生，"也不是大家想象的那种未来的高材生"，而外国教员们就更指望不上了。教师队伍中只有两位华人，学校也没有筹措资金的计划。他对华北地区以及未来要一起工作的同事们都不了解。但他很快就打消了各种顾虑，开始去实现心中的梦想[90]。

新学校面临的第三个主要困难是校址问题。盔甲厂校园过于狭小，不适合学校扩建。校园位于北京北城（满城）东南角的城墙内，旁边是骆驼队送煤进城的路线。这些道路没有铺设路面，冬天尘土飞扬，夏天泥泞难行。此外，所有的建筑都已经人满为患，校园也缺少足够的排水系统。在司徒雷登到来之前，校务委员会已经着手物色新校址，却无功而返。经过长时间的寻找，校务委员会决定购买距北京城西北5英里、临近海淀镇的一块60亩的土地，距后来的清华大学校园只有1英里远。这个地方原为睿王府[①]，是前清满族皇子们众多夏季花园中的一个，距离著名雄伟的圆明园仅有几百码远，那里在1860年遭到了英法联军的破坏。

---

① 睿亲王：清代初年，努尔哈赤第十四子多尔衮受封"睿亲王"。这里指最后一任"睿亲王"中铨，1915年世袭封号。燕京大学所在地曾为中铨的王府花园。——译者

这些前清王公贵族的花园有一个明显优势，那就是价格便宜，因为北京这一区域居住着贫穷的清朝遗老们。正如皇亲国戚们几百年前所发现的那样，这里景色宜人，恰好处于北京城与风景如画的西山之间。花园的主体部分最早由乾隆皇帝（1736—1795）的宠臣和珅修建，但125年之后，这里大部分已是一片废墟。人工假山、湖泊和岛屿等景观尚存，河道里仍源源不断地接纳着来自西边著名玉泉山上的清澈泉水[91]。几十年后，燕大校友们的回忆录里，还经常着重提及海淀校园的美丽风景和悠久历史。

1921年秋天，新校址破土动工，第一座修建的建筑就是宗教学院的宁德楼。在随后的两年间，资金不断投入教学楼兴建项目中，这主要归功于副校长鲁斯（Henry R. Luce）[①]在纽约的努力。学校管理层希望1923年秋天就能搬进新校址，但军阀混战在该地区所引起的持续冲突、电力供应的意外问题以及美国方面资金筹措的放缓，使得迁入新校址推迟到了1926年[92]。

学校的形象与校园风光、京郊区位以及建筑背景紧密联系在一起。董事会在决定建筑风格时，华人教员因其留洋经历而推崇西洋风格，但西方传教士们却希望保持中华传统文化的"精华"。这一时期，从事高等教育工作的两个不同文化群体都对对方的文化爱慕不已。最终，西方教员的观点占据了上风，他们认为西方建筑既不经济又不实用。美国富有的赞助商们也和他们一样，对

[①] 亨利·鲁斯（1898—1967）：又译路思义。他出生于中国山东，父母是美国长老会传教士，后来成为美国著名出版商，创立了《时代周刊》《财富》和《生活》三大杂志。——译者

中国风格的器物格外痴迷[93]。鲁斯认为，把中式建筑设计方案提交给美国的捐资人更加合适。但支持西洋建筑风格的人认为，现在的政府和公共建筑都流行西洋样式。在修建宗教学院的问题上，刘廷芳表示，哥特式建筑能更好地传递基督教精神[94]。他在纽约百老汇和第120街生活了多年，那里的环境显然对他产生了深刻影响。

负责设计新校园的墨菲（Henry Killam Murphy）①也赞同采用中式建筑风格。墨菲曾在南京和福州为教会学校设计过一些建筑，对中式建筑有过多年的研究和实践经验。1914年，他参观了北京的紫禁城，被这座"世界上最精美的建筑群"完全征服，他暗下决心，"决不允许如此壮观的建筑风格从世上消失"[95]。墨菲也非常喜欢新校址的园林景观。在西方人占多数的校务委员会的坚定支持下，墨菲采用了皇宫建筑风格的设计和比例，建造了当时世界上最为漂亮的大学校园之一。但中式风格建筑非常不实用。图书馆被称为"建筑设计师的美梦和图书管理员的噩梦"，因为缺少通风系统，所有建筑内的高层阁楼都无法利用。这些空间只好给较为贫困的学生当作宿舍。然而，燕京大学的行政领导们认为，"告诉所有来到校园的人，西方人有志于保存中华传统文化的精华"，这一优势足以弥补建筑不实用的缺点[96]。

---

① 墨菲（1877—1954）：美国建筑设计师，曾设计了长沙雅礼大学、福州福建协和大学、清华大学、金陵女子大学、燕京大学以及岭南大学校园的部分建筑。——译者

/ 适合输出的基督教

燕京大学在建筑设计和选址方面的成功，进一步加强了传教士教育家们的信念，即他们可以从传统与现代中同时吸取营养。他们也承认，在向爱国的中国人传教过程中，遇到了很大困难，而这正与基督教和西方列强入侵中国所造成的破坏有所关联。1917年，司徒雷登承认，"我们西方文明的影响"在很大程度上导致了"唯物主义不可知论者"的出现，他们反对一切中国宗教，认为它们"是迷信，不容于当代文化"，并增加了"各种罪恶，使中国高尚的道德逐渐堕落"。司徒雷登坦诚地写道："基督教也在这些日益衰落和分崩离析的宗教信仰之列，它不受欢迎、遭人误解，被当作盎格鲁—撒克逊侵略的工具，令人愤怒且不合时宜。"他扪心自问："在这种情况下，来自外国的福音如何才能传播进来？"司徒雷登及其同事们的任务是找到一个可以传播给中国人的信仰，它能够"被学者、爱国主义者和劳苦大众同时接受，它应该用汉语的词汇来讲解，并能够再现中国的传统"[97]。司徒雷登的理念代表了新教教会大多数人的想法。这是一个从个人救赎向社会慈善工作过渡的运动。但是，如果把这种转变仅仅当作世俗化的倾向，则未免有误导之嫌，因为自由主义神学同样根植于宗教狂热中，丝毫不比原教旨主义好多少。美国基督教青年会的全国领导人慕迪（Dwight L.Moody），也同时是他那个时代著名的原教旨主义者。对于这些自由主义新教徒来说，信仰和工作是密不可分的。

燕京大学的传教士教育家们很少就他们的宗教信仰发表系统性的长篇大论，他们也不用这种方式来向中国同事们介绍基督教。相反，他们采用适合中国知识分子的方式来宣传，例如，用上帝的无所不在、耶稣的人格以及中国曾贡献给西方社会的观点等。

上帝的无所不在

司徒雷登父辈年代的主流神学以及19世纪在华新教教会在塑造上帝形象时，只通过神化的基督来表达，而基督的形象又只能严格地依靠《圣经》文本才能了解。在他们看来，人性本恶。对于那些已经听到福音并按照要求去做的人，救赎之路仍旧不是一帆风顺。对于那些没有听到福音的人，则必须赶快让他们听到。中国最大的教会"内地会"创始人戴德生（Hudson Taylor）1894年在底特律的一次学生志愿者集会上发表演讲时说，中国人"正在逝去。每一天，每一天，他们就这样被一扫而光。……在中国，有一大群人就像尼亚加拉瀑布一般流进黑暗的世界。每一天、每一周、每一月他们都在逝去。在中国，每个月有100万人因得不到上帝的拯救而死去"[99]。但"生命社"的西方成员们却扭转了这种对生活的悲观看法，他们不仅通过耶稣基督的祈祷，也通过各种宗教实践活动，来证明上帝的无所不在和仁慈博爱。在他们看来，人性本善，也完全有能力使自己的世俗生活变得更好。中国并不黑暗，中国人也没有死去。

因为在神学理论上的灵活性，他们能够很好地应对科学提出的挑战，而原教旨主义者则感到来自科学的巨大威胁。在传教士教育家们看来，科学的启示，包括进化论在内，无非是上帝无所不在的另一种证明。"生命社"会员、伦敦循道会的戴乐仁（J.B.Taylor）在建立他对上帝的看法时就引入了科学的概念。戴乐仁认为，尽管重力本身已经足以令人感到惊奇，但仍比不上原子分裂时所产生的"难以置信的能量"。但即使这样强大的力量，与社会中把人们联系在一起的力量相比，仍然是微乎其微的。"人们进入一块未知领域，在那里可以与神进行对话，其亲密程度远超与人类同伴之间的交流，这一切仍很神秘。在内心中的那片圣地，上帝的存在会创造出精神能量，当人们愿意把爱传递给他人时，这些能量就释放出来，光环普照下的福音传播者就能创造出更高层次的新型社会生活方式。"[100]只要科学的惊人发现能够在上帝无所不在的框架下被理解，就不会给这些传教士造成困惑。

在这样的思维框架下，他们相信科学将成为基督教社会工作的工具。通过支持社会工作，传教士们将直接吸引越来越多的、既有爱国情感又追求科学的中国学生。在19世纪末期，中国的领导者已经将教会学校、现代教育、西方文化、科学和数学联系在一起。20世纪初期，当基督教青年会的传教士为了吸引民众而在传教活动中使用科学作为工具时，他们也意识到中国人爱国思想中的这种联系。燕京大学和中国其他教会学校在强调教授自然和社会科学的同时，也更深切地意识到这一点[101]。他们训练学生们的科学思维能力以及在科学研究中的创新能力。1917年，步济时就批评中国人"差不多就行"的思维特点，说他们"缺少对事实进行认真分析和归纳研究的习惯"。他坚信，基督教若想对中国社会做出贡献，使之全面发展，科学研究是必不可少的第一步。"基督教工作将表现为技术性的社会服务和现代科学理论的应用。"[102]高厚德认为科学实际上就是科学教育。他既想探索"现代科学教育范围内的所有知识和经验，也想探索我们基督教信仰中的奉献和自我牺牲精神"[103]。这些传教士教育家们与此种定义下的科学能够融洽地相处，他们甚至不能接受原教旨主义者对科学的攻击。

然而，与科学的合作并不简单意味着燕京大学变成了世俗学校。学校最初的宗教目的受到了校内学生的质疑，也面临着校外中国政府的压力，但在传教士教育家的头脑中，宗教仍然是最重要的目的，也是大学之所以存在的原因。燕大上层的华人行政领导绝大部分都来自"生命社"和宗教学院，这恐怕不是一种巧合。甚至在20世纪20年代末，当学校的财政基础已经越来越世俗化，燕大的国际主义办学目的仍然首先要在教会和传教事业的框架下来理解。这些传教士教育家们公开支持以爱国主义情感来寻找救国之路，但在他们的观念中，救国不过是一个技术性的世俗任务，而世俗任务总要有精神内涵。对于他们以及"生命社"的华人成员来说，宗教"得救"的"救"与"救国"的"救"是相互关联的。

如果上帝无所不在的概念能成为基督教在中国普及科学的助

手，它也同样会为"救国"提供动力。用司徒雷登的话说，"存在于内心的上帝精神"将释放出巨大能量，中国将由此找到新的力量，洗刷她最近在国内外遭受的屈辱。1917年，司徒雷登写道："最根本的问题就是动力问题。教会已经不可能再为中国人的道德乃至哲学观点增加任何内容。但这些讲求实际的人很快就会注意到福音中的动力，并且意识到这正是他们所缺乏的。我们的宗教戒律就是在向他们描述如何获得动力。"了解耶稣基督的人格就是发现神秘力量的途径。不但知识分子可以发现这种力量，博晨光认为，"那些愚昧无知、胆小迷信的农民大众"也会对"耶稣的故事有所反应，受到其人格魅力的影响"，那时，一个新人就此诞生，"他将比过去乡村中的任何事物都更加活力四射、鼓舞人心"。个人与社会的救赎，本质上是一个硬币的两面。博晨光说："个人忏悔和重生是进入上帝之国的必由之路，但只有在奉献爱心和服务社会中，个人才能得到忏悔、获得重生。"[104]

对基督教功能的这一解读，必然在西方树敌众多，现代主义者和原教旨主义者的冲突已经跨越了彼此的界限，把世界范围内的基督教组织分成两派。自由主义者遭到指责，说他们四处散播这样的观念，"从来不发怒的上帝正通过没有十字架的基督把无罪之人带入没有审判的天国"[105]。1921年，格里菲斯·托马斯（Griffith Thomas）就在《普林斯顿神学评论》杂志上撰文严厉批评司徒雷登。文章攻击的矛头指向司徒雷登1919年在基督教青年会干事大会上做的几场报告，大会的主题是"基督教的世界基础"。托马斯的指责使司徒雷登名誉扫地，司徒雷登说，"我感到十分痛苦和羞耻"，担心自己会成为"耻辱的标签"，从而波及他正全力以赴的事业。司徒雷登坚持为自己是一名美国南方长老会的牧师而感到骄傲，他说："我随时接受本教会领导机构对我的警告和批评，并随时准备响应召唤，去向他们做出解释。"他"对为自己和他人贴上保守主义者和自由主义者的标签从来不感兴趣，但现在情况有所不同，作为一个受害者，他也要参与这样的讨论"。司徒雷登最后说，"我欢迎所有其他领域的人类知识所带来的启蒙，从不害怕它会损害宗教信仰，无论它会给这种信仰的思想观念带来多么大的变化。如果持有这种信念的人被称为自由主义者的话，那我就是自由主义者。我只能按此行事"[106]。

在司徒雷登的宗教信仰遭受质疑的年代里，美国宗教和政治领袖也正在为进化论激烈辩论。1925年，发生在田纳西州德顿市（Dayton）的斯科普斯案①把双方的辩论推向了高潮。1926年，司徒雷登在返回美国筹款期间，自愿接受弗吉尼亚州南方长老会东汉诺威分会就其神学观点进行听证，当年他正是在这里接受了神职，这才为关于他的争论画上一个句号。在自我辩护词中，司徒雷登使用了那些"保守的南方人"都很熟悉的术语，"他们要么在学生时代就认识我，要么是我原来社团的同事"。司徒雷登得到了听证团的一致认可。在听证结束后，一个"又高又瘦的兄

---

① 斯科普斯案：1925年美国田纳西州通过法律禁止在课堂上讲授"进化论"。德顿市的一位高中生物教师约翰·斯科普斯（John Thomas Scopes）在美国自由联盟的支持下有意挑战这条法令，在课堂上讲授"进化论"。斯科普斯因此受到法庭审判，他最终败诉。此案在美国引起广泛的影响。——译者

弟"建议大会表达对"那些北方佬的不满",批评他们"采用秘密方法,违背绅士风度,默许反基督教的行为",正是他们对司徒雷登指手画脚。另一些攻击则来自费城和普林斯顿。《南方长老会》(*Presbyterian of the South*)杂志并不是自由主义的阵地,但1926年,该杂志的社论也为司徒雷登辩护。最后,司徒雷登在论战中再次现身,声称他的最新信仰是"只要有共同的目标,不同神学派别的基督教徒可以在一起愉快和谐地工作,那就是在所有人类关系中展现基督的精神"[107]。经过多年在中国的生活,司徒雷登在处理行政关系和神学事务方面都十分灵活,这一特点对燕大尤其有利,因为那里构成复杂,从南方长老会的教会领导到激进的中国学生,无所不包。

耶稣的人格魅力

传教士把耶稣说成是一个富有同情心的人,正是他,为中国的社会变革提供了灵感。1918年,博晨光注意到基督教新教对日本明治时代的社会进步发挥了重要作用,尤其是在教育、监狱改革、工业、福利等领域以及反邪恶、反腐败运动中。博晨光认为,尽管新教在中国未能取得如日本那样的成就,但仍对社会福利运动发挥了作用[108]。自20世纪初以来,社会变革的确是爱国的中国人一直关注的话题。在渴求变革方面,爱国的中国人与日本人并没有什么不同,问题是变革的方向、速度和谁来推动变革。

在中国,"生命社"的外国成员把耶稣描绘成一个社会改革家，这实际上是对社会福音运动的重要响应。他们相信基督教的社会改革将赢得中国领导人的尊重。司徒雷登在儒家文化中发现了"伦理情感""坚信人性本善"以及"人类道德所追求的最高价值"。但是，他认为孔子"并不同情社会进步，而是强调礼，孔子思想中的伦理成分已经退化为外在的道德"。儒家文化已经名存实亡，因为它未能"触及更深层次的生命之源"。儒家文化"看上去已经落后，因此既不可能为社会进步提供动力，也不可能因国际交往出现的新情况而做出相应的调整"[109]。然而，中国知识分子对"伦理价值极为推崇"，这可以被当作"社会福音运动"的肥沃土壤。他们"将对基督之爱的积极意义从人类需求的广度和深度方面做出回应。他们知道这种需求不受任何限制，也乐意在服务他人的过程中抱以谦卑态度并承担困难"。这一充满活力的信念将击败现实中的敌人，治愈社会组织中的腐败问题——如果确实有什么东西可以治愈它们的话。耶稣超越一切的道德魅力有着"强烈的吸引力"，"用更加现代的话说，就是他的内在涵养和人格魅力，传播基督教福音的人应该唤醒他们对耶稣的热情和忠诚，并把这种人格与其自身情况相结合"[110]。在高厚德眼中，基督教教育是社会活动最显著的一种形式，它"不仅为个人的救赎，也为基督教观念和精神在整个中国社会的传播提供了指导和动力"[111]。

通过对上帝的力量、耶稣的人格以及人性本善的解读，"生命社"的成员们对在华基督教的未来前景产生了乐观估计，认为它在中国似乎已不可阻挡。传教士教育家们感觉到，中国问题所面临的巨大阻碍，只要稍加努力都是可以解决的。他们对中国国情了解很少，这使他们无法意识到，其原本的目的已经被误解，其方法也根本不起作用。有时候，乐观情绪蒙蔽了他们对现实困境的认识，这让燕京大学在中国的民族主义浪潮和社会动荡中显得有些不切实际。在30多年的时间里，传教士教育家们始终相信，沿着西方的道路逐渐地进行社会改革是行之有效的方法，也只有在西方的帮助下，才能实现社会的变革。

埃德加·斯诺回忆起1934—1936年他在燕京大学的两年教学生涯时，就把这种不切实际的感觉与外国人的生活方式和他们对政治一直以来不闻不问联系起来："所有的一切不过是漂亮的海市蜃楼，在它的表面，外国人对有利于他们的汇率感到狂喜，享受着治外法权，并幻想着中国不会改变。但在海市蜃楼的背后，一个古老的社会正在发酵酝酿一场旨在推翻一切的痛苦革命。"[112]在20世纪20年代初，步济时夫人在她的诗《北京下午茶》（*Afternoon Tea of Peking*）中就提到了中国人和外国人之间的不平等。那是一群外国人，丈夫们"饮食无忧"，妻子们"营养过剩"，他们"吃着精心制作的美味蛋糕，懒散地在一起闲聊，欢笑声与甜美的茶香弥漫在一起"。但是，她也不会忘记另外一边的场景。

> 他还在吗？我想
> 坐着洋车路过此地
> 我曾见到的那位老人
> 他那饱经风霜的双手

抚摸着护城河边的柳树

他的手指悄悄摸索

抓了一把嫩枝

塞进腋下的麻袋

你可知道，柳树叶子

可以与榆树皮一起蒸煮

在一个废弃的罐子里

能缓解难忍的饥饿

为老人的生活增添一点活力

再来一杯茶吗？是的，放两块糖，谢谢。

再来一块蛋糕，你才刚刚开始呢。[113]

　　从很多方面来看，燕大教师的生活方式实际上十分舒适。20世纪20年代初期，博晨光在每天一行的日记中点点滴滴地记录了他和很多名人会谈和见面的情况，包括蔡元培、胡适和蒋梦麟等，在杜威和罗素访问中国时，博晨光也和他们见了面。尽管教师们教学任务很重，但他们似乎仍然有时间享受校园生活的欢乐，如庆祝宗教节日、参加学院内部的体育活动、欣赏戏剧表演和音乐会以及从事其他娱乐活动[114]。

　　斯诺和步济时夫人的评论，更多地反映了在华工作的外国人对以平等为目标的宗教和世俗改革的看法，而不是大多数中国人的观点。社会福音运动不断提醒人们不要忘记穷人，但过去在华外国人都享受着特权，他们希望和劳动人民保持一定距离。传教士教育家们在民国时期所期望的生活，实际上与1949年新中国成立后在华外国人所受到的待遇没什么本质上的不同。

在燕京大学工作的西方人并未能逃脱个人所遭受的巨大痛苦，只是比起19世纪的新教传教士来说，他们所受的苦难稍小一点罢了。本书讨论的所有人物，其家庭中都有一些儿童罹患疾病或幼年夭亡，他们中很多人在日本占领中国期间，也经历了个人磨难，或者流亡到中国西部地区，或者被关押在日本人的集中营里沦为阶下囚[115]。斯诺的论断，简单来说，可能会引起歧义。西方人的乐观情绪，并非根植于他们在北京的舒适生活，而是源自他们对基督教的信仰。

燕京大学的传教士教育家们并非没有意识到中国所面临的巨大问题。他们注意到军阀混战引起的政治动荡，以及西方列强在中国的经济掠夺和政治侵略。他们也注意到大多数中国人还是"文盲"且"十分迷信"，"现代观念"冲击旧传统后产生了诸多文化冲突，而物质繁荣后，"人们的贪欲也变得更加强烈"。但总体上说，传教士教育家们仍然是乐观的。他们感受到"人民空前地团结一致"，也感受到了"正在强烈跳动的脉搏"。实际上，他们觉得中国正处于一个"伟大复兴"的时代，它"正改变着人们对于生活的基本态度"。这是中国自从与西方接触以来就开始的知识革命长期积累的结果。他们最后得出结论，"再没有任何时代比现在更加富有批判性，更加让人充满期待"。他们也提到了"基督教对于救国的贡献，这个国家有着占人类四分之一的人口"[116]。在走出当前的混乱后，一个崭新的、更好的秩序即将建立。更大的问题还在后面，但基督教总能给人以希望。

在希望的问题上，自由主义新教徒与马克思主义者有一些共同点。但他们寄予希望的基础却大相径庭。在进行根本变革的问题上二者并没有分歧，不同之处在于实现变革的方法，需要在社会改革和社会革命、非暴力和阶级斗争中做出选择。当然，新教改革者们在谈到他们的努力时也会使用"社会革命"一词，但他们是指基督教青年会的社会工作以及西式教育已经带来的那种渐进式变化。在批判西方资本主义及其在中国的代理人时，自由主义新教徒和马克思主义者也是一致的。1923年，燕京大学的传教士们在一本名为《明日世界》（*World Tomorrow*）的杂志上撰写了数篇文章批判资本家及其对中国的"工业入侵"[117]。这本杂志主要讨论在耶稣神学理论基础上建立起来的社会秩序。

除了上述两个相同点外，他们在政权问题上则尖锐对立。传教士教育家们也常常使用"力量"（power）一词，但通常是指"宗教观念和教育的力量"，而为了建立政治力量而进行斗争显然是第二位的。燕京大学的传教士们支持所有现任政府——无论是北洋军阀、国民党还是共产党。他们首先是政治力量的合作者。其所描绘的中国图景中并没有忽略社会不公，但把它放在了第二位。首要问题还是关注宗教事务。救赎就意味着要把仁慈的上帝和所有人联系在一起，正义的也好，邪恶的也罢。他们认为社会平等必然会与上帝之国一起到来，他们的乐观也正根基于此。但要实现社会平等，过程很可能是缓慢的。人在变革中的作用固然重要，但和上帝的作用比，仍然是次要的。要知道，天国属于上帝，而不属于人类。

如何解释耶稣关于社会平等问题的论断，将直接影响到人们对于两个关键词的理解，这两个词不断出现在中国的爱国者所撰写的文章中，燕京大学的传教士教育家们对它们的关注也丝毫不少。这两个词就是"服务"与"牺牲"。在"生命社"，这两个词与基督教观念中的管理方式有关，其最高形式就是"博爱"。上述概念值得赞扬，但它们从根本上说只对个体有意义，对于商业发展、工业革命和财富增长却没有任何理论指导价值。传教士教育家们并没有援引耶稣对金钱的批评来反对经济发展，而是选择强调忠实的管家所恪守的原则，对于委托给他们的钱，要聪明地使用，并要努力使它们产生更多收益[118]。在谈到如何避免西方资本主义社会的罪恶时，"生命社"的西方成员们大都使用抽象词汇，但他们很少谴责私有财产制度。"服务"与"牺牲"是两个不同的、并非合而为一的行为，它们也不是用来推翻现有制度的。

"服务"的理想体现在司徒雷登为燕大所选择的校训中："因真理，得自由，以服务。"但它清楚地表明，工作应该在既定的社会秩序中完成，无论其多么动荡不稳和问题重重。而"牺牲"则意味着在任教、经商和从政的工作中要比公立学校的毕业生更加勤奋努力。校园生活中的确有一些"社会服务"活动，但加在一起无非是些赈灾救济工作，并主要由教师的夫人们来负责[119]。

这些工作本质上无足轻重。花在上面的资金也不过是学校年度预算所占比例中的一小部分。毫无疑问，燕大要通过毕业生为现有的社会秩序服务。20世纪20年代，在当时进行的"问题"与"主义"论争中，这些传教士教育家们坚定地支持杜威的学生胡适，而不是马克思主义革命者李大钊。这场争论发生在改革者与革命者之间，一方认为要逐渐地、"一点一点"地解决具体问题，而另一方则要求彻底的改变[120]。

中国的贡献

燕京大学的传教士教育家们都是文化相对主义者，与上一代新教传教士不同，倒是和明末清初的耶稣会士很像。他们热情地接受中国的现状，其程度之深，如果再往前走一步就会使他们抛弃自己的使命。他们批判父辈的传教事业，却又把它继承下来，因为它为调和中西文化提供了一条路径。二者的关系是互惠互利的。他们同样认为，在救中国的过程中，基督教要发挥其应有作用；但中国也通过燕京大学对西方做出了贡献。

这些西方传教士的文章中充满了诸如"世界文化""神灵与人的交流""国际主义"等词汇，他们用跨文化交流的方式，表达了基督的爱。虽然他们关于在华基督教徒应建立一个国际群体的愿望很多年都未能实现，但这种想法从未泯灭，直到后来的政治事件彻底终结了西方人在中国的地位。传教事业与中国在近百年内因西方侵略而遭受的欺辱关系密切，基于此，一种观点认为，超然的国际主义实际上比文化帝国主义或更加隐晦的侵略方式好不了多少。用史景迁的话说，"在传教士的工作中，总有一块说不清的领域，在这里，超然的国际主义和侵略同时存在"[121]。无论这种结论多么符合事实，但中文文献却清楚地显示，燕京大学则要被看成一个例外。

当"生命社"的外国成员谈到要向中国人学习时，他们是认真的。博晨光在他的《中国对基督教的挑战》一书中指出，中国人对如何理解基督和上帝做出了"真正的贡献"。在博晨光看来，"作为东方人的中国人比西方人能更加全面地理解基督，因为基督本人也来自东方。"[122]中国绘画和诗歌所表达出的"天人合一"理念就是"精神和人本自然主义"的基础，这是对"西方自然主义"的修正，后者在科学的影响下，倾向于对事物做出机械的解释。"蕴含在中华文化传统中的人文志趣，可以被用来强化某种力量，这种力量正在西方发挥作用，它将在工业化过程中用人本主义的价值观念代替自私的利润增长。"最后，"中国人的勤奋和快乐，他们的生活习惯和理性思维，他们的彬彬有礼和对人际关系的重视"都将成为宝贵财富，而西方人将从中学到许多[123]。

博晨光在耶鲁大学神学院所提出的有关中国贡献的论断，否定了"白人义务"的观点，这种看法认为："白种人有责任义务为其他人种建立有秩序的组织。""这种不公平的义务实际上给有色人种增加了难以承受的负担。"在"真正的基督教"和"西方至上主义"之间做出区分是十分必要的，"我们应该对基督有一个全新的理解。……西方人把基督从东方人那里拿过来，西方人也需要东方人的帮助才能重新理解他"。"东西方道德人格的融合"终将实现，而中西之间的文化交流正在加速其到来。基督徒认为："任何强国都不应该强迫无知的民众去做他们不愿意做的事，每一个民族都有真诚的人，他们认为人与人的精神是平等的，应该更多地互相尊重和理解。"[124]博晨光把基督教在"救中国"过程中的作用与中国对基督教和西方的贡献结合起来，清晰地勾勒出"国际主义"的内涵，这也成了燕京大学的基本宗旨。

在司徒雷登看来，燕京大学处于国际舞台的中心。在第二次世界大战期间他被日本人囚禁时，司徒雷登曾回忆20多年的校长生涯，认为"燕京大学就是已经部分实现了的梦想"。"在不断出现甚至越发惨烈的战争中，唯一让人感到欣慰的是，爱国主义已经升华为包罗万象的世界公民意识"，以及建立一个全球化的国家。司徒雷登拒绝把世界公民意识划分成几个发展阶段，也拒绝描述其最后阶段的情况，但由于基督教教会"超越所有国家界限"的凝聚力，并在世界范围内拥有自己的组织，因此，在支持和推广"世界公民意识"方面就有着"重要义务"，也面临着"绝佳机遇"。在华教会学校就是基督教国际化任务的一部分。司徒雷登希望燕京大学能形成一种氛围，"使学生们潜移默化地养成国际化视野，把世界上其他国家具有同样视野的人整合在一起，形成燕大教师群体，不断扩大和丰富校园生活"。在中国开展这样的试验正逢其时，"因为没有任何国家的道德哲学能具有像中国哲学这样广博的包容性"。这种国际主义并不一定与最近中国"不断加强的民族主义倾向"相冲突，除非一些不愉快的经历让学生们确信，"狭隘的爱国主义才是他们救国的唯一希望"。即使面临着很大不确定性，司徒雷登仍然认为燕京大学应该在第二次世界大战后恢复办学，他"深情地"希望，对于那些已经看到"中国需要更加包容的国际化爱国主义"，并"愿意为实现它而努力奋斗"的人来说，燕京大学将是又一个例证[125]。

用更加现实的话来说，认可中国的贡献即意味着基督教事业在中国的本土化，在这方面，燕大人又发挥着领军作用。学校的口号是"培养燕大的中国人"。不过，支持本土化并不是要把西方人排除在中国的救国运动之外。如果西方人都走了，那么"国际主义"也就变成了一句空话。司徒雷登认为，燕京大学在"彻底中国化"的过程中，也应该变得"更加开放，更加坚定地走国际化道路"。大学的作用在于"提供动力能量"，并且"证明各国之间友好交往是完全可行的"，这并不是不切实际的幻想。那时候，这所大学由外国人创办的事实就不再是"逐渐被遗忘的历史"，而是一份"永久的财富"[126]。

步济时认为，中国在"步入现代化生活的过程中"，需要美国社会思想家的经验，需要他们来帮助培养人才，而燕京大学的国际化任务正根植于这种需要当中。新运动的领导人"必须是中国人"，但"提出建议和加以激励的人"可以是美国人。如果这些西方人要与中国人保持"密切关系"并同情他们，那恐怕再也没有"哪一个国家的人比美国人更受欢迎，对中国人的影响更大了"[127]。博晨光坚持认为，中国"必须独立找到政治救国之路。

没有人能够通过直接施加影响的办法来帮助它"。但他同时也强调，"中国的朋友们"可以通过教育或鼓励社会服务来帮助中国，"这些帮助是间接的，但却能对政治产生重要影响"[128]。

为了能够找到中国人可以接受的基督教，"生命社"的外国成员们更加认同早期来华耶稣会士的做法，而不是与他们同时代的新教或天主教同事们[129]。毫无疑问，司徒雷登和他的西方同事尚未达到利玛窦（Matteo Ricci，1552—1610）及其同伴那样的文化高度。利玛窦也从未强调过基督教的"社会动力"或"救国"作用。毕竟1600年的中国也没有遇到1900年它所遇到的那些问题。但在其他方面，他们却惊人地相似。他们的工作都是自上而下的，利玛窦与官员打交道，司徒雷登则主要与学生交往。他们都能说流利的汉语，尽管"生命社"的外国成员中没有人能像利玛窦那样用中文来发表文章，他们却都对中国哲学充满敬意。此外，他们都认为，对耶稣人生和教诲的解读必须超越西方教会所设定的条条框框，他们也都尊重中国的风俗习惯——司徒雷登并不反对祖先崇拜，利玛窦也曾行叩头礼。他们都采用科学的方法来吸引文化人士的好奇心。最后，他们都曾尝试建立一种世界文化（利玛窦称之为"中国—基督教文明"）[130]。利玛窦和司徒雷登都强调个人外交能力在传播基督教福音中的作用，他们二人都非常成功，为自己赢得了"既是中国人又是西方人"的美誉[131]。

人们也注意到，反对派教会团体和西方国家当前的行为，破坏了早期耶稣会士和自由主义新教徒在中国所做的工作。利玛窦和司徒雷登都充分意识到中国人对基督教持怀疑态度[132]。不过，在他们看来，无论是中国文化还是中国人，不是天生的反基督教的。利玛窦工作期间所遇到的第一次反基督教浪潮，主要是由于1603年西班牙人在马尼拉屠杀中国居民。利玛窦的继任者们被逐出中国，主要是"礼仪之争"的结果，其压力多来自教皇反对耶稣会士所采取的"通融策略"，而并非来自中国官方[133]。同样，对司徒雷登的反对更多地源自西方，而不是中国。原教旨主义者们同时在中国和美国破坏着燕京大学的既定目标。更为重要的是，西方的政治势力加速了中国极端民族主义情绪的发展，最终使燕京大学的国际主义尝试走向终结，例如，20世纪20年代中期以及20世纪40年代末和50年代美国对中国内战的干涉。

燕京大学要实现的目标并不是单一的，而是名目繁多，有时候它们彼此还相互冲突。尽管燕大后来成为著名的高等学府，但它的创立者们并没有把工作局限于教育。1919年司徒雷登受命担任校长时，他并没有幻想燕京大学会有能力与其他学府一争高下，例如，国立北京大学（北大）。与燕京大学的35名教师和160名学生相比，北大拥有305名教员和2248名学生。这所公立学校每日都出版报纸，编辑14种期刊和3部丛书，而燕京大学能够出版一些图书目录和简报就不错了。燕大早年的财政预算与北大雄厚的财力相比少得可怜[134]。

在学校创办初期，杜威正在中国各地巡回演讲，燕大教员们利用了中国人对杜威哲学观点的热切追捧，但他们从未接受杜威的"世俗主义"。1919年5月到1921年7月，当杜威夫妇访问中国时，他们和燕京大学关系极为密切。夫妇二人在燕大校务委员会委员、基督教青年会成员艾德敷家中住了几个星期。杜威的夫人艾丽斯·杜威（Alice Dewey）还在协和女子大学开设了一门英文课。在杜威一家两年的访华时间里，博晨光夫妇和步济时夫妇经常款待他们。1923年，当博晨光在哥伦比亚大学任教时，他和杜威又得以再续友情[135]。这些传教士教育家们很崇拜作为教育家的杜威，但在谈到宗教问题时，他们又分道扬镳[136]。反过来，杜威也不支持用教育来传教，他认为教会学校不过是传教的工具而已[137]。司徒雷登从不承认宗教和教育之间存在冲突，他把燕京大学看作是宗教信仰优势的证明，是对反宗教者最好的回击。他在1921年写道："那些非宗教或反宗教学校的出现，或许会因为提供了道德反面的典型而有些用处。但这一切尚在检验之中。"[138]

　　传教士教育家只在一个领域同意世俗教育家的观点，那就是学生的重要性。在燕京大学初创时期，学生们因为善于接受新观点而被传教士寄予厚望。不断高涨的民族主义妨碍了西方传教士继续独立发展华人基督徒，但如果基督教可以与爱国主义浪潮相结合，传教工作可能将进行得更加顺利。学生们也是中国"救国运动"的关键所在。步济时在1917年写道："比起其他国家，中国的领导人中年轻人更多。"这些大学生身上肩负着中国的命运。他们"非常爱国，并对社会根本问题很感兴趣"。但他们也"十分彷徨，并缺乏组织"，而西方教师就可以帮助他们[139]。尽管教育目的尚未明确，燕京大学却已经在司徒雷登的带领下起步向前了，同事和校友们常常把他称为燕大的坚强领导。当燕京大学初建时，它只是20多所基督教教会学校中的一所，而且是最不出名的一所。当然，它的位置在北京，未来可能会有较好的发展，但位置并不能保证它一定会脱颖而出。

1919年6月16日，司徒雷登在燕京大学宣誓就职，当时并没有学生在场。那一天，政府警察局释放"五四运动"后被关押的学生，未遭拘禁的少数学生都去看望和欢迎他们的同学了。司徒雷登在写给美国朋友的信中说，这场爱国运动是由学生开始的，并将为这个多灾多难的国家带来希望，而且是巨大的希望。学生们正在组建一个范围覆盖全国的常设机构，这将成为抵抗外国侵略和政府叛国行为的有力武器。在同年6月的示威游行中，基督徒学生"在其中所占的比例远远超过他们在中国学生总数中的比例，这强调了基督教领导作用的重要性"。司徒雷登写道：

> 在服务和牺牲方面，学生们有崇高的理想，他们的爱国主义既有耐心又做好了牺牲的准备，他们的生命力不仅可以让自己生存下去，而且在新的情况下，他们能根据责任的需要，鼓励其他人生存下去。只有基督教的福音才可以培养出具有这种精神且意志坚定的人，从而无私地为国家利益献身。基督教运动要拯救的不仅仅是一个个中国人，而是整个中国……随着学生们的行动，全中国的民众都将跟随他们不断向前[140]。

但没过多久，学生运动的浪潮就对司徒雷登所憧憬的希望提出了挑战。宗教实践、国际主义、教育和爱国主义始终贯穿着传教士们在燕京大学的工作，并在他们的思想中碰撞交汇。那是一幅久久不会淡去的景象。

注释

1. 见 Frederic Wakeman, Jr., "The Price of Autonomy: Intellectuals in Ming and Ch'ing Politics," *Daedalus* (Spring 1972)，55-67; Kuo Cheng-chao, 《清末民初学会活动的分析》，1969年2月26日中美联合研究小组，台北; Mary Rankin, *Early Chinese Revolutionaries: Radical Intellectuals in Shanghai and Chekiang, 1902—1911* (Cambridge, Harvard University Press,1971),passim.

2. Howard Boorman, ed., *Biographical Dictionary of Republican China* (New York: Columbia University Press, 1968)，II, 229, 347; Hsiao Kung-ch'üan, "Economic Modernization: K'ang Yu-wei's Ideas in Historical Perspective," *Monumenta Serica* 27:39 (1968); Donald Treadgold, *The West in Russia and China: China 1582—1949* (New York, Cambridge University Press,1972),61,64,112.

3. Maurice Meisner, *Li Ta-chao and the Origins of Chinese Marxism* (Cambridge, Harvard University Press, 1967)，72; Boorman, II, 330.

4. 李荣芳是"生命社"的一个重要成员，他加入"生命社"比刘廷芳还要早，并比大多数同事活得更久。但他对"生命社"和燕大的影响并不大。李荣芳和赵紫宸是"生命社"早期成员中仅有的两个经历了中华人民共和国成立的人。

5. 晚明时期也有类似的华人基督徒组织，一个是"真理社"，与本书中提到的1923年吴雷川创办的"真理社"同名。另一个明代组织是"圣水会"。见 Arthur W. Hummel, ed., *Eminent Chinese of the Ch'ing Period, 1644—1912* (Washington, D.C., 1943), I, 894.

6. 胡学诚，《宣言》(1919年11月20日), *SM,* 1.1:i-ii; 刘廷芳，《生命月刊: 证道团本期特号》, *SM,* 2.7:7 (1922年3月)。胡学诚是基督教青年会北京干事，也是《生命》杂志第一任执行编辑。

7. 胡学诚,《宣言》p. ii; Frank J. Rawlinson et al., *The Chinese Church: The National Christian Conference* (Shanghai,1922), *427.*

8. Milton T. Stauffer, ed., *The Christian Occupation of China* (Shanghai, 1922), 455.

9. 山本澄子,《中国基督教史研究》(东京, 1972), 69。

10. Ernst Wolff, *Chou Tso-jen* (《周作人》) (New York,1971),13-15.

11. 刘廷芳, *SM,* 1.1:10-11。

12. 例如，两份类似的名单就发表在《生命》杂志，1.4: 封底 (1920年11月15日)，另一份65位成员的名单，其中多数是燕大教员，1932年10月发表在 *CLYSM,* 7.2:1; 20世纪20年代，博晨光在他每天的日记中偶尔会提到 "生命社" 的会议; 另见Yu Ch'ien,《生命社第一组退休会记略》, *SM,* 5.4:61-64。

13. Alice H. Gregg, *China and Educational Autonomy* (Syracuse,1946), 213-214; Stauffer, *Christian Occupation,* appendix, p. civ; 关于天主教皈依者的增长率，参见Kenneth Scott Latourette, "Christian Missions as Mediators of Western Civilization" in Jessie G. Lutz, ed., *Christian Missions in China, Evangelists of What?* (Boston,1965), 83; and William Hung, "The Contribution of the Christian Church" in Milton Stauffer, ed., *China Her Own Interpreter* (New York,1927), 86-87.

14. Kenneth Scott Latourette, *A History of Christian Missions in China* (London,1929), 623.

15. Hsiao Kung-ch'üan, "Economic Modernization…" *Monumenta Serica,* 38 (1968); Latourette, *History of Christian Missions in China,* 567-569.

16. James A. Field Jr., "Near East Notes and Far East Queries," in John K. Fairbank, ed., *The Missionary Enterprise in China and America* (Cambridge, Harvard University Press,1974), 23-55.

17. Latourette, *Christian Missions in China,* 567-569.

18. 同上, 584-586; 另见Valentine Rabe, "Evangelical Logistics: Mission Support and Resources to 1920," and Clifton J. Phillips, "The Student Volunteer Movement and Its Role in China Missions,1886—1920," in Fairbank, *The Missionary Enterprise,* 56-109.

19. Shirley S. Garrett, *Social Reformers in Urban China: The Chinese*

Y.M.C.A., 1895—1926 (Cambridge, Harvard University Press,1970).

20.　John S. Burgess, "Quarterly Report, First Quarter,1913, April 8,1913," submitted to the International Committee of the YMCA, PC:SFB; Garrett, *Social Reformers,* chaps. 2 and 3.

21.　Sidney D. Gamble, assisted by John Stewart Burgess, *Peking: A Social Survey* (New York, George H. Doran Co.,1921), 99-101.

22.　Burgess, "Quarterly Report," PC:SFB.

23.　*Christian China* (published by the Chinese Student Christian Association in New York) 6.7:423-424 (May-June 1920).

24.　Latourette, *Christian Missions in China,* 589; 徐宝谦,《二十年来之信教经验自述》, *CLYSM,* 8.2:79 (1934年4月); Garrett, *Social Reformers,* chap. 5.

25.　Latourette, *Christian Missions in China,* 590.

26.　Garrett, *Social Reformers,* 128,

27.　这种印象只要通过阅读以下书籍就可以获得, *Who's Who in China,* 1925、1931、1936年的《密勒氏评论报》, 上海。

28.　David Z. T. Yui, *Nationalist China,* Foreign Policy Association Pamphlet, no. 54 (New York,1924), 15.

29.　博晨光日记显示, 1920年2月, 他曾在不同的基督教青年会会议上做了6次发言。20世纪初期, 司徒雷登在南京与基督教青年会紧密合作, 而步济时最初就是以青年会外国干事的身份来华的。曾在美国留学的"生命社"所有著名华人成员, 无论在哪里都是基督教青年会活动的领袖, 他们也加入了中国学生基督教联合会。

30.　John Leighton Stuart, "Autobiographical Notes," ms., p.11, PC:GMB; Stuart, *Fifty Years in China* (New York, Random House, 1954), 43. 这部传记的前5章主要以1942年司徒雷登被日本人囚禁在北京时所写的未刊笔记为基础。笔记中的内容未经编辑整理, 包含了司徒雷登的个人信息和燕大的情况, 有些内容在出版时并未采用。这些材料原本提供给作家冰心（谢婉莹）, 司徒雷登最初想请她为自己写传记。当她告诉司徒雷登, 她更愿意把英文版传记翻译成中文时, 司徒雷登又找到了包贵思来承担写传记的工作。见 Hsieh to Stuart, January 28, 1948, and Stuart to Boynton, February 2,1948, PC:GMB. 包贵思决定写一部以司徒雷登故事为主线的小说，而不是传记。她的小说《泉水之源》于1965年写成，但并未出版。见PC:GMB (HL)。1970年她去世之前，包贵思把传记材料和其他珍贵的燕大档案交给了我。

31. Latourette, *Christian Missions in China,* 589; *The Chinese Yearbook* (Nanking,1936), 1542.

32. 这部巨著于1922年由上海的China Continuation Committee出版。

33. 见余家菊和陈启天的文章，张钦士辑《国内近十年来之宗教思潮》(北京, 1927), 305-338, 342-365。

34. 基督教青年会是中西文化和学术交流的一部分。像中国政治协会和中华教育文化促进同志会这样的组织，其中的人员也常常是基督教青年会的成员。有关基督教青年会与上述组织的关系见 W. W. Yen（颜惠庆），"China Foundation for the Promotion of Education and Culture,"*Chinese Social and Political Science Review,* 12.2:426-430 (1928)。颜惠庆本人就是这样的例子：他是著名的外交家和政府官员，也是基督教青年会的活动家，他担任燕大校务管理委员会委员长达25年。

35. 见《人文月刊》,1.2 (1936年6月15日), 其中包括有关司徒雷登的5篇文章和4部燕大校友录，前三部《燕大校友通讯》分别出版于1963年、1965年和1967年的香港，《燕大校刊》出版于1973年，每一部都有同事和校友有关司徒雷登的回忆录。

36. 中英文版的介绍是由胡适撰写的，其中多是对司徒雷登的溢美之词，但那些赞扬也并非没有根据。其中文碑文由蒋梦麟书写。胡适和蒋梦麟都是国立北京大学前校长，也是司徒雷登在北京的长期同事。

37. Grace M. Boynton, "Biographical Sketch of Dr. Stuart,"《燕大友声》2.9 (1936年6月24日); Stuart, *Fifty Years,* 9-13.

38. Stuart, *Fifty Years,*16.

39. Ibid., 16-17.

40. Stuart, "Autobiographical Notes," 5, PC: GMB (HL).

41. Stuart, *Fifty Year,* 28-30.

42. Ibid., 9-48.

43. Stuart, "Autobiographical Notes," 18, PC：GMB (HL).

44. Stuart, *Fifty Years,* 27.

45. Stuart, "Autobiographical Notes," 18-19, PC:GMB (HL).

46. Ibid.

47. Stuart, *Fifty Years,* 41-42.

48. Galt, "Yenching University," 83; Dwight Edwards, *Yenching University* (New York,1959), 87-88.

49. Stuart, "Autobiographical Notes," 14, PC:GMB.

50. Edwards, *Yenching University,* 88.

51. *Far East Times of Tientsin and Peking,* July 3,1926.

52. 上海《大公报》写道："凡是认识他的人都喜欢他。"天津《大公报》认为"在新中国塑造和发展的过程中"，司徒雷登理解"中国人民的真正愿望"。上海《文汇报》希望司徒雷登帮助结束内战的努力能"同时得到政府和反对派的尊重"。即使共产党的发言人也告诉路透社"中国共产党十分欢迎对司徒雷登的任命"。有关这些及其他报纸的内容，见July 11-12,1946, Yenching University file, AC:UB.

53. Van Ogden Vogt, "In Memorium," September 10,1958, PC:LLP.

54. Hu Shih to Elizabeth Kirkpatrick, September 7,1958, PC:LLP.

55. Lucius Porter, *China's Challenge to Christianity* (New York, Missionary Education Movement,1924), 30-34, 72-78, 82-94.

56. "Biographical Note," *Yale Divinity News* (September 1955), PC：LLP.

57. Beloit *Daily News*, April 30,1953.

58. "Biographical Note," PC: LLP.

59. "Biographical Note," PC:LLP.

60. Van Ogden Vogt, "In Memoriam," PC:LLP.

61. "Biographical Note," PC:IXP.

62. Letters of Henry Porter, October–November 1900, *as* quoted in S. C. Miller, "Ends and Means: Missionary Justification of Force in Nineteenth Century China," in Fairbank, *The Missionary Enterprise,* 271,274.

63. Porter to Chang Hsin-hai, July 14, 1958, PC:LLP.

64. S. C. Miller, "Ends and Means," 276-277.

65. Interview with Mildred Raible and Dorothy M acArthur, daughters of Howard Galt, Marlboro, Vermont, April 11, 1968.

66. Galt, "Yenching University," 46-55, AP; Edwards, *Yenching University,*70.

67. "Oriental and Occidental Elements in China's Modern Educational System," *Chinese Social and Political Science Review,* 13.1:18 (January 1929).

68. Raible and MacArthur interview, April 11,1968.

69. Mildred Raible to author，March 31,1968; 高厚德之子Wendell Galt 让我查看了第2卷。

70. Letter of Sheffield to Judson Smith, February 26 and March 26,1901, as cited in S. C. Miller, "Ends and Means，" 274.

71. Raible and MacArthur interview, April 11,1968.

72. Stuart, *Fifty Years,* 76.

73. Stella Burgess to me, March 11，1968. 步济时夫人Stella 有时和她丈夫一起写关于中国的文章，但更多的时候她为公众翻译诗歌。见*Survey,* 58:441 (August 1,1927); *Atlantic Monthly,* 150:193 (August 1927); and *Christian Century,* 44:1385 (November 24,1927), 42:470 (April 9,1927), 41:1263 (October 2,1924), 42:566 (April 30,1925). 她还出版了两部自己的诗集：*A Peking Cara van* (Peking, 1924), and *Toward the Summit* (New York，Women's Press,1948).

74. *The National Cyclopedia of American Biography* (New York,1954), 39:423-24. 步济时常常为*Survey Magazine, Survey Graphic*和the *Christian Century*等杂志写有关中国的文章。

75. Garrett, *Social Reformers,* 111, 117, 126, 134-37,171.

76. Chang Hung-chün interview, Taipei, January 25,1969.

77. 步济时夫人写道，她丈夫是晏阳初早年的"导师"，他通过问如下问题为晏阳初的思想"增加了保险"："在1000个运动中，你铺下了水管，但里面流的是什么水呢？对于公民、责任你有什么想法？对于特权呢？步济时对晏阳初及其所有华人朋友的工作方法都是"施洗者约翰的工作方法……他在上，而我在下"。Stella Burgess to author, March 11,1968.

78. Chang Hung-chün, interview, January 25,1969.

79. Leonard S. Hsü, "The Teaching of Sociology in China," *Chinese Social and Political Science Review,* 12:373-389 (July 1927).

80. Burgess (Columbia University Press,1928), 7-8. Sec also Lucius Porter,

China's Challenge, 32.

81. John S. Burgess, "China's Social Challenge, II, Beginnings of Social Investigation," *Survey, 42* (October 13,1917).

82. 艾迪为甘博和步济时的书写了序言，并建议传教士在中国社会工作中发挥更多的作用。这本书"献给那些使本研究成为可能的传教士"。

83. *Cyclopedia of American Biography,* 39:424.

84. Howard S. Galt, "Yenching University: Its Sources and Its History," ms., 34,1939, AP. 有关各创始学校协商的情况，高厚德的研究是最好的，1-78。

85. As quoted in Galt, "Yenching University," 28, AP.

86. Ibid, 30-31. 谢卫楼(D. Z. Sheffield)是华北协和大学校长和高厚德的导师，他曾把多部书籍翻译成中文。见Robert Paterno, "Devello Z. Sheffield and the Founding of the North China College" in Liu Kwang-Ching, ed., *American Missionaries in China* (Cambridge, Harvard University Press,1966), 42-84.

87. As quoted in Galt, "Yenching University," 34-35, 40, 45-46, 76, AP.

88. Stuart, "Autobiographical Notes," 13-14, PC:GMB (HL).

89. Galt, "Yenching University," 67, 89, AP.

90. Stuart, "Autobiographical Notes," 14; Stuart, *Fifty Years,* 53.

91. 关于新校址的历史背景，见Hung Yeh, *Ho Shen and Shu-ch'un-yüan: An Episode in the Past of the Yenching Campus,* pamphlet issued by Yenching University (Peiping,1934).

92. Galt, "Yenching University," 175, AP.

93. B. A. Garside, *One Increasing Purpose: The Life of Henry Winters Luce* (New York,1948),179-180.

94. Edwards, *Yenching University,* 221.

95. Henry Killam Murphy, "An Architectural Renaissance in China," *Asia* 38.6:468-475 (June 1928).

96. Edwards, *Yenching University*, 224. 这些建筑的设计都依据一个长方形的地块，用巨大的柱子和房梁来支撑悬在上面的、带有曲线的屋顶，屋脊和檐角上点缀着动物雕塑。用高厚德的话说，这些装饰性的柱子、房梁和脊兽"不仅给人以漂亮的感觉，还让人感到雄伟和奢华"。在建筑样式的限定下，设计强调了简洁、实用和有效性。尽管弯曲的屋顶和故宫里的宫殿一样，但它们却更加轻便、更为耐久，因为它们建筑在水泥的基础上，因此连接更加牢固，这比用泥、草、种子和小树做成的传统屋顶坚固了不少。此外，木制房梁上也使用了水泥加固，脊兽也都采用水泥浇筑，而不是耗费人力的木雕构件。Galt, "Yenching University," 161, AP.

97. John Leighton Stuart, "The Chinese Mind and the Gospel," *International Review of Missions,* 548, 557 (October 1917). 英国人J. B. Tayler是"生命社"的一位成员，他认为"中国学生比其他国家的学生更容易受到社会服务的感召"。见他的"China's Industrial Future: Can She Develop a Distinctive Order?" *World Tomorrow,* 6.2:339 (November 1923).

98. 见Paul Varg, *Missionaries, Chinese, and Diplomats* (Princeton,1958), chaps. 5 and 6; 又见Latourette, *Christian Missions in China,* chaps. 25-26, 29-30.

99. 引自Varg, *Missionaries, Chinese, and Diplomats,* 68.

100. *Educational Review* (Shanghai), 15.4:331 (October 1932).

101. Jessie Gregory Lutz, *China and the Christian Colleges, 1850—1950* (Ithaca, Cornell University Press,1971),chaps. 5 and 6.

102. Burgess, "China's Social Challenge, II ," *Survey,* 41.

103. 高厚德的评论见Frank Rawlinson, ed., *The Chinese Church: The National Christian Conference* (Shanghai,1922), 382.

104. Stuart, "The Chinese Mind," *International Review of Missions,* 559; Porter, *China's Challenge,* 101-107.

105. John Dillenberger and Claude Welch, *Protestant Christianity, Interpreted through Its Development* (New York, Charles Scribner's Sons,1954), 224.

106. Stuart to editor of *Princeton Theological Review* (December 13,1921), AC:JLS.

107. "Extracts from Princeton Review," ms., n.d., c.1922, AC:JLS; Stuart, "Autobiographical Notes," 18, PC:GMB (HL); Stuart, *Fifty Years,* 58.

108. Burgess, "China's Social Challenge, IV, The Christian Movement and

Social Welfare," *Survey,* 633-637 (September 7,1918); 步济时,《基督教的信仰与社会进步》, *SM*.1.2 (1920年9月1日）; Irwin Scheiner, *Christian Converts and Social Protest in Meiji Japan* (Berkeley, University of California Press,1970), chaps. 5, 6, and 7.

109. Stuart, "Chinese Mind," 552. 基督教青年会的长期成员、燕大教育家们的朋友、国民政府交通顾问J. E. Baker在谈到20世纪20年代基督教在中国的社会价值时，表达了如下观点：中国人太过自私，不能为崇高的理想，即基督教而奋斗。个人对耶稣基督的忠诚在皈依者心中产生了一种强制的情感。如果中国人皈依基督教，他们就可能克服自己，实现一定程度的社会和工业进步。但西方人能够克服自己的自私，取得无限的进步，因为他们可以把对国家的信心提升到当年中国人修长城和挖大运河的程度。John Earl Baker, "Christianity and the Material Advance of China," *Chinese Recorder,* 51.12:826-836 (December 1920).

110. Stuart, "The Chinese Mind," *International Review of Missions,* 558-559; Porter, *China's Challenge,* chaps. 4 and 6; Burgess, "China's Social Challenge, IV," *Survey,* 637.

111. Galt, in Rawlinson, *The Chinese Church,* 382.

112. Edgar Snow，*Journey to the Beginning* (New York,1958),131.

113. 引自步济时夫人1974年去世时的讣告，是由他的儿子David W.Burgess寄给我的。

114. 关于20世纪30年代人们在北京的休闲娱乐生活，参见George Kates, *The Years That Were Fat* (Cambridge, MIT Press,1952).

115. 关于"生命社"外国成员的苦难生活和意外离世的最有名的例子，是20世纪20年代司徒雷登的妻子和母亲，博晨光家中孩子的幼年夭亡，步济时和高厚德家人的严重疾病。还要记住的是，即使他们中的许多人在被日本人囚禁期间身体健康严重受损，也仍然保持着乐观。

116. Porter, "China Today," *SM,* 2.7:2-5 (March 1922). 也可见Porter, *China's Challenge,* 91-107, 对中国问题也有类似的判断。

117. 除了博晨光外，在*World Tomorrow, 6.2* (November 1923)这一期撰文的还有历史学家丹涅特，与燕大和J. B. Tayler 有密切联系的英国传教士

Henry Hodgkin 等。

118. Dillenberger and Welch, *Protestant Christianity,* 234-238.

119. 燕大教员的妻子们在校园周围的满族社区内组织了女红商店，开设了业余教育课程和母亲俱乐部，对家务管理进行培训。此外，1926年，一所社区学校也建立起来，年度预算是1300元到2000元，用来帮助社区的贫困人口资助计划，并为贫穷的孩子建立一所慈善学校。校医英国人Basil Learmonth开设了一家诊所，1931年曾给1万名病人看病。见 Galt, "Yenching University," 381-391, AP。

120. Chow Tse-tsung, *The May Fourth Movement* (Cambridge, Harvard University Press,1964), chap. 9; Meisner, *Li Ta-chao,* 107-108.

121. Jonathan Spence, *To Change China: Western Advisers in China 1620—1960* (Boston,1969),introduction.

122. Porter，*China's Challenge,* 222-223.

123. Lucius Porter, "Books Apropos" (review of Henry Hodgkin's *China in the Family of Nations* and Bertrand Russell's *The Problem of China)* in *World Tomorrow,* 6.2:347 (November 1923).

124. Lucius Porter, "Spiritual Exchanges in China," SM, 5.9:10-11，15 (June 1925).

125. Stuart, "Autobiographical Notes," 28-29, 31, AP, parts of which are reproduced in *Fifty Years,* 73-74.

126. Stuart,"Autobiographical Notes," 28, 31 AP; Stuart,*Fifty Years,* 74.

127. John Stewart Burgess, "China's Social Challenge. I, An Opportunity for American Social Workers," *Survey,* 501,503 (September 8,1917）.

128. Porter, *China's Challenge,* 40.

129. 直到1890年，在华基督教新教徒还明确反对耶稣会的这些适应政策。见 *Records of the General Conference of the Protestant Missionaries of China* (Shanghai,1890), 631-660. 在一次大会讨论上，Gilbert Reid 把这个问题和容忍祖先崇拜联系起来，并援引丁韪良的话来支持这一观点，但中国"内地会"的戴德生却请求对丁韪良的立场持反对态度的人当场起立。据会议记录记载，"几乎全体与会者都站了起来"。同上, 659。

130. Donald Treadgold, *The West in Russia and China: China 1582—1949*

(New York,1972), II, 9-22; 又见George Dunne，*Generation of* Giants (South Bend, Notre Dame University Press,1962)，chaps. 3-5.

131. Stuart, "The Chinese Mind," *International Review of Missions,* 557-558; Stuart, *Fifty Years,* 100-105.

132. 关于明末清初中国反基督教思想的研究，见George H. C. Wong, "The Anti-Christian Movement in Late Ming and Early Ch'ing,"《清华学报》（台湾），3.1:187-220（1962年5月）。

133. Dunne, *Generation of Giants,* 30, 38, 116; Treadgold, *The West in Russia and China,* II, 30.

134. John Leighton Stuart, "The Outlook for Missionary Colleges," *Educational Review,* 12.1:59 (January 1921).

135. Edwards, *Yenching University,*144; Lucius Porter diary, 1919-21, and 1923-1924, passim; Stella F. Burgess to author, March 9,1968.

136. 梅贻宝,《杜威教授的宗教观》, *CLYSM, 5.2*（1930年12月1日）。

137. John Dewey, "Address, Annual Meeting of Chih-li-Shansi Christian Education Association, Peking," *Educational Review,* 12.2:106-107 (April 20, 1920). See also John Dewey, *Lectures in China,1919—1920* (Honolulu, University of Hawaii Press,1973), trans. and ed. Robert W. Clopton and Tsuin chen Ou.

138. Stuart, "Outlook for Missionary Colleges," *Educational Review,* 61-62.

139. Burgess, "China's Social Challenge. I," *Survey,* 502 (September 8,1917).

140. John Leighton Stuart to friends, written in Nanking, June 16,1919, AC: JLS. Similar statements can also be found in Stuart "President's Report to the Managers," June 1922, 3-4, AP; Stuart, "The Crisis in Christian Higher Education," *Chinese Recorder, 4-5* (October 1928), as reprinted in AC: JLS; Stuart, "Christian Colleges in China," *International Review of Missions,* 13. 50: 245-246 (April 1924).

第 03 章

/ 中国的理由

　　尽管"生命社"包含很多外国成员，但它更大程度上还是一个中国人的组织。它最初由徐宝谦倡议成立。其刊物以中文出版，并在20多年的时间里由中国人负责编辑。与"生命社"相比，燕京大学不可避免地打上了更多西方影响的烙印，但"生命社"中国成员的经历清楚地显示，"生命社"也同样有获得中国人支持的理由。

/ 新文化运动中的基督教

　　从新文化运动开始，即大概1915—1922年，自由主义者和马克思主义者、改革者和革命者都在争论，宣称只有自己才真正继承了这场运动的精髓。在燕京大学校内，学生们和教师们后来都卷入了有关这场运动意义的论争。从那时起，日益强化的政治立场使那个时代的开放精神趋于衰落。"生命社"和燕京大学都是在那一时期建立的，它们所显示出的信心基于如下认识：基督教和西方自由主义教育可以扎根中国社会。"生命社"的中国成员将其称为"基督教新思潮"，而外国成员则称之为"中国的基督教复兴"。

20世纪初期，新文化运动的领导人并未集中对宗教展开批判。相反，他们提倡宗教自由而不是废除宗教[1]。实际上，"生命社"成员与这些领导人之间保持了十分友好的关系。1920年3月4日，徐宝谦在北京近郊西山卧佛寺召集了一场周末会议，并邀请新文化运动的领导人参加，他们都接受邀请如约而来。参加会议的非基督教徒有蔡元培、胡适、李大钊和蒋梦麟，他们都来自北京大学，在基督教代表中（主要来自燕京大学），有大会主持人司徒雷登，以及博晨光、步济时、高厚德、教授物理学的郭察理（Charles H.Corbett）和艾德敷。会议由基督教徒的宣誓开始，然后非基督徒与会者发表演讲，概述他们所关注的社会问题。这场会议是否对非基督教参加者产生了重要影响不得而知，但毕竟显示了他们对基督教的开放态度[2]。

新文化运动领导人也在其他方面表示了对"生命社"创办宗旨的支持。北大著名教授胡适显然不是基督徒，他通过普及白话文来领导这场运动。但1922年春天"反基督教运动"开始时，他公开为基督教道德对中国的影响进行辩护³。胡适支持燕京大学的"国际主义"宗旨，他与司徒雷登保持着友好关系，常常到燕大讲课、参加集会，20世纪30年代，他还游说中央政府向燕大拨款。

鲁迅的兄弟周作人是新文化运动时期最活跃的文学家之一，他公开支持基督教的观点。从1922年起的17年间，他一直在燕京大学开设中国文学课程。尽管他本人从未皈依基督教，但他把"现代文学中的人本主义起源"，特别是托尔斯泰和陀思妥耶夫斯基作品中所表现出来的人本主义元素，归因为耶稣基督的"山上圣训"①。⁴他认为，大多数中国人有"宗教需求"，但仅仅通过科学和社会服务还不能满足这种需求。为了推翻"中国现有残酷和野蛮的宗教"，基督教倒是可以吸取一点科学精神。但它必须与中国古代宗教中的诸神撇清关系，耶稣绝不能成为一个只是穿着外国服装的中国神。周作人同时警告说，任何原教旨主义都会妨碍思想的自由⁵。

对基督教最强烈的舆论支持来自"启蒙运动之父"以及后来的中国共产党总书记陈独秀。1917年，《新青年》的一位读者问道，为什么这份影响深远的杂志的编辑们并没有采取反对基督教的立场，陈独秀对此做了回应。他回答说，"宗教的价值与它带给社会的益处是相对应的"。尽管他不是基督徒，但陈独秀相

① "山上圣训"：《圣经·马太福音》中所记载的耶稣基督在山上所说的话，其内容是基督徒言行和生活规范的准则。——译者

信基督教可以满足中国人民的需要，因为儒家文化正在衰落中[6]。但他同时也看到了基督教的政治价值。1919年"五四运动"游行前夕，他肯定了基督徒学生在朝鲜游行示威中的作用，并号召中国青年学习朝鲜基督徒学生的勇气，不要"歧视基督教"[7]。

一年之后的1920年，陈独秀撰写长文《基督教与中国人》并发表在《新青年》杂志上，表达了他对耶稣的极度推崇。他在文章中批评人们对基督教日益强烈的"敌视态度"，认为这是中国人一个明显的弱点，希望知识分子们能改正这种"错误态度"。在他看来，对基督教正确、理性的态度是把它当作一件对社会有意义的事物来看待。陈独秀承认，基督教惹怒了中国人民，因为有的基督徒不诚实，传教事业还引起了一些外交问题，他们反对祖先崇拜，而天主教会也有一些迷信的做法。但是，反对外国的敌对态度是错误的。

陈独秀认为，基督教对中国的贡献就是它的活力和道德力量。儒家文化在伦理教育方面的内容十分丰富，但它缺乏驱动力。它与中国统治阶级的利益联系得过于紧密。相反，耶稣是与普通大众站在一起的。陈独秀对耶稣的关注都集中在人性道德方面："我们应该学习耶稣高尚伟大的人格，将他的热情和同情心融入我们的血液，这样我们就能把自己从冷漠、黑暗和肮脏的深坑里拯救出来。"[8]耶稣还号召人们具有牺牲精神，如果中国想要得救，这正是中国人所应具备的。耶稣有关财富的论断也支持了陈独秀对资本主义社会及其价值观的否定。陈独秀反对"吃教徒"，也反对中国政客为了一己之私而利用基督教[9]。在这篇向基督教表示歉意的文章中，他大量援引《新约全书》的内容，在随后的20年中，他的话广泛地被传教士和华人基督徒引用。

在写文章赞扬基督教的几个月后，陈独秀转向了马克思主义和俄国革命，他参与了上海共产主义青年小组的活动，该组织正是"反基督教"运动的先锋。但是，即使作为新成立的中国共产党的总书记，陈独秀仍然拒绝不问青红皂白地批判基督教。他把基督教教义和基督教教会区分开来。圣母诞下耶稣及基督显灵和重生不过是"基督教庞大教义中的小小瑕疵"，但历史上教会的罪恶却"罄竹难书"。尤其在最近的世界大战中①，基督教会变成了帮凶，名誉扫地。基督教的利他主义和自我牺牲都是值得尊敬的，但在"帝国主义侵略和资本主义压迫"的背景下，人们不禁要问，"我们为什么牺牲？又去爱谁？"10

对基督教的支持并不限于北京的这些著名领导人，民国时期，也有一些政府官员皈依基督教。1918年，阅历丰富的徐谦在上海成立了"基督教救国主义会"，他是一位前清翰林，曾在清政府、冯玉祥和孙中山的国民政府中担任高官。基督教救国主义会面向所有民众，不问国籍和信仰，该组织认为基督教应成为救国的理论基础，支持废除私有制"这个萌生罪恶和世界战争的土壤"11。救国主义会的组织机构比"生命社"显得松散，也不清楚究竟有多少徐谦的政治同僚受到它的影响12。徐谦的女儿后来倒

---

① 这里指1914年到1918年的第一次世界大战。——译者

是进入燕京大学学习深造。

/ 华人基督教教育家

即使没有新文化运动领导人的支持，"生命社"中的华人成员也会推广基督教。他们早在"五四运动"之前就皈依基督教，并在其遭受攻击后的很长时间内，一直坚守自己的宗教信仰。我们在这里只讨论"生命社"5位著名人物的家庭背景和性格特点，他们代表着西方传教士教育家的文化对立面。这5个人都在燕京大学宗教学院任教，他们对燕大的发展影响极大，尤其在20世纪20年代学校的初创时期。

这5位华人在中国新教圈子内是很有名的，而他们的传教士同事们在西方广大的基督教新教世界内却默默无闻。在中国，皈依基督教意味着与过去彻底地决裂，其程度远比在西方成为一个传教士要大得多。"生命社"华人成员的自我意识比他们的西方同事要强烈得多，他们撰写了更多的文章，所讨论的话题也更为广泛。即使在美国，有关燕京大学华人教员的个人信息也比西方教员丰富得多。出现在民国时期人名辞典中的这几位名人传记强调了他们的个人事业，而"生命社"的出版物则介绍了他们皈依基督教的影响。如果不全面了解这些人的早期经历，我们就无法理解中国人在燕京大学中的作用。[13]

刘廷芳（1897—1947）

刘廷芳是《生命》杂志第一任总编辑（当时他还在纽约留学），也是第一位返回燕京大学任教的著名留学生，在20世纪20年代初，他是对司徒雷登影响最大的中国人。刘廷芳身高不足五英尺，成年后饱受头痛和呼吸紊乱的困扰，但却给人留下了深刻的印象。司徒雷登曾注意到，如果刘廷芳能接受建议，经常去度假，"他的头脑会转得像轮船露出水面的螺旋桨那样快"。20世纪30年代初，刘廷芳对"生命社"和燕京大学的影响力开始降低，但在此前的十年间，他的工作早已远远超出了燕大的范围，延伸到更广阔的基督教新教群体和高等教育领域[14]。

刘廷芳出生在浙江温州，其显赫的家族在19世纪末就因在中国沿海地区进口瑞士染料而变得十分富有。温州南北走向的主街两侧，有三分之一的地产属于刘氏家族所有。但有一件事打断了刘廷芳对家族财产的继承，那就是他祖母皈依了基督教。他那有钱的祖父因为生活堕落和吸食鸦片很快就去世了。寡居之后，刘廷芳的祖母常常去城墙脚下她丈夫的墓地扫墓，有时候也顺路去刘家的祠堂小憩。据刘廷芳的弟弟回忆，有一天，一位内地会传教士路过祠堂，看到了这位正处于悲痛中的寡妇。他停下来安慰她并留下一本《圣经》。刘家曾坚定地反对基督教在温州传播，但这位祖母却被传教士的行为感动，她接受了那本《圣经》，在阅读中觉得宽慰了许多，并决定改信基督教。

家族内的其他长者对她的决定表示愤怒，要求她在家族祠堂内列祖列宗的牌位前鞠躬，公开表示放弃基督教。她来到了祠堂，却并没有鞠躬，而是大胆地把儿子抱在怀里，背对着祖宗牌位，面露喜色地大声祷告起来。她很快被逐出刘氏家门，只得到了100亩地和一些契约。由于能识文断字，她被聘任为教会女校的负责人。刘廷芳的父亲后来就和教会学校的一个姑娘结了婚。由于丈夫英年早逝，刘廷芳的母亲也成了寡妇，她后来也担任了温州女校的校长。由此，刘廷芳开始了他与基督教的缘分并在后来投身教育事业。

刘廷芳最初在温州，后来在上海完成了各级教会学校的学习，但他同样接受了严格的中国传统文化训练[15]。他进入上海圣约翰大学的预备学校学习了3年，在学业和演讲方面成绩优异，但他离开学校后，却对其教育政策进行了激烈批评[16]。1913年，22岁的刘廷芳赴美求学，先在佐治亚大学，后转到哥伦比亚大学，1914年毕业时获得了美国大学优等生最高荣誉奖。1918年，他在耶鲁大学获得学士学位，然后回到哥伦比亚大学，1920年他获得了心理学和教育学学位。在哥大期间，他是中国基督教学生会主席和深受欢迎的《华人学生月刊》的副主编。读研究生时，刘廷芳和吴长声女士结了婚，她后来在燕京大学讲授教育学，1921—1927年还曾出任北京师范大学女子学院院长。刘廷芳夫人此前曾在佐治亚州拉格兰奇学院（La Grange College）学习，在那里她成了蒋介石夫人宋美龄的亲密朋友。在回国之前，刘廷芳曾在美国协和神学院（United Theological Seminary）教授宗教教育学，他是美国神学院中第一位讲授非中文课程的中国人[17]。

在燕京大学创立之前，司徒雷登和刘廷芳就建立了紧密的私人关系。作为圣约翰大学的学生，刘廷芳曾在教会出版物上发表过评论文章，这给司徒雷登留下了深刻印象，他私下里联系刘廷芳，并提出资助他留学海外[18]。这些早年的接触让刘廷芳对司徒雷登十分信任。当司徒雷登开始整顿燕京大学的教师队伍时，他首先想到了刘廷芳，这位刚刚从哥伦比亚大学获得博士学位的归国留学生。此外，刘廷芳还和很多著名的中国学生都保持着联系。司徒雷登后来写道："学校创立初期，他帮助遴选我们需要的华人教员，后来又帮助劝说他们留下来，在燕京大学沿着其宗旨发展的过程中，刘廷芳发挥了很大作用。"[19]20世纪20年代，就如何处理校园政治动荡问题，司徒雷登更多地咨询刘廷芳，而不是其他中国人。他赞赏刘廷芳"敏锐的直觉"和"对一些重大事件及其意义的敏锐洞察力。面对棘手的难题，我一次又一次希望得到他的建议以便做出决定"[20]。通过更加私人化的纽带，刘廷芳成了司徒雷登的一座桥梁。走过这座桥之后，司徒雷登放弃了他早年当传教士时那种"高高在上"的感觉，来到了"另一块充满友谊的土地"，也认识到了种族平等。[21]刘廷芳也感觉到了二人之间的这种关系，据说，他要求司徒雷登把那些"坏传教士"从燕京大学清除出去，以此作为自己来燕大教书的条件[22]。然而，其他人却把刘廷芳的行为当成是拍马屁的表现。即使这一情况属实，司徒雷登也从未接受过阿谀奉承。他认为刘廷芳的行为合理地表现了他周围生活的复杂性[23]。

1920年，刘廷芳从美国返回后，立刻接受了北京师范大学[①]教育学院研究生部主任一职，此外，他还在国立北京大学讲授心理学。同时，他也是燕京大学神学院的神学教授，一年后，他成了该学院的院长。1924年，他结束了在公立学校[②]的教职。刘廷芳是一位多产的作家。除了编辑"生命社"的刊物并为之撰文外，1922—1925年，他还是《新教育》杂志的副主编。他将大量西方基督教文章译成中文，包括刊发在《真理与生命》杂志上的纪伯伦（Kahlil Gibran）[③]的早期作品。1932—1934年，他用中英文撰写了60余部有关心理学、教育学、基督教和哲学的专著和文章。他主持的祷告和宗教仪式在全中国的基督教群体中大受欢迎，在出版于1936年并被广泛使用的《颂主圣诗》一书中，他承担了主要编辑责任[24]。

　　在20世纪20年代初期，刘廷芳是燕京大学正在冉冉升起的一颗明星，人们甚至在谈论他将接替司徒雷登担任校长。但刘廷芳的性格引起了同事们的不快，学生们也不大喜欢他[25]。到20世纪30年代中期，对他的不满已经发展到连司徒雷登求情都不起作用的地步。恰在此时，南京政府邀请他担任立法院委员，刘廷芳举家迁往上海，并在那里继续他的写作[26]。1942年，他赴美治疗慢性疾病，1947年他在新墨西哥州阿尔伯克基（Albuquerque）的西

① 当时校名为北京高等师范学校。——译者
② 这里指"国立北京大学"。——译者
③ 纪伯伦（1883—1931）：黎巴嫩诗人，后移民美国，用阿拉伯语和英语写作，他的作品多带有基督教色彩。——译者

南长老会学院（Southwest Presbyterian Sanitorium）郁郁而终，死因是肺结核，享年56岁。

吴雷川（1870—1944）

"生命社"中最吸引人的人物大概就是吴雷川。他曾在传统的科举考试中取得了最高荣誉，成为晚清的翰林，1926—1934年又成为燕京大学的第一位华人副校长和华人校监。燕京大学的同事和校友们对他在学校发挥的作用评价不一。但所有人都记得他的和蔼友善。用梅贻宝的话说，他是一个"聪明过人、经验丰富、表里如一"的人。"每一个人都信任他。他一点也不刻薄，他会听你诉苦并给你建议。"[27]包贵思曾和吴雷川在朗润园教工宿舍做了多年邻居，对他圣人一般的道德有很深的印象。她记得吴雷川的寓所好像花园一样，他只吃米饭和蔬菜，穿着暗灰色或黑色的外套，每天要拿出几个小时读书和练习书法。他和朋友们在石台上轻声闲聊，一边喝酒，一边赏月[28]。有些燕大人认为，吴雷川的角色就是在西方文化受到攻击时，使燕京大学在中国人眼中合法化[29]。吴雷川的确是与传统相连接的象征，他不能用任何一种外语阅读或讲话，也从未到国外去过。

吴雷川（字震春）出生于江苏徐州，但他祖籍杭州，那里正是司徒雷登的出生地。由于没有铁路、电报和邮政服务，徐州与外界的联系甚少。1872年创刊于上海的《申报》几乎无法被送到徐州城内。吴雷川生命的前17年，就在这个与世隔绝的小城中度过。西方文化在中国沿海地区的渗透，仿佛离这里十分遥远。吴雷川的祖父在徐州担任了多年知县，他的父亲也是江苏清江①一位级别低下的官员。尽管家中有人做官，但有5个孩子的吴氏一家却十分贫寒，不得不和其他亲戚们同住一处。在吴雷川的少年时代，家中常常只有蔬菜吃，他穿的衣服都是哥哥姐姐留下的。他的母亲告诉孩子们要勤俭节约、吃苦耐劳，这些都成为吴雷川终生奉行的道德品质[30]。

吴雷川7岁开始便跟随他哥哥的家庭教师学习四书五经，大部分少年时光都花费在准备科举考试上。读书、写字和练习写"八股文"是吴雷川主要关注的学习内容，他完全没有国难当头的想法，这段长期枯燥的学习使他的视野变得狭隘，而所学的东西又毫无用处，他后来对此深感悔恨。17岁时，吴雷川在杭州参加了乡试（第一个级别的科举考试）并中了秀才。然而，直到1893年他22岁时，吴雷川才通过了会试并获得了举人的头衔，此前，他已经三次在考试中落榜。1898年，吴雷川的学术事业达到了顶峰，他在北京通过了殿试并高中进士，很快，他便由此跻身翰林院[31]。

尽管取得了最高的学术荣誉，但由于1898年戊戌变法失败和义和团运动所造成的政治动荡，吴雷川未能被授予政府要职。他那些已经在政府中当官的兄长们要求吴雷川，这个家中的第三

---

① 清江：隶属江苏省淮安市，今名清江浦。——译者

子，回家照顾年迈的父亲。这样，他又回到清江住了6年，一边尽孝，一边学习中国历史和儒家经典，同时进一步练习起草政府文书。据吴雷川后来的描述，在这段时间内，"他的痛苦难以名状"。父亲沉迷于鸦片，还娶了一位二房太太。她不喜欢吴雷川的妻子，强迫后者离开了吴家。家庭财政也入不敷出，吴雷川不得不用自己原来的收入补贴家用。即使贵为"翰林"，他仍然住在离父亲寓所不远的一处由茅草和夯土建成的小房子里。

1905年，吴雷川的父亲病故，一年之后，他的母亲也离开了人世。吴雷川严格地遵守守孝期限，他在随后的4年内都未曾谋求政府职位。然而，他却把注意力转向了教育，1905—1909年，他先是担任了"江北高等学堂"①的校长；1909年，他又在"进士馆"工作了一年，对考中进士却又未被授予官职的人进行培训；最后，他在1910年担任了杭州一所中学的校长。他在新成立的浙江省咨议局中也很活跃。1911年，当杭州宣布脱离皇权而独立时，吴雷川被任命为杭州市市长，但他很快在随后的混乱中被免去了职务。1912年，他开始在浙江省教育局工作，并在同年年底前往北京。1912—1925年，他担任教育委员会总干事，拥有"参事"的头衔。

把吴雷川的儒家文化背景和燕京大学联系起来的事件，是1914年他皈依基督教。到北京后不久，吴雷川便陷入了悲观绝

---

① 江北高等学堂：1902年成立于江苏省淮安市，是苏北第一所大学。1905年改建为江北初级师范学堂。——译者

望，认为自己的生活失去了意义，同时也为中国的命运担忧[32]。他在教育委员会当官的生活无非是"每日随波逐流、吃喝玩乐"而已。他的两位好朋友当时在东太平街的英国教会活动，劝他考虑加入基督教。此前从来没有看过《新约全书》的吴雷川买了一本《圣经》，他飞快地读完，就跟着朋友们一起去参加星期天的礼拜了。他被宗教仪式的庄严肃穆和华人牧师"为人服务"的诚恳所打动。基督教对他的吸引力是很强烈的，他很快加入了一个浸礼会的课程。但课程参加者的文化程度很低，其中一个人竟然想卖浸礼仪式的礼袍来赚钱。吴雷川很快就对遇到的神学问题和争论感到困惑，但他把这些问题暂时放在一边，因为基督教给他带来了"思想上的宁静"，他已经好久没有这种感觉了[33]。受洗之后，他投入到教会和传教工作中，为宗教报纸撰写文章。在越来越多的知识分子进入教会后，他出面主持浸礼会课程以及布道。他还每周主持一次祷告，也参加基督教青年会的活动。皈依基督教后不久，由于妻子和一个孩子相继去世，他不得不独自鳏居。失去亲人的痛苦让他更加努力地投身教会工作[34]。

吴雷川最初皈依的8年间，他无条件地接受基督教。但"反基督教运动"动摇了他的信念，他密切关注当时知识界有关宗教的论战，想方设法坚持他的信仰[35]。但宗教所遭受的攻击，让吴雷川不得不面对基督教在中国水土不服的现实。最终结果，是他离开了"生命社"，另外组建了"真理社"，在他的领导下，1923—1926年的3年间，该社团出版发行了《真理周刊》。"生命社"的其他华人成员也相继加入这个组织，但西方人则被禁止参加。1926年，《真理周刊》与《生命月刊》合并，但"真理社"仍然拒绝西方人加入[36]。

到20世纪20年代末，吴雷川找回了一点对宗教信仰的信心，并努力在中国创建本土化的基督教。尽管他仍然参加宗教仪式并广泛地阅读有关神学和教会史方面的书籍（已经翻译成中文的），但他进一步远离了西方教会。他仍定期为"生命社"的出版物撰写文章，但直到20世纪20年代末，他的思想才逐渐清晰起来。其第一部系统的著作是1936年出版的《基督教与中国文化》。在书中，他试图把儒家传统元素与基督教以及救国的政治激进方式调和起来。他的第二本书《基督教的希望》（1939）则更加虔诚，他再次重申了为基督教的辩护，认为日本占领华北后，基督教将成为绝望中的希望。他的第三本书《墨翟与耶稣》（1940）把基督教与墨子的哲学相比较，试图提高基督教的吸引力。这三本书均由上海基督教青年会出版社出版，它们反映了吴雷川为建立本土化基督教哲学所做的不懈努力。

1922年，吴雷川开始以宗教学院业余讲师的身份在燕京大学教书，1925年他成为中文系的正式教员。1926年，他成为燕大第一位华人副校长，1929年担任校监。1928—1929年，他在南京蒋梦麟手下当了9个月的教育次长。吴雷川在浙江省立中学当校长时，蒋梦麟曾在那里学习。在担任校监期间，吴雷川无法对学校事务施加影响力，他对此感到气愤，并于1934年辞去了职务。之后，他便处于半退休状态中，除了定期返回老家杭州，便是继续在燕大中文系教书。我采访的所有燕大教员和校友都只记得吴雷川当年少言寡语，有学者气质，但对宗教却一片赤诚。实际上，从他的相貌中，人们便能得出这样的形象。不过，后来的一些文章却显示，他是"生命社"中政治观点最为激进的成员。1941年日本偷袭珍珠港后，燕大被迫关闭，吴雷川搬到了北京城内居住。他在北海公园的松坡图书馆待了3年，靠为人抄写和贩卖自己的书法作品为生。这些都是他在长期准备科举考试过程中学到的本事。20世纪30年代中期，在向燕大学生讲授文言文以及为朋友们制作小礼物时，他的书法都派上了用场。在晚年，吴雷川的书法有了更加实际的用处，他以此作为谋生的手段[37]。1944年10月26日，吴雷川去世。

徐宝谦（1892—1944）

与本书所讨论的其他华人相比，徐宝谦在燕京大学教书的时间较短，承担的行政职务也较少。但是，作为"生命社"的创始人，他在社团中居于领导地位，后来还成为社团刊物的编辑和赞助人[38]，其重要性值得一提。此外，他还对燕京大学教师大会产生了很大影响，据梅贻宝回忆，"他是一位忠实的反对派"，"以闪光的智慧和犀利的分析"影响了很多人的看法[39]。在华人圈子里，徐宝谦没有刘廷芳和赵紫宸那么有名，但他的心路历程却反映了很多华人基督教知识分子的共同问题[40]。

出生于浙江上虞的徐宝谦，成长于一个儒家文化氛围浓烈的家庭环境。他的祖父是一位儒医，伯父是一位秀才和狂热的儒生

（他对徐宝谦的影响很大）。少年时代，徐宝谦每个月都参加在孔庙举行的典礼，每年还会参加两次祭祖活动，但他的童年并不局限于儒家文化的世界。他的母亲和祖母都是虔诚的佛教徒，他也因此经常跟她们去佛寺，帮她们念诵佛经。

徐宝谦是个神童。他在家中开始跟随伯父和家庭教师学习儒家经典，4岁时就能认1000个汉字，一年后进入私塾时，能阅读唐诗和《孝经》，很快他就可以背诵"四书"和"五经"中的三部。尽管熟读经书，但据他后来回忆，直到他进入绍兴府立中学学习了宋明理学后，儒家文化才在他头脑中真正地鲜活起来。1910年，他进入北京税务学校学习，并在1915年以全班第二名的成绩毕业[41]。

徐宝谦的家人对基督教怀有强烈的敌意。他的伯父曾支持华北的"义和团运动"，并把小侄儿送入绍兴中学而不是外国人办的学校。这位伯父还禁止青年徐宝谦与孙中山的革命党联系，不让他剪掉辫子。但短短几年间，徐宝谦却违反了所有禁令。1912年，取代清王朝的中华民国政府成立后，徐宝谦紧密追随新政权，但"共和制度的魔力"和新领导人的腐败让他大失所望。他得出结论，中国的救国运动要从更为基础的层面开始，要首先改善人民的生活，要有一群"为国家和人民利益无私奉献的人"。为了找到这一基础任务的方向，在一段时间内，他转而研读宋明理学的著作，主要是张载和王阳明的作品，还加入了北京的"孔教会"。但由于孔教会的形式主义和不能给人以无私精神等问题，徐宝谦很快就沮丧地离开了[42]。

走出幻想的徐宝谦以税务学校学生的身份加入了新成立的北京基督教青年会，开始参加它举办的一些公开课程。1912年，徐宝谦开始学习《圣经》，他完全是自学，没有人告诉他《圣经》的内容正确与否。半年的学习让他得出了两个结论：一是在耶稣道德的激励鼓舞下，中国人的自私会更少一点；二是基督教值得深入研究，因为它把思想和行动联系起来。艾迪和穆德在北京的讲座也引起了他的兴趣。但徐宝谦在解决诸如灵迹显现、耶稣的神性以及《旧约》故事和进化论的冲突等问题上遇到了困难。一年之后，在普林斯顿北京青年会干事们组织的卧佛寺夏季年会上，他找到一些答案。徐宝谦发现，现代科学和进化论不但没有否定《圣经》中的创世纪故事，反而使它们变得更加丰富了[43]。

　　最大的理解障碍在于耶稣的神性问题，在步济时的帮助下，徐宝谦解决了这个难题。有一天，他和步济时一起去远足。徐宝谦在自传中把这件事描述得非比寻常，但它代表了那个年代中国人有关宗教对话的特点。徐宝谦问：为什么耶稣会被当作上帝之子？步济时回答道：耶稣可能是上帝之子，但其实每个人都是上帝之子。徐宝谦后来承认，从那时起，他决心要成为基督徒。这是徐宝谦在皈依过程中的一个小问题，与步济时的对话显示，在卧佛寺大会召开之前，他已经处于思想的转变中。他曾告诉别人，皈依基督教绝不意味着放弃儒家文化。这两种信仰相互补充，二者联合起来将有助于救国。儒家学说仍然是中国人的文化根基，但基督教将填补其留下的空白，弥补其不足。徐宝谦把他的皈依描述成人生十分快乐的时刻，他回忆说，参加完卧佛寺大会后，他仿佛是另一个时空下的圣方济各（St.Francis）①，"哭泣的寡妇和空中的小鸟都在嘲笑我"⁴⁴。

皈依基督教后，徐宝谦狂热地投身于宗教工作。他甚至因为教会对他的要求太少而变得有些烦躁。1914年秋，他和步济时共同创立了"社会实进会"，在广场上组织活动、开设夜间课程、展开社会调查（从拉洋车的车夫开始）、举办公共卫生讲座以及开展市内的小规模救济活动。1915年，他成为该组织的主席，旗下成员多达600名大学生。他认为，这是"北京8000名大学生中最大的社会服务组织"。后来的中国共产党中央书记瞿秋白就曾是该组织中的积极会员之一，在转向马克思主义以及去苏联之前，他以"令人难以置信的热情"参加该协会的各种活动。徐宝谦还组织了很多《圣经》学习小组，为扫除税务学校宿舍里的赌博行为做出了贡献⁴⁵。

1915年春，徐宝谦从税务学校毕业，不得不开始独立谋生。去海关工作似乎是死路一条，因为在那里中国人几乎没有机会掌管海关的关税事务。那种官僚主义的工作也与他"为人服务"的基督教信仰格格不入。经过深思熟虑后，他放弃了海关的体面工作，选择在步济时于北京西城新成立的一家基督教青年会分支机构里担任学生辅导员。那里的薪水只有政府工作的一半，也没有

---

① 圣方济各（1182—1226）：天主教圣人，生于意大利，他认为世间万物都是人类的兄弟姐妹。早年曾饱受嘲弄。——译者

晋升的机会。在随后的6年工作中，徐宝谦几乎在北京所有的政府机构和私立中学及大学里都建立了青年会组织。他相信很多学生对基督教抱有错误的看法，但只要能解释清楚，他们都会接受基督教[46]。带着这种想法，徐宝谦和青年会的另一位好朋友胡学诚组织了"证道团"，即"生命社"的前身。

皈依基督教一年之后，徐宝谦返回上虞，看望家中亲人。父亲对儿子的新信仰似乎并未太在意，但他的伯父却坚决反对，尤其是基督教不允许祖先崇拜的问题。徐宝谦安慰他伯父说，基督徒也同样孝敬父母，而且爱国的中国人也反对祖先崇拜中的迷信成分。费了九牛二虎之力，徐宝谦说服了妻子和弟弟也转信基督教，1915年当他开始在基督教青年会工作后，便把他们带到北京一起生活。徐宝谦的伯父最终也放弃了捍卫儒家传统，他接受了更为原教旨主义的基督教，甚至相信灵迹的显现。这位伯父早年只相信儒家文化，现在，这种固执演变成了另一种新形式。不过，家庭成员之间的任何宗教冲突都让位于他们对基督教的共同信仰。徐宝谦在家乡修建了一座教堂，为他伯父提供了一个实现宗教热忱的场所。这位伯父把他自己的家变成了一所乡村学堂，还邀请徐宝谦回家来讲授"公共卫生、民主和基督教"等课程[47]。

1921年，徐宝谦远赴美国，在纽约的协和神学院和哥伦比亚大学学习了两年半。他忙碌于中国学生的课外活动，并向美国教会做了一百余场有关中国文化和"中国基督教运动"的演讲。1930年，他第二次访问西方国家，以"世界大学生基督教联合会"特别秘书的身份在欧洲游历了一年，然后又返回哥伦比亚大学学习了一年，并于1933年获得博士学位。同年，他的博士论文《宋明理学的道德现实主义》（*Ethical Realism in Neo-Confucian Thought*）在燕京大学出版。这本著作标志着徐宝谦学术研究的顶点，也反映了他此前把基督教与中国文化联系起来的不懈努力。

在第一次访美期间，徐宝谦与协和神学院宿舍里的日本同学变成了关系密切的好朋友，并接受了和平主义思想。他后来加入了"唯爱社"，1928年任该社社长，他与日本朋友的联系一直保持到20世纪30年代。1938年，他在印度马德拉斯"世界基督教大会"上见到了甘地（Mahatma Gandhi），返回中国后，他立即按照甘地的方式组建"静修处"[48]。据徐宝谦的朋友们回忆，他为人正直、思想独立，不过，这些特质在当时他领导上述活动时并未有明显的表现，因为在爱国者"抗日"情绪的影响下，和平主义运动已经不那么受欢迎了。

徐宝谦在燕京大学教书的时间比本书所讨论的其他四位华人教师都要短。1924年他返回中国后，在燕大宗教学院任兼职教师，讲授宗教学和哲学。他同时还担任北京"大学生基督教联合会"的行政秘书。1926—1935年，他在燕京大学全职教书，期间为《生命》及《真理与生命》杂志撰写了大量文章，成为燕大校园内基督教活动的领袖人物。1932—1934年，他任宗教学院执行院长[49]。1935年，由于财政预算不足，徐宝谦不得不离开燕大，到江西黎川参与政府倡导的"农村建设运动"，作为项目负责人，在那里一干就是两年。随后，他到上海沪江大学继续从事学术工作，直到日本占领上海。后来，他在成都的"中华基督教文社"任职，直到1944年在一次卡车事故中丧生。逝世前不久，他正在翻译威廉·霍金斯（William Ernst Hockings）的《上帝在人类活动中的意义》（*Meaning of God in Human Experience*）一书[50]。

赵紫宸（1888—1979）[①]

赵紫宸显然是20世纪中国最杰出的基督教领导人之一[51]。共产主义革命后，他撰写的耶稣传、圣保罗传以及有关《新约》神学的书籍仍在香港出版，并在台湾的基督教学院中长期使用。尽管赵紫宸是最早在燕大教书的5位华人教员中的最后一位，且未能参加"生命社"早期在北京的会议，但他却对燕京大学和"生命社"都产生了重要影响。从《生命》杂志创刊起，赵紫宸就是编委会的成员之一，后来又担任《真理与生命》杂志的编辑。从1928年到中国革命胜利，他在燕京大学宗教学院担任院长一职长达20余年。燕京大学以及中国基督教新教运动都和他的名字联系在一起。赵紫宸的童年和早期学习生涯进一步表明，"生命社"成员的社会背景是极其复杂的。

与司徒雷登、刘廷芳、吴雷川和徐宝谦一样，赵紫宸也是

---

① 赵紫宸系著名翻译家赵萝蕤的父亲，著名古文字学家陈梦家的岳父。——译者

浙江人。他出生在德清县。家人都是虔诚的佛教徒，赵紫宸还曾一度考虑出家为僧，后来他把自己的童年描绘成充满神鬼的世界。现实中的一切，从树上叶子的沙沙作响，到姑姑葬礼上他看到佛教地狱图所感受到的恐怖，都被看作是神的旨意。虽然长大以后他身材魁梧、充满自信，但孩提时代的赵紫宸却身材矮小、性格懦弱。据赵紫宸回忆，他对别人的苦难非常敏感，尽管自己家境贫寒，他却总是让母亲多施舍一些钱财给乞丐。佛教人物刘祥安受苦的故事非常感人，每次他读给母亲听，母亲总会流泪。但赵紫宸的悲伤却会延续到第二天，而家里其他人早就擦干了眼泪。赵紫宸的忠诚老实是出了名的，后来有些朋友调侃他，说皈依基督教实属多余，他应该始终如一地当个佛教徒[52]。

为了让年幼的儿子接受良好的传统教育，赵紫宸的父母吃了很多苦，他们一度还变卖了地产。但他的老师并不是狭隘的儒家文化追随者，赵紫宸则广泛地涉猎诗歌和其他非儒家文学作品。14岁时，他必须对未来的学业做出抉择，到杭州去学习中国传统文化，或者到江苏苏州去学习西学。为了做出决定，他在当地寺庙的佛像前抽取竹签，得到了去杭州的结果。不过，赵紫宸却在生命中第一次感受到个人愿望与神谕的冲突，并破天荒地拒绝了后者。14岁的他进入传教士创办的东吴大学预备学校，并于1910年从那里毕业。[53]

赵紫宸宗教信仰的转化有前后两个阶段。他对基督教最早的接触是在幼年时代，那时，他的祖母曾带他参加过附近教堂里的一次宗教仪式。每个星期天早晨，赵家人都能听到那座教堂里传来的歌声。他在考虑学习西学时，曾咨询了一位熟识的老师，那位先生恰好是基督徒。但直到抵达苏州后，赵紫宸才在与传教士和基督教学生的交流中感受到了更强烈的宗教压力。在东吴大学，学生们必须在星期天参加礼拜活动，并一字不差地背诵《圣经》内容。在活动中，大家都说苏州话，而赵紫宸是浙江人，他对此十分恼火。学生们不断在课堂上学习有关"天国、教会、地狱、精神救赎、耶稣宝贵的血以及其他教规"等内容，赵紫宸的"内心有如燃烧的烈火"，他最终在皈依基督教中获得了解脱。返回家乡后，新近皈依的基督教所带来的狂热情绪让赵紫宸推倒了祖先的牌位和佛像，母亲哭着拦住了他。一位关系密切的好朋友把他拉到一边，劝他重新考虑自己的决定[54]。

赵紫宸离开学校一段时间后，又返回了东吴大学继续学习西学，他认为，年轻人如果想要对中国有所贡献，就应该去学习西学。但在宗教上，他却否定了自己，成了校园中"反宗教运动"的领导人。看到学生们祷告，他会勃然大怒，并斥责他们背叛了中国文化。他的敌意也表现在"排外运动"中，在一次集会上，他公开宣称，"当我们的力量足够强大时，就要把所有外国人都杀光"[55]。不过，当面对家庭的经济困难和包办婚姻时，他对基督教的排斥就大大减弱并很快消失了。

尽管赵紫宸公开反对基督教，但学校的老师，特别是校长孙乐文（David.L.Anderson）却对他很感兴趣，赵紫宸后来表示，这开始了他转化的第二个阶段。赵紫宸遇到个人信仰危机的时候，基督教青年会的穆德也在东吴大学，他的一系列课程对赵紫宸产生了深刻影响。赵紫宸开始重新阅读《圣经》，定期参加礼拜，并要求受洗。第二次转化把他从绝望中解救出来，他参加了校园内广为流行的基督教活动。与此同时，他的同学和终生挚友陆志韦——燕京大学后来的校监和校长——也皈依了基督教。赵紫宸虔诚地祷告，投身于一切形式的宗教活动。他成了东吴大学基督教青年会的第一任会长。经过长期努力，他让母亲和妻子也意识到了佛教的局限，她们俩也皈依了基督教。1910年毕业后，赵紫宸留在东吴大学教授中文、英文、数学和《圣经》，在他的影响下，很多学生都加入了基督教。[56]

1914年夏天，受中国南方卫理会派遣，赵紫宸在美国俄克拉荷马州参加了美国南方卫理会大会。当年秋天，他进入位于纳什维尔的范德堡大学（Vanderbilt University）深造，并在1916年获得文学硕士学位，1917年获得神学学位。结束学业后，他到英格兰、欧洲大陆和中东等地游历了一番，然后回到东吴大学教授社会学和宗教学，1922年，他成为该校文学院第一位华人院长。同年，应司徒雷登的邀请，他到燕京大学任教。但直到1925年，他才彻底结束在东吴大学的工作。在燕大，他继续忙碌于教书、行政工作、写作和翻译基督教文献，如诗歌、颂圣歌、礼拜仪程、文章和书籍等，意在加强中国本土的基督教运动。赵紫宸在世界基督教新教领域也有很高的知名度，1948年，在阿姆斯特丹举行的"世界宗教协会"第一次大会上，他当选为6位副会长之一。[57]

在40多年的时间里，赵紫宸的思想在传教与社会活动、保守教条与自由神学、基督教的本土化和普世化之间摇摆不定。他的思想演变也表明，我们很难用传统视角来描述"生命社"。在回忆哪些历史文献曾影响他成为基督徒时，赵紫宸提到了诸葛亮，诗人陶潜、杜甫，宋代爱国文人文天祥的作品以及明代哲学家和政治家王阳明。他在后来有关基督教的文章中不断引用上述人物的诗词作为名言警句。在苏州帮助其他学生皈依基督教的过程中，他大量地使用"原罪、个人救赎、天国和地狱"等基督教概念。但在美国留学归来以及对新文化运动的爱国热潮愈发表示认同之后，他的思想发生了变化，变得更加关注"科学"和"道德"，而少了一点"神秘"；变得更加关注"社会"而不是"个人信仰"；变得更加关注"现实世界"，而不是"未来"[58]。中国的基督教运动与赵紫宸的领导紧密地联系在一起，1935年出版的《耶稣传》就是他早年使基督教适应中国文化背景的一次尝试。20世纪30年代后期日本占领华北后，赵紫宸情绪低落。基督教本土化的重要性日渐降低，他开始转向内省，逐渐发展出更加倾向于保罗基督教的神学。这种保守倾向在第二次世界大战期间他被日本人囚禁虐待后更加强烈，并一直持续到20世纪40年代末期。在新民主主义革命后期，钟摆又摆了回来，赵紫宸按照新政权对宗教的指导意见，试图把中国的基督教新教教会纳入新的轨道[59]。

洪业（1893—1980）

人们可能对洪业的字"煨莲"更加熟悉，他是本章所讨论的

"生命社"诸成员中最不活跃的一个，虽然他也曾在社团刊物的编辑委员会任职。他是继刘廷芳之后第二位在燕京大学教书的归国留学生，因1924—1927年担任燕大的第一位华人院长而闻名。洪业后来在学术研究上也做出了杰出的贡献，他编辑了《哈佛燕京学社汉学索引》（1930—1946）（*Harvard-Yenching Sinological Index Series*），而他关于杜甫诗歌的研究大概是所有成果中最为著名的[①]。他在中国的"哈佛燕京学社"发挥了重要作用，并在40多年的时间里，帮助学社出版了各种书籍刊物。洪业的学术著作中也夹杂着一些有关宗教的文章[60]。洪业把宗教和学术相结合的实践，也是燕京大学的梦想。

　　洪业祖籍福建福州，也出生在那里。但他在山东度过了童年时光，因为晚清时期他父亲曾是那里的一位知县。作为家中6个儿子中的长子，他受到了良好的儒家传统文化教育，常常得到父亲的亲自辅导[61]。1912年洪业皈依了基督教，当时他正在美以美会创办的福州鹤龄"英华书院"读书。作为新学生，他以劝说同学们背离基督教信仰为己任，还特意在祖坟上增加了供品，希望祖先保佑他成功。他与基督徒教师们公开辩论，并总是在激辩中引用《圣经》里"最差"的部分和儒家经典中"最好"的部分。对于屡屡挑起事端的洪业，教师们考虑将他开除。但有人却对他表示出耐心和容忍，她就是校长高智（John

---

① 1952年，洪业用英文撰写了《中国最伟大的诗人——杜甫》（*Tu Fu: China's Greatest Poet*），该书由哈佛大学出版社出版。——译者

Gowdy）的夫人⁶²。

在洪业攻击基督教的行为接近尾声时，他的父亲去世了。年幼的洪业陷入了深深的悲痛之中。高智夫人却来安慰他，她把耶稣之死和他父亲的去世相类比，宽慰他说父亲一定在天堂与基督为伴。洪业曾回忆，他当时对这样的说法感到十分惊讶，因为他以前曾听说非基督徒都是要进地狱的。高智夫人说："上帝不会那样不公平的！"随后，她鼓励洪业看看《圣经》中好的部分，比如有关"温纯"①的教导，并让他在自己的生活中实践一下。洪业被她的热情感动了，决定马上受洗入教。他公开否定了自己反基督教的观点，希望学校师生能够谅解他。像圣保罗一样，洪业追随基督教的热情就像此前反对时一样强烈。他加入了当地的"童子军"乐队，并把全家人都带到美以美教会中来。

另一位对洪业产生重大影响的西方人是庄才伟（Edwin C. Jones），他是一位化学老师，1916—1923年曾担任福建协和大学校长。1914年，他为洪业提供了一个赴美留学的机会。这是一个艰难的抉择。洪业的祖父和母亲希望他在海关工作，以保证足够的家庭收入，他们担心洪业可能会被强迫加入美国国籍。但当他们了解到情况并非如此时，便同意了这个计划。洪业到美国去留学，1917年在俄亥俄卫斯理大学（Ohio Wesleyan University）毕业，并获得了优秀毕业生的殊荣，1919年获得哥伦比亚大学历史

---

① 温纯：天主教"七德行"之一，与"七宗罪"相对应。——译者

学硕士学位。1920年，他在协和神学院获得神学学位。留美期间，洪业参加了学生宗教团体，成为教会和学生圈子里的"中国代言人"。1921年，他受邀返回燕京大学任教，但学校董事会却要求司徒雷登让洪业为他们工作，替学校募集资金。洪业在美国的学习经历，对他的思想塑造产生了决定性影响，他后来可以同时用英语和汉语来思考问题。他的著作目录显示，其宗教著述主要用英文写成，而大部分学术著作则都是中文的。

1922年，洪业以兼职讲师的身份来到燕京大学教授历史，他也是北京福建同学会中美以美教会的华人牧师。第二年，他开始在燕大历史系全职任教，并担任执行系主任。1924—1927年，作为历史学院院长，洪业专注于提高燕大的学术水平，"使之比肩于北大"。提高要求意味着得罪同事和学生们，用司徒雷登的话说，他必须承受压力"来提高我们的标准并严格遵守它"[63]。在洪业担任院长期间，燕京大学发展成华北地区领军的高等学府之一。1927年后，洪业仍在校务委员会中任职，并在图书馆管理工作中发挥了重要作用。不过，他的注意力已经转向了学术研究领域。1928—1930年，他在哈佛大学任访问学者，师从著名汉学家伯希和（Paul Pelliot），并在哈佛燕京学社工作。抗日战争期间，他被日军拘禁在北京长达5个月之久，战争结束1年后，他又回到燕大任教。1946年，他离开中国，到美国夏威夷大学讲学，第二年又转至哈佛大学，后来一直在那里教书，与哈佛燕京学社的成员们交往，并继续自己的学术追求[64]。

/ 跨文化联系

以上诸人的生平事迹说明，20世纪早期，中国知识分子也同样受到基督教的吸引。西方传教士教育家希望在中国找到本土教育事业的领导人，这些人也同时应具有基督教信仰，这一愿望可以说已经实现。作为一个群体，上述基督教皈依者并没有那些"非基督教"大学的教师那么有名，如国立北京大学；他们也不如历史上的基督教皈依者名声那么显赫，如被称为晚明"三大支柱"的徐光启、李之藻和杨廷筠[65]。但毫无疑问，上述诸人及其西方同事们都意识到，他们代表了基督教在中国的合法性。在民国之前，他们都有很深的中国传统文化根基，后来他们也和其他同时代人一样，充满了爱国热情。但有三件事把他们和传教事业联系起来，这三件事有着共同的发展前景并互有影响，即宗教实践、救国运动和国际主义精神。

"生命社"中的华人成员并非没有注意到历史上中国与基督教的接触以及中国人所表现出来的一丝敌意，这种敌视态度或许源自对外来事物和异端思想的怀疑。"生命社"几位华人成员在清末民初皈依基督教，同一时期，越来越多的普通民众也变成了基督徒。这一现象表明，尽管敌视态度曾占据主流，但当时已经开始减弱。不过，他们也意识到，即使在向外来文化观念开放的年代，加入基督教仍然为他们带来了"自己是否还是中国人"的疑问，这是无法回避的问题，也影响到了他们的个人际遇。例如，教会的规定与祖先崇拜习俗是相矛盾的[66]。他们年轻时对这一矛盾心知肚明，但20世纪最初的10年，当儒家文化本身也成为学生们的批判对象时，他们也就把这一矛盾抛到了九霄云外。

20世纪20年代，为了回应对基督教的攻击，教育和文化界出现了为基督教辩护的新方式，即回归到个人的早期宗教实践中。实际上，"生命社"的华人成员在记述个人经历时，常常在文章的题目中使用"宗教实践"一词。1934年，徐宝谦为基督教青年会出版社编辑了18部人物小传，其中包括他本人以及吴雷川和赵紫宸的传记[67]。十年前，吴雷川和赵紫宸二人已经在《生命》杂志上发表了其宗教实践的小文章，1933—1934年徐宝谦担任《真理与生命》杂志编辑时，也在刊物上连载了长文《二十年来信教经验自述》。这些文章的一个共同特点，就是描述皈依之前个人遇到的严重危机，以及皈依之后思想上的平静。当吴雷川对基督教信仰产生怀疑时，他仿佛又回到了在北京英国教会进行宗教实践的生动场景中[68]。赵紫宸在50多年中经历了更加戏剧化的思想变化，但他早期的宗教实践却在头脑中依旧清晰，从未减弱[69]。对这些皈依者来说，基督教新教是他们处于绝望时的心灵港湾。20世纪20年代，当反基督教浪潮来袭之时，他们的宗教信念有所动摇，却从未失去对早期宗教实践的清晰记忆。

"生命社"的华人成员出版这些叙述宗教实践的文章，有着道德教化目的。他们希望读者，尤其是青年学生们，能够受到鼓舞；文中的故事能广为流传，而由此产生的一系列连锁反应能最终影响整个中国。他们发表这些文章的另一个目的，也是为了鞭策自己。因为"生命社"出版物的销量毕竟不超过2000册，而且读者当中有多大比例有可能皈依基督教也值得怀疑[70]。他们经常宣称，写文章是为了见证真理，或者说是"道"，这也是"证道团"名字的寓意所在[71]。这些华人是基督教的坚定追随者。对他们来说，使燕京大学"更加中国化"可能意味着要改变一些宗教规则，但这并不意味着放弃原本的宗教目的。

从13世纪最早的天主教传教士到现在，一直存在一种争论，即中国人是否明白"原罪"的概念[72]？问题之一，当然是如何定义"原罪"这个词。有些"生命社"成员在他们早期宗教实践中接受了一种观点，认为原罪强调了人类的道德堕落，但更多的人则对人性持乐观态度。在文化界，人们普遍有种感觉，即情况正在变坏，这不仅是指眼前的灾难。传教士教育家和他们的中国同事在写英文文章时，仍然用"原罪"一词，尽管这已经不是他们首要关注的问题。在中文中，几个同义词如"罪""犯罪""罪恶"等，被用来描述他们的个人经历以及全中国的道德缺失。吴雷川有一次还提到了人的惰性[73]。这些词的含义与原教旨主义者所理解的"原罪"不尽相同。但传教士教育家却持不同观点。他们认为，无论人性有多好，想要把中国人从眼前的灾难中拯救出来，宗教实践都是必不可少的。赵紫宸写道："我们如同在山坡上四处游荡的迷途羔羊。四周野兽环绕，寒风刺骨。我们无以果腹、无家可归……我们漫无目的地四处乱撞，却依旧找不到回家的路。我们与自然斗、与野兽斗。我们觉得这就是生活，而且是生活的唯一方式。有时候，我们精疲力竭，绝望地呼喊，但远山传来的只有我们自己呼叫的回音。"[74]其他宗教术语，如"悔改"

和"得救"也常常出现在他们的文章中，这进一步表明，传教士教育家所用的这些宗教词汇，对华人基督徒来说并不是问题。

　　他们把"自私"看成是"罪"，这种解释方式与早期中国人（既包括儒家学者也包括道教信徒）对个人和社会的看法十分相似[75]。吴雷川在《圣经》学习课程中碰到了"原罪"的概念，起初无法理解其含义，但通过把"原罪"和"自私"等同起来，他最终解决了这个难题。"自私"可能是一些落后社会习俗的产物，不一定是人们与生俱来的，但不管怎样，"自私"的弱点都必须要改正[76]。赵紫宸在文章中说："人们在追求幸福的过程中只考虑自己，而变得对他人十分冷漠。这样一来，人与人之间的爱便消失了……没有爱，人就远离了上帝，就有了罪。人类的自私就是罪。"[77]如果"自私"是人的罪，那"得救"便是克服"自私"的想法，当人们注意到耶稣这个人物时，克服"自私"就变成了可能。用徐宝谦的话说，"耶稣是一个大公无私的人，没人能比得上他"。他写文章称，基督教的规范和教义因时代不同而不断变化，但无论社会风俗怎样改变，"无私的精神"却从未有一丝减弱。吴雷川认为，"得救"并非意味着"人死后会获得永生，而是除去人身上自私的罪恶，这样，人就可以为社会做出应有的牺牲"。当人们无法从古代中国的伟大人物身上找到无私精神时，耶稣就成了新的楷模、导师和领袖。克服"自私"是一项艰巨的任务，信仰基督教不是做表面文章。一个人必须努力去培养无私的精神，他们常常将之称为"修养"或儒家文化所讲的"自省"[78]。

为了捍卫基督教，他们投入到20世纪20年代中国有关科学和宗教的争论中。在此之前，"生命社"的华人成员都认同新文化运动所提出的"理性"。实际上，《生命》杂志上的文章经常援引科学和理性精神，并用调查和批判的态度来替基督教辩护。"生命社"的最初目的，是把基督教诠释为解决当时问题的一种理性方式。此外，在理性的名义下，这些基督教本土化运动的领导者们还批判西方教会的迷信和傲慢，却又能回避"反基督教运动"对基督教"不科学"的攻击。他们坚持认为，科学不能否定宗教实践的真实性[79]。他们支持张君劢为宗教所做出的积极辩护，与胡适等人相对抗，那些人支持"生活的科学哲学"，反对宗教实践。[80]20世纪20年代，胡适在学生界的地位很高，与他的辩论变得十分复杂，因为他同时也是非基督教徒中热情支持燕京大学的人。

　　他们还以其他方式捍卫基督教。1919年秋，在山西太原的一次学生集会上，徐宝谦认为新文化运动让学生们变得思想开放，这将为基督教带来很大的益处。但新文化运动却未能向学生们提供任何标准，让他们可以在眼前的各种新思潮中进行选择取舍。没有标准的结果便是"思想混乱"和"玩世不恭"。徐宝谦认为，基督教带有强烈的批判精神，在提供"建设性意见"方面也更胜一筹。有了基督教，年轻人不会陷于"纯粹学术争论"的空谈中，"因为耶稣不断提醒人们，任何社会改革都必须从自己开始"[81]。

　　在此后的20年中，支持科学的人对基督教不断指责，徐宝谦也为此饱受困扰，但他从未接受那些人的观点。在探索如何回应对基督教的批判这一过程中，徐宝谦从宋明理学中找到了支持，他曾在幼年时学习过这套理论，但20多年来早已经放弃了它，现在却又发现了其中的价值。胡适曾批评程朱理学缺乏活力、不讲科学、不符合学术标准，徐宝谦再次提及这些批判，希望以此证明基督教在精神层面的价值。胡适认为，"实用和科学思维"将代替"所有的价值观念"，但徐宝谦觉得，对于人们的精神生活来说，"抽象思维和内省有其内在和独立的价值"[82]。他通过援引宋明理学的主要思想来为基督教辩护。徐宝谦认为，即使在科学的时代，宇宙有其本身的秩序和规律，这一秩序也是道德的秩序；我们的生活和承载着生活的世界都并非梦幻，而是真实存在的，每个人都有一些原始的野性，但教育和内省可以使人认识到自己的野性。徐宝谦坚持认为，这种根植于我们内心深处的生活哲学仍然成立，不会因机械进化论、实证主义、物质主义和行为主义等理论的围攻而被轻易放弃[83]。

赵紫宸早年曾认为，只有当基督教建立在"理性以及与理性不相冲突的信仰"之上时，中国知识分子才能接受它。他同时也认为，要根除旧社会那些阻碍人性全面发展的因素，基督教是必不可少的。像徐宝谦一样，赵紫宸也批评新文化运动对"道德精神"的破坏[84]。这场运动虽然"满足了我们的自我期望"，却"未能向我们提供建设新生活的持久动力"。事实上，这场运动助长了道德败坏和自私自利。像燕京大学这样的教会学校应该避免如北大这样的公立学校的弊病，在那里，"一群乳臭未干的青年人正头脑发热，他们偏听偏信，也不讲科学"[85]。燕京大学把培养人性当作明确的办学目标之一。1924年，刘廷芳指出："在中国污秽的政坛中，最廉洁和最杰出的人物以及社会公益事业的先驱者，都是基督教大学的毕业生。"[86]他们认为，中国早期历史上曾有儒家文化的反对者要纠正道德败坏和政治腐败，而基督教也以类似方式为中国做出了贡献。

在反击理性主义对基督教的批判时，洪业则采用了另一种策略。他研究了中国人在生活中对"天"这一概念的执着。作为会意字，"天"在流行的书法作品和装饰中随处可见，在人们的日常谈话中也时常提及。这个字可以用来表示皇帝、精神世界、宇宙或者大自然，其多种含义和宽泛的内容与英文中的"heaven"有些类似。洪业指出，有些学者"按照逻辑的要求来为'天'下定义，结果却碰了一鼻子灰"[87]。

在捍卫基督教的过程中，中国传统文化所发挥的作用引人注目。曾有一个时期，徐宝谦、吴雷川、赵紫宸和洪业都以儒家文化为出发点。但在儒家文化世界轰然倒塌之后的动荡年代里，上述诸人的思想也发生了激烈的变化，并最终转向基督教去寻求心灵上的平静。徐宝谦在皈依基督教的前夕曾写道，"中国所需要的就是关心国家的无私之人"。这种无私的精神可以在孔子的个人品行中找到，但现在却不多见了。儒家文化精神需要重新振兴，而基督教则有助于人们养成无私的品格[88]。当学生们攻击基督教时，上述诸人重提儒家文化，并非是要重回到传统框架内，而是用儒家文化来证明他们皈依基督教的正确性。他们不断引经据典，来证明自己的观点。对传统文化的再利用不仅在他们与反宗教势力论战的过程中发挥了重要作用，在别人指责他们皈依基督教之后已不再是中国人时，重提传统文化也慰藉了他们自己的心灵[89]。

救国

与轰轰烈烈的救国运动相比，科学对宗教的批判只是新文化运动一个小小的组成部分。对"生命社"的华人成员来说，"救国"同样是首要任务，他们认为基督教也有助于此。满足个人需求的救赎在他们皈依基督教时有很大吸引力，但到了成立"生命社"之时，在他们看来，如果不能解决更大的社会问题，就根本不是真正的救赎。徐宝谦学习基督教的动机之一，就是找到"当时政治危机"的解决办法。吴雷川后来强调，"个人得救"和"社会改革"实质是同一个问题。对吴雷川来说，真正的皈依是发现改正自我缺点的紧迫性并为社会改革贡献全部力量。1924年，刘廷芳思考的首要问题是"如何救中国？……能够拯救个人灵魂的福音也能拯救国家的灵魂吗？耶稣的教诲真的能转化为行为并建立一个基督教的新秩序吗？"刘廷芳认为："基督教能帮助建立一个新的政治领导体系，带领这个国家走出混乱和腐败。"赵紫宸则强调，"基督教将成为中国社会重建的基础。"[90]对基督教实际贡献的关注取代了当时在西方十分有影响力的神学争论。对这几位华人基督徒来说，上帝被宽泛地理解为真理、自然和最高原则等，他们更愿意把耶稣当作人，而不是神[91]。吴雷川曾这样写道，"当我提到耶稣时，我指的是作为人的耶稣"。他认为，西方对耶稣神性的强调，破坏了耶稣人格的真正含义。"我们是人不是神，又如何能去效仿一个非人的神呢？"[92]吴雷川用儒家文化对社会和谐的解释，把他的宗教信仰和救国联系起来。政治稳定是终极目标，为了实现这一目的，社会首先要转型，但社会转型反过来又要求对生活中的精神问题给予关注。政治、社会和精神的问题相互关联，忽视了其中一个，就会对另外两个产生危害。

20世纪20年代，赵紫宸指出，耶稣虽然是历史上最伟大的人，但他仍然只是人，其他的伟人，如孔子、墨子、苏格拉底和柏拉图也都知道上帝的存在，但谁也没有达到耶稣那样的高度。"耶稣仅仅是救世主中的一位。"赵紫宸的这种想法并未削弱基督教的救国价值[93]。耶稣人格的伟大本身就值得学习和崇拜，他鼓励服务社会并为之牺牲。徐宝谦说，耶稣引导年轻人去"关爱他人、服务他人""无私地奉献自己"[94]。

他们常常提到"天国"，这是当时西方"社会福音运动"所提出的一个概念。吴雷川认为，这个"天国""并非在另一个世界，也不是人们死后要去的地方"。实际上，"天国"是在现有世界上消除所有仇恨与不公正，实现上帝的爱与正义。用今天的话说，就是"改革旧社会，把它变成新社会"。吴雷川后来把它等同于社会主义[95]。在日本占领期间，基督教信仰与新社会之间的联系有所弱化，对赵紫宸而言尤其如此。但在日本侵华之前，"生命社"的成员们却十分强调二者的联系，在共产主义革命来临之际，他们又重新提出了这个观点[96]。

所有人都同意，按照耶稣的要求去做即意味着社会变革，但后来在如何实现变革的问题上，他们却未能达成一致意见。如何实现公平？这是理解"社会福音运动"中"天国"含义的关键所在！这不是一个单纯的学术问题。燕大师生之间常常讨论这一话题，学生们不断提醒老师，救国是迫在眉睫的实际问题。如何实现社会变革？是在现有政治秩序内渐进改革，还是通过现有政治秩序之外的努力来实现，甚至包括越来越多的革命者所要求的那样推翻现政府？燕京大学的办学宗旨有着深远的影响。"服务社会"写进了燕大的校训，但怎样服务社会？这是学生们在做职业准备以及毕业择业时所深思的一个问题。关于救国，教师们应该向学生们传递什么样的价值观念？燕大与西方的联系又如何影响中国人对上述问题的回答？

在"生命社"成立初期，这些问题都被讨论过，但到20世纪30年代初，上述问题变得更加迫切。1920年，刘廷芳认为耶稣超然于改革者和革命者的冲突之上，他的教诲可以同时支持这两种相互矛盾的立场。在他那个时代，耶稣遵守现有的社会秩序，他接受洗礼，遵守安息日的规定，还告诉人们要缴纳赋税。但刘廷芳也指出，有时候耶稣也违背习俗，他在安息日去田里收麦子，违反饮食禁忌，还和一些名声不佳的人为伍。刘廷芳说，耶稣还用鞭子把兑换货币的商人赶出寺庙，这是用暴力对抗现有秩序的例证。耶稣的话也常自相矛盾。他说他是来维护法律的，但后来他又说，自己带来的不是和平，而是一把利剑。反复权衡之后，刘廷芳认为，大多数时候，耶稣在违反法律，但他不支持政治革命。毕竟，革命的最高形式是精神革命[97]。

不过，不断高涨的民族意识不会让刘廷芳及其同事们仅仅停留在对基督教必要性的定义上。在中国建立"天国"的希望变得越来越渺茫。学生们的示威游行让他们意识到渐进式救国的局限性。作为爱国者，他们不得不回答建立新政权的问题。这一时期，中国在国际上的弱势地位也证明了问题还远远没有解决。有关自由民主能够发挥作用以及西方国家会帮助中国的希望都在逐渐减弱。此外，他们还要面对日本帝国主义入侵的现实。

很快，燕京大学的学生领袖们在谈到救国时开始使用"斗争"和"暴力"等词语。但"生命社"最初把耶稣看作和平之子，不能被用来说明革命暴力的合法性。在他们的意识中，"革命"与"改革"二者的冲突从未根本解决。1935年，赵紫宸写道："二者在我们头脑中不断斗争，一个是彻头彻尾的社会革命，一个则是同情恻隐之心。我决定精神上走革命的道路，但行动上却循沿渐进改革之路。"[98]对于"生命社"所有成员来说，基督教意味着力量，一种有助于救国的力量。他们把耶稣当作精神上的革命者，有时他也是社会改革者，但他们不断回避政权问题。

国际主义

基督教教义所讲的"爱"占据着"生命社"成员宗教信仰的核心位置，国家之间可以有不同，但"爱"清楚地意味着"和解"。《生命》和《真理与生命》杂志用了大量篇幅来讨论国际主义这一话题。在反宗教和反西方的压力下，中国教育家不断强调国际主义信仰，他们坚持认为，自己既是爱国者又是基督徒[99]。

和大多数同时代人一样，他们认为中国要向西方学习的东西有很多，但他们从不支持中国全面西化。与当时的马克思主义者相比，他们对西方资本主义持更加乐观的态度。在西方国家，他们看到了诸如"社会福音运动"这样的社会力量正在与竞争所带来的罪恶相抗衡，而非用革命的手段来斗争。他们想走中间路线，徐宝谦说，"这是文化的融合，而不是投降或者胜利"[100]。1924年，刘廷芳采取了更加激进的立场，如果"世界上的高等学府"，即学院和大学，都不能帮助解决国家间冲突的话，"那就把秦始皇从坟墓里拉出来，像公元前他焚书坑儒那样把世界上的教育机构都一把火烧光"。刘廷芳认为，燕大就是"国际主义团体的试验场"[101]。1925年，赵紫宸撰文称，"我在此要建立世界大同意识，以实现被称为'天国'的社会秩序。人们亲如兄弟，国家之间保持友好交往，没有血腥的斗争"[102]。他们很快意识到，西方教会和传教士曾经犯下的错误，大大削弱了基督教在中国的影响力。不仅如此，当前的国际关系现实也让中国蒙受着屈辱，但耶稣却让国际主义精神在中国仍保持着活力。

早期中国人与外国人的交往历史，为实行国际主义提供了深刻的原因。传教士们参与过宗教实践工作，如司徒雷登和刘廷芳在上海，步济时和徐宝谦在卧佛寺，基督教青年会在北京，高智、庄才伟和洪业在福建的英华书院，孙乐文和赵紫宸在东吴大学，发挥鼓动作用的关键人物穆德和艾迪在20世纪初期曾向数以

千计的中国人发表演讲。刘廷芳认为，中国人从孩提时代就从
"感恩"的重要性之中，学会了如何报答西方人的这些活动，人们
在实践中找到了国际主义思想的基础，特别是在个人陷入精神困
境之际[103]。

此外，教育经历也加强了他们对西方观念的支持。赵紫宸认
为，在他生命的前30年中，在美国学习的3年半是最快乐的时光。
1923年，他承认自己的宗教实践因此不可避免地"美国化"了，
但他并不为此感到有什么不妥[104]。洪业在俄亥俄卫斯理学院和哥
伦比亚大学的学习对他影响很大，以至于1921年回国时，他"大
多数时候是用英文在思考"。他很自豪自己是个"边缘人"，一个
"美国式的中国人"，集多种文化于一身的"文化混合体"[105]。在
返回中国后，他们都说着流利的英语，其英文写作水平有的甚至
超过了他们的西方同事。留学美国为民国时期的归国留学生带来
了社会地位的大幅提高，而在国外的愉快经历毫无疑问也与此有
关。但在理解他们为何支持国际主义时，其个人的服务精神也是
其中一个原因。

吴雷川关于与西方交往的看法与"生命社"其他几位华人
成员不大一样。他在谈到自己的宗教实践时，没有提过一个西方
人，对于出国也不感兴趣，英文更是一窍不通。据说，他很嫉妒
那些懂英语的人，尽管在他的文章中找不到这样的证据。1923
年，他成立了"真理社"，这是他与"生命社"的外国成员之间
有诸多分歧的表现，但我们也不能就此得出他反对西方事物的结
论。相反，他似乎并不在意基督教是从西方传来的这一事实，他

还常常引用被译成中文的西方思想家的作品。无论在衣着打扮上如何讲究以及他所受的学术训练多么传统，吴雷川都决不希望回到过去。他拥护可能会创立一个新中国的社会革命，而他的父辈及其他同辈中的大多数人可能都不会接受这个新中国。他后来提到，"一股世界浪潮将要来袭，它将席卷中西方所有社会中的罪恶和自私"[106]。对吴雷川来说，基督教毫无疑问是超越国界的。

然而，不断高涨的民族意识不可能让这些中国人既保持着国际联系却又高枕无忧。除此以外，他们也对在知识分子中传播基督教的努力表示失望。不过，他们相信自己可以使西方的宗教信仰更加纯洁。这样一来，耶稣将变成一个更有吸引力的人物。徐宝谦在结束第一阶段的留美学习返回中国时说，美国教会未能代表"基督教的真精神"。他对美国教会能否经受住物质主义的考验表示怀疑。而东亚的基督教则有很大责任去发现和保存真正的信仰。

燕京大学的国际主义意味着借鉴、甚至照搬照抄西方经验。"为什么要照搬西方的做法？"对于这样的问题，洪业1931年曾回答说："不照搬还有什么别的办法吗？"学生们和知识分子发现，"旧有的观念和理想在新形势下已经不起作用了"。中国这艘船正在逐渐沉没。是游泳自救还是要溺水而亡？但西方国家已经从它自己一手造成的束缚和压力中解脱出来。洪业当时（他已经在哈佛大学学习了两年）感觉到，"西方追求休闲安逸的欲望正日渐增加"，人们开始"重返自然，希望重新得到机械所不能带来的人文关怀"，人们"越来越富有同情心，开始在那些一心只想着竞争和内斗的人之间号召合作与和谐"。西方这条船本身可能没有如此强的航行能力。洪业认为，中国可以"在学习新事物过程中采取简单的形式，同时保留一部分要抛弃的旧传统"。与博晨光类似，洪业得出的结论是，"东西方在思维方式上停止对立的这一天可能会到来，一方可以分享另一方最优秀的成果。未来的作家在对人类生活大发感慨时，可能会看到这样一幅景象，人们可能不再用筷子和碗吃饭，但仍生活在公正、平衡与和谐的一片天空之下。"[108]西方将从中国传统文化中受益的观点，使不加取舍地照搬西方的看法不再显得那么令人难以接受。

在"生命社"成员所撰写的文章中，我们很难找到有关教育观念的清晰表述。20世纪初的10年，人们还很难具有这种清晰的认识，这一时期，各种不同思潮相互交汇、快速演变，例如全面学习美国、新文化运动以及各种形式的救亡图存等。那个时代的文章中充满了对未来的忧虑，以及每一次新危机所带给人的"使命感"。没有什么是一成不变的。不过，"生命社"的华人成员对于他们在高等教育中的责任是严肃认真的。如上文所述，燕京大学就是一个他们实现理想的地方。这里是年轻人的天下，在燕大，年轻人被看成是未来的希望[109]。与科学相结合后，教育，尤其是西式教育，便如同有了魔力。这种魔力可以保证毕业生得到良好的社会声誉和一份好工作，而且还可以帮助救国（即"教育救国"）。刘廷芳认为要把全国都团结起来是要付出代价的，要把"民族之血洒在无私服务的圣坛上，而服务的所有形式中，教育最为重要"[110]。

如果西方的传教士教育家们对基督教"本土化"一事是认真的，那么，他们就不可能找到更好的华人团队来管理学校并保持最初的宗教宗旨。华人教师们对基督教的信仰程度不尽相同。但"生命社"以外的华人教师也不对他们的基督教信仰抱有敌意[111]。坚持宗教实践的重要性，注重道德熏陶，推崇服务与自我牺牲精神，通过教育来救国，坚守国际主义理想，在这些原则的框架内，华人教育家们在燕京大学尽职尽责地工作着。

20 世纪 30 年代燕京大学男生第四宿舍

燕京大学夺得 1927 年北京高校女子篮球联赛冠军

20世纪20年代初期,燕大《麦克白》剧组。这些业余戏剧表演吸引了北京的大批观众,成为学生活动的组成部分

1929年,步济时与燕大社会学系学生

校监陆志韦与校长司徒雷登在1936年9月燕大开学典礼上。这一年的开学典礼因1935年"一二·九"运动被推迟到秋天举行

20 世纪 40 年代末期燕大教员中的"哈佛派"，从左至右为：齐思和、翁独健、林耀华和周一良（时任北京大学历史系主任）

1928 年燕大中文系教员。从左至右为：沈士远、马蒙、吴雷川、周作人、容庚、郭绍虞和黄泽通

20 世纪 40 年代末期，诗人冰心（谢婉莹）和燕大女子学院执行院长苏路德（Ruth Stahl）女士。冰心系 1923 年燕京大学毕业生，后与丈夫吴文藻留校任教，吴曾担任社会学系主任

20 世纪 40 年代末期的赵紫宸。赵紫宸作为燕大一位重要华人教员，与燕大相伴始终，他也是"生命社"出版物的编辑，长期担任宗教学院院长。在燕大向革命政权过渡期间，他也起了表率作用

1949 年圣诞夜，即燕大被接管一年后，范天祥在 150 名燕大唱诗班歌手的配合下，演奏安装在驴车上的簧风琴

1959 年 3 月的北大校园，即前燕京大学校址。照片中间的建筑是贝公楼，因纪念美以美会传教士贝施福（James Bashford）[1] 而得名，他是燕京大学的奠基人

---

[1] 贝施福（1849—1919）：生于美国威斯康星州，1904—1918年在中国传教，任美以美中国会督。1916年促成汇文大学与华北协和大学合并，这标志着燕京大学的成立。——译者

注释

1. Chow Tse-tsung, *The May Fourth Movement* (Cambridge, Harvard University Press, 1964), 320.

2. 徐宝谦,《二十年来信教经验自述》*CLYSM.* 8.4:180 (1934年6月); Lucius Porter diary, March 14, 1920, PC: LLP; John Leighton Stuart, "Where Should the Emphasis Be?" *Chinese Recorder*, 51.5:349-350 (May 1920).

3. Jerome B. Grieder, *Hu Shih and the Chinese Renaissance: Liberalism in the Chinese Revolution, 1917—1937* (Cambridge, Harvard University Press, 1970), 22, n. 36; *Educational Review,* 21.1:101-102 (January 1928). 胡适,《基督教与中国》, *SM,* 2.7 (1922年3月)。胡适注意到知识分子对基督教的要求，但他反对基督教的迷信和神学部分。他认为，迷信是从耶稣的那些无知的追随者开始的，而神学不过是从中世纪僧侣们的诡辩中发展而来的。除非基督教去除这两个不受欢迎的方面，否则，它对中国的贡献甚微。虽然胡适自己是无神论者，但他强烈主张宗教自由。

4. 周作人,《人的文学》, 载《新青年》5.6:575-584 (1918年12月15日)。

5. 周作人,《我对基督教的感想》, *SM,*1.7 (1922年3月); Ernst Wolff, *Chou Tso-jen* (New York, Twayne Publishers,1971),61-62.

6. 陈独秀,《新青年》, 3.3:284 (1917年5月1日)。

7. 陈独秀,《朝鲜独立运动之感想》,《独秀文存》(香港, 1965), 607-608。

8. 陈独秀,《基督教与中国人》,《新青年》, 7.3:15-22 (1920年2月)。陈独秀的文章也发表在《独秀文存》, 417-430; 张钦士辑,《国内近十年来之宗教思想》(北京, 1927), 37-50; 文章中英文删节本见SW, 2.7 (1922年3月)。英文删节本见 *Chinese Recorder,* 51.7:453-457 (1920年7月); and in Jessie G.Lutz, ed., *Christian Missions in China, Evangelists of What*? (Boston,1965), 47-50, as "Jesus, the Incarnation of Universal Love"。

9. 引自*SM*的英译本。

10. 陈独秀,《基督教与基督教会》, 见张钦士辑,《国内近十年来之宗教思想》, 190-193。这篇文章原来发表在非基督教学生同盟的出版物

《我们为什么反对基督教学生同盟》上，(上海，1922)。

11. 徐谦，《基督教救国主义感想之三》，(上海，1920)。见徐谦的长篇传记 Boorman, II, 118-122。

12. 徐谦与"生命社"其他成员之间的关系尚不清楚。徐谦家族来自江苏，但他和吴雷川一样在杭州生活多年，二人都通过科举入仕，清代末年曾在省立学校教书（徐谦在安徽）。吴雷川在1914年，徐谦在1915年皈依了基督教，且入教动机极为相似。见Joan Hsü, (Hsü Ying), "George Chien Hsu, Year to Year Event," mimeographed, an English translation of Hsü Chang's, 《徐公之隆年谱》(香港,1940)。Joan Hsü进入燕京大学，徐谦本人在《生命》杂志第1期（1919年11月20日）就发表了1篇文章。

13. 见Irwin Scheiner, *Christian Converts and Social Protest in Meiji Japan* (Berkeley,1970), chaps. 1-4, 其中有日本皈依新教教徒的类似研究。除了这里研究的5个人外，燕大的其他人也可以拿来讨论。周作人、谢婉莹、许地山、徐淑希、吴文藻和张东荪等在当时的中国更有名气。但"生命社"的华人成员却更好地代表了燕大早期的办学宗旨。另外两位燕大名人，陆志韦和梅贻宝（当时均为校监）也是"生命社"的成员，但他们来燕大较晚，除了为《生命》和《真理与生命》杂志写过一些短文外，没有其他著述。陆志韦的情况在本书最后一章有详细论述。

14. 有关刘廷芳早年的情况，我主要依据1969年6月8日和11日对他弟弟刘定伟的采访。其他资料有Boorman, II, 416-417; Chao Tzu-ch'en, "A Glimpse at One Chinese Christian Worker," *Chinese Recorder,* 54:744 (December 1923); *Who's Who in China* (Shanghai, China Weekly Review,1931,1936); and "Biographical Information Sheet," AC;LTF. Stuart's quote is from Stuart to Lewis, January 20, 1926, AC;JLS.

15. Liu T'ing-wei, interview, June 8 and 11,1969.

16. John Leighton Stuart, "Autobiographical Notes," ms., 56, PC:GMB.

17. See the "Biographical Information Sheet" ; Boorman, II, 416; and *Who's Who in China*, 1936, 162.

18. 司徒雷登读了刘廷芳在《同文报》上的文章，这是由上海的长老会出版的周报。我在布鲁明顿的一个朋友在印度南部的一次拍卖上找到了几份这种报纸。

19. Stuart, "Autobiographical Notes," 47, PC:GMB.

20. Stuart to North，April 13, 1927, AC:JLS.

21. Stuart, "Autobiographical Notes," 47-48, PC:GMB.

22. Liu T'ing-wei, interview, June 11,1969; Grace M. Boynton, interview, November 14,1967.

23. Stuart to Lewis, January 20,1926, AC:JLS. 赵紫宸关于刘廷芳的传记也提到了他脾气不好。刘定伟提到了他哥哥矛盾的东方思维。

24. "Biographical Information Sheet," AC:LTF; "Published Writings and Other Activities, 1932—1934," AP:R (School of Religion).《颂主圣诗》(上海,1936)，中华基督教文社出版，成为中国新教赞美诗的标准诗集。1952年香港再版。

25. Ma Meng, interview, Hong Kong, February 3,1969.

26. 他最后一篇文章就是有关吴雷川《墨翟与耶稣》（上海，1959）一书的介绍。

27. Mei Yi-pao, interview, Iowa City, July 16,1968.

28. "Of Merit in Gardens," n.d., c.1930, 9-12, PC:GMB. 梅贻宝也是曾访问过包贵思所表述的吴雷川家庭环境的人之一。

29. 赛珍珠在为林语堂《吾国与吾民》一书所写的序言中，曾描述过这种在西化学生中的反西方倾向。Lin Yutang's *My Country and My People* (New York, Halcyon House,1938), xi-xvi.

30. 吴雷川,《信仰基督教二十年的经验》, 见徐宝谦编辑《宗教经验谈》(上海,1934),15。

31. 赵紫宸,《吴雷川先生小传》, *CLYSM,* 10.8:418 (1937年1月); 吴雷川,《信仰基督教二十年的经验》, 见徐宝谦《宗教经验谈》, 15。

32. 吴雷川,《信仰基督教二十年的经验》, 见徐宝谦《宗教经验谈》, 15; 赵紫宸,《吴雷川先生小传》, *CLYSM,* 483。

33. 吴雷川,《我所向往的学校生活》, *YTCK,* 4.5:85 (1925年2月5日); 赵紫宸,《吴雷川先生小传》, *CLYSM,* 484-485; *Who's Who in China,*1936, 262。

34. 吴雷川,《我个人的宗教经验》, *SM,* 3.8:2 (1923年4月)。

35. 吴雷川,《信仰基督教二十年的经验》, 见徐宝谦《宗教经验谈》,

14, 16, 17, 19。

36. 吴雷川，《真理周刊发刊词》，《真理周刊》1.1:1 (1923年4月); 吴雷川，《信仰基督教二十年的经验》，见徐宝谦《宗教经验谈》，19。

37. *PSYTI,*1931,265; *Who's who in China,*1936, 262; *Yenching News*, Chengtu edition, 2.16 (March 14, 1945).

38. Hung Yeh, interview, Cambridge, Massachusetts, June 12,1968.

39. Mei Yi-pao, interview, Iowa City, July 16, 1968.

40. 徐宝谦是步济时夫妇的亲密朋友，步济时曾为徐写过一篇小传，文章没有标题，也无时间，大概写于1920年，见，ms., PC:SFB，但这篇文章的绝大部分信息都摘自徐的自传《二十年来信教经验自述》，见1933年和1934年的*CLYSM*，当时他是杂志的主编。

41. 步济时所写的徐宝谦的传记，2. PC:SPB; 徐宝谦，《二十年来信教经验自述》，*CLYSM.* 7.7-8:27-28 (1933年5月-6月)。

42. 徐宝谦，《二十年来信教经验自述》，*CLYSM,* 7.7-8:28-29。

43. Thomoson的书 (纽约, 1908)是在 Wake Forest College 所讲的5次课的合集。

44. 徐宝谦，《二十年来信教经验自述》，*CLYSM*，7.7-8: 30 和 *CLYSM*，8.1:28-30。

45. 徐宝谦，《二十年来信教经验自述》，*CLYSM*，8.1:30; Hsia Tsi-an, *The Gate of Darkness: Studies on the Leftist Literary Movement in China* (Seattle, University of Washington Press,1968),15。继任主席来自海关学院和国立北京大学的社会俱乐部。

46. 徐宝谦，《二十年来信教经验自述》，*CLYSM*，8.2:78-79。

47. 同上，81。另见John Stewart Burgess, "P. C. Hsu—A Chinese Christian," *Christian Century, 496* (April 19,1944).

48. 徐宝谦，《二十年来信教经验自述》，*CLYSM,* 8.3:114, 117, 8.5:216-218, 和 8.7:373- 378。

49. 徐宝谦，《二十年来信教经验自述》，*CLYSM,* 8.4:181 (1934年6月); Burgess, "P. C. Hsu," *Christian Century, 496*。

50. 徐宝谦，《二十年来信教经验自述》，*CLYSM,* 8.4:182-183。其第9、11卷有很多徐宝谦在黎川的两年间关于农村重建工作的报告，包括他为什么离开的文章，见*CLYSM.* 9.2:67-85 (1935年12月), 9.4:188-

192 (1935年6月), 9.7:381-392 (1935年12月), 9.8:465-473 (1936年1月), 11.3:144-152 (1937年5月), 和11.4:113-231(1937年6月), *CLYSM*的最后一期。关于徐宝谦的死, 见Burgess, " P. C. Hsu," *Christian Century,* 494-497。12年前, 徐宝谦曾翻译过Hocking的*Rethinking Missions,* 译文题为《宣教事业评议》(上海, 1934)。

51. Boorman的著作有赵紫宸职业生涯最为详细的叙述, 其中写到赵紫宸生于1890年。This is corroborated by Hashikawa Tokio, ed., *Chūgokn bunkakai jimbutsu sōkan* (Peking,1940), 648. 但所有其他材料, 包括那些详细叙述赵紫宸思想的文献, 例如山本澄子和 Ng Lee Ming的著作 (见下), 以及包括 *Who's Who in China* 的众多编辑, 如Max Perleberg 编辑的版本(香港, 1953)都把赵紫宸的生日定为1885年 (96页)。1952年5月25日的《纽约时报》说赵紫宸当时64岁, 并将其生日确定为1888年。对于这个问题, 燕大教师录也没有什么帮助, 赵紫宸自己发表的文章也未能提供相关信息。赵紫宸最有名的四部作品, 最初由上海青年协会书局出版, 社会主义革命后由香港基督教华侨出版社再版。这四部作品是《耶稣传》(1935)、《基督教简介》(1947)、《圣保罗传》(1948) 和《神学四讲》(1948)。此外, 赵紫宸还写了100余篇长短文章, 包括在《中国丛报》上为西方读者所写的10余篇文章。大多数中文文章都发表在《生命》杂志和《真理与生命》杂志上。Ng Lee Ming's "Christianity and Social Change: The Case in China, 1920—1950" (Princeton Theological Seminary, Th.D.,1971), 268-274, 提供了关于赵紫宸作品的一份实用清单。

52. 除了特别指出之外, 赵紫宸童年和青年的信息都来自其《我的宗教经验》一文, *SM,* 4.3:1-16 (1923年11月)。1934年, 赵紫宸以同样的题目又写了一篇自传文章, 发表在徐宝谦编辑的《宗教经验谈》一书中 (上海, 1939), 67-74。早年的那篇文章对家庭生活和童年背景有很多详细地描述, 后来的这篇文章个人化的信息较少。其写作的基调更加理性, 与徐宝谦所编辑书中的其他文章一样, 它的目的是防止20世纪30年代基督教在年轻人中间进一步受到冷落。

53. *Who's Who in China,*1936, 22.

54. 赵紫宸,《我的宗教经验》, *SM,* 4.3:5。

55. 同上, 6。赵紫宸后来所写的那篇文章, 见徐宝谦《宗教经验谈》,

68。其中略去了暴怒的部分，只是说作为学生，他认为中国宗教传统已经足够了，没有必要再从外引进基督教。

56. 赵紫宸，《我的宗教经验》，*SM*，4.3:79; 赵紫宸，《我的宗教经验》，见徐宝谦《宗教经验谈》，68-69。

57. 《基督教哲学》(上海,1925)是赵紫宸第一部全面介绍基督教的著作。它以对话体的形式写成，由不同观点的学生和西方人进行讨论，赵紫宸则在交锋的关键点加入他对基督教的社会和人文倾向的解释。关于赵紫宸后期生活的情况见 Boorman，I，147-148和*The New York Times*，1952年5月25日。

58. 赵紫宸，《我的宗教经验》，*SM*, 4.3:16。

59. 见赵紫宸《耶稣传》，203。这本书在社会主义革命前曾在中国内地再版5次，1965年在香港再版了1次。对这本书最全面的研究是山本澄子的《中国基督教之研究》(东京，1972), 201-229。关于20世纪40年代末赵紫宸在思想上的变化，见Ng, "Christianity and Social Change," 162-169, and Francis P. Jones, *The Church in Communist China* (New York, Friendship Press,1962), 98 ff.

60. "An Annotated, Partial List of the Publications of William Hung," *Harvard Journal of Asiatic Studies,* 24:7-16 (1962-1963).

61. William Hung, interview, Cambridge, Massachusetts, June 18,1968.

62. 他的旅行及教育花费由俄亥俄卫斯理大学一位富有的董事来承担，他环游世界为学校招生，有一天，他在福州的卫理会学校看到洪业在背诵有关拿破仑战争的故事。同上。洪业曾写过《了解美国人与中国人》（纽约，1921），一本22页的小册子，在美国新教教会圈流行。在文中，他用简洁的语言为美国读者描述了中国在世界事务中的位置，试图打破中国人的刻板印象。

63. Hung，interview, Cambridge, Mass., June 18,1968; Stuart to North, June 16,1927, AC:JLS.

64. Hung's account, "Amazing Experiences of a Prisoner in the Hands of the Japanese," appeared in *Guidepost,* 38, ed. Norman Vincent Peale (New York,1946). 关于洪业的后期生涯，见Glen Baxter, "In Tribute," *Harvard–Journal of Asiatic Studies,* 24 (1962-1963)。

65. 关于这三个人的详细传记信息，见Arthur Hummel, ed., *Eminent*

Chinese of the Ch'ing Period (Washington, D.C., Government Printing Office,1943)，316-319, 452-454, 894-895.

66. 刘廷芳,《中国基督徒爱国问题评议》, SM, 4.9-10:2-3, 5(1924年6月)。

67. 徐宝谦所编辑的文集收录了18篇文章，其中9篇，包括徐宝谦、赵紫宸和吴雷川的文章，都提到了他们在燕大当学生或老师的情况。见徐宝谦《宗教经验谈》，119-120。

68. 见徐宝谦《宗教经验谈》所收录的吴雷川的文章，16。

69. 见徐宝谦《宗教经验谈》所收录的赵紫宸的文章，74。在宗教经验中怎么强调希望的重要性也不为过。吴雷川在皈依基督教25年后所写的《基督徒的希望》(上海，1940)一书即有关这一话题。另见徐宝谦, "Youth's Challenge to Youth" in Stauffer, ed., China Her Own Interpreter,163。赵紫宸把耶稣摆在了中国人民所面临的实际问题之上。见赵紫宸《耶稣传》前言和第11到第14章。另见山本澄子对赵紫宸如何解读耶稣的分析《中国基督教》，213-222。

70. 基督教青年会月刊《青年进步》1921年的发行量为7000份，但反基督教运动后，该杂志很难在非基督教圈子中流行。Milton Stauffer, ed., The Christian Occupation of China, 455.

71. 徐宝谦,《宗教经验谈》，1-2。

72. Wolfram Eberhard, Guilt and Sin in Traditional China (Berkeley, University of California Press,1967).

73. 见吴雷川的文章，收录徐宝谦《宗教经验谈》，17。

74. 赵紫宸,《基督教哲学》，158, 英译本 Ng Lee Ming, "Christianity and Social Change," 103-104.

75. Wm. Theodore deBary ed., Self and Society in Ming Thought, 12-18,145-150, 224-225.

76. 见吴雷川的文章，收录徐宝谦《宗教经验谈》，18。

77. 赵紫宸,《基督教哲学》，156-157, 英译本见Ng, "Christianity and Social Change," 103.

78. 徐宝谦,《宗教经验谈》，2; 吴雷川《基督教与中国文化》(上海，1956), 6; 山本澄子,《中国基督教》, 139-146. 学习耶稣是他们基督教信仰的核心内容。"生命社"出版物的全部文章，都在讨论学习耶稣的重要性和作为道德模范的耶稣。有关文章见吴雷川, CLYSM,

1.8:221-225 (1926年9月), 和赵紫宸,*CLYSM,* 2.13:395-439 (1927)和8.5 (1934年10月)。

79. 赵紫宸,《耶稣传》序言；山本澄子,《中国基督教》, 218。

80. 转引自Wm. Theodore deBary, ed., *Sources of Chinese Tradition* (New York, Columbia University Press,1960), 834-835.

81. 徐宝谦,《新思潮与基督教》, *SM*, 1.2 (1920年9月1日)。

82. 徐宝谦,《反基督教运动与吾人应采之方式》, *SM,* 6.5:1-6 (1926年3月); Hsü, *Ethical Realism in Neo-Confucian Thought* (Peiping, Yenching University,1933), *iv.*

83. Hsü, *Ethical Realism, v.*

84. Chao Tzu-ch'en, "The Appeal of Christianity to the Chinese Mind," *Chinese Recorder,* 49:371(1918); 赵紫宸,《基督教哲学》, 108。

85. Chao, "Can Christianity Be the Basis of Social Reconstruction in China?" *Chinese Recorder,* 53.5:313 (May 1922).

86. Liu T'ing-fang, "The Contribution of the Christian Colleges," for the Chinese Association for Higher Education (Shanghai,1924), AC:LTF.

87. Hung, "The Chinese Picture of Life." *Asia,* 31.9：586 (September 1931).

88. 徐宝谦,《二十年来信教经验自述》, *CLYSM*, 7.7-8:28 (1933年5月-6月)。

89. Joseph Levenson, *Modern China and Its Confucian Past* (Berkeley, University of California Press, 1958), 174. 列文森认为，对于中国知识分子来说，在基督教所失败的领域内，共产主义都具有吸引力，因为接受这一西方的意识形态就意味着，共产主义之前的西方，即曾经欺辱中国的西方，既被自己的理论所批判，也同样不被大多数中国传统主义者所接受。一个中国人，如果相信中西平等，他不必再回归传统，因为共产主义的反传统运动已经完成了他的目的。社会主义中国不是要跟随西方的脚印在后面亦步亦趋，而是要和苏联一起成为队伍的排头兵。同上，176页。

90. 徐宝谦,《二十年来信教经验自述》, *CLYSM*, 7.7-8:29 (1933年5月-6月); also Hsü, *Ethical Realism, i;* 吴雷川《基督教与中国文化》, 6-7; Liu T'ing-fang, "The Contribution of Christian Colleges and Universities to the Church in China," 2, AC:LTF; Chao Tzu-ch'en, "Can Christianity Be the Basis of Social Reconstruction in China?", 318.

91. 吴雷川自述，收录徐宝谦，《二十年来信教经验自述》，17。关于吴雷川对上帝本质广泛解读的讨论，见Ng, "Christianity and Social Change," 131-133.

92. 吴雷川，《中国青年不当效法耶稣吗？》, *CLYSM*, 1.8:221-222。耶稣在犹太救国中的作用已经有大量讨论，例如吴雷川《基督教与中国文化》，第四章，以及《墨翟与耶稣》（上海，1940），第四章；另见赵紫宸《耶稣传》，第一章、第五章和第十四章。

93. 赵紫宸，《基督教哲学》，255-269；Ng, "Christianity and Social Change," 107-1086.

94. 徐宝谦自述，收录徐宝谦，《二十年来信教经验自述》，49-50。

95. 吴雷川，《基督教与中国文化》，6, 63; 和吴雷川《墨翟与耶稣》,113。

96. Boorman, I, 184; 山本澄子，《中国基督教》，205-210。

97. 刘廷芳，《耶稣基督：保守、反对、生命》, *SM*, 1.4 (1920年11月15日); 另见Ng, "Christianity and Social Change," 136-137, 其中有关于赵紫宸对丰富生活的讨论。

98. 赵紫宸，《福音的小初解》, *CLYSM*, 8.8:418 (1935年1月)。

99. 《生命》杂志上为国际主义立场辩护的文章目录很长。《生命》上的文章如1.2:1-5 (1921年9月)，3.1:1-5 (1922年9月)，4.8:1-5 (1924年4月)，4.9-10:1-8 (1924年6月)，and 5.4:1-3 (1925年1月)。

100. Hsü, *Ethical Realism*, 164.

101. Liu, "Contributions," 5-6, and "Commencement Address at Yenching University, 1925," AC:LTF.

102. 赵紫宸，《基督教哲学》，288，转引自Ng, "Christianity and Social Change," 98.

103. 刘廷芳，《中国基督教爱国问题的评议》, *SM*, 4.9-10:5-7 (1924年6月)。

104. 赵紫宸，《我的宗教经验》, *SM*, 4.3:13 (1923年11月)。

105. Hung, interview, June 12, 1968.

106. 吴雷川对社会革命行为的描述与当时共产主义对此的描述很相似。在他最后出版的著作《墨翟与耶稣》（1940）第141到第149页中，他提到了那些希望帮助建立"天国"的人，他们严守纪律、勇气可嘉、不断奋斗、意志坚定、推陈出新，并且为所有人牺牲。参加革命的基督徒在精神上可以变得更加激进。斗争和暴力是不可避免的。见他的《基督徒的希望》，41，以及他的自述，收录徐宝谦，《二十年来信教经验自述》，19。

107. 吴雷川自述，收录徐宝谦，《二十年来信教经验自述》，17; Chao Tzu-ch'en, "The Chinese Church Realizes Itself," *Chinese Recorder,* 58:302 (1927).

108. Hung, "The Chinese Picture of Life," 564.

109. 吴雷川，《我所向往的学校生活》，*YTCK,* 85:4-8，（1925年2月5日）。

110. Liu T'ing-fang, "Education for Democracy," *Princeton-Peking Gazette,* April 1927, AP.

111. 见周作人和张东荪的文章，*SM,* 2.7，（1922年3月）。

第 04 章

/ 组建二元文化学校

　　"生命社"清楚地指明了燕京大学的若干办学宗旨，也有助于解释中国的爱国主义者和西方教会这两个最不可能走到一起的群体最终联手的原因。但燕京大学比"生命社"要复杂得多，到20世纪30年代初，很多燕大学生甚至连"生命社"都没有听说过。对他们来说，燕大本身就有足够的吸引力，而燕大此前与"生命社"的联系则与他们无关。

　　燕京大学最吸引人的魅力之一便是它的位置——北京，即"北方的首都"，是皇室所在地、清代的都城。这里也是民国历届政府的驻地，直到1927年蒋介石把首都迁往南京，即"南方的首都"，北京才改称"北平"（北方平静之意）。北京也是文化活动中心。"国立北京大学"的教员们是新文化运动的领导者，燕大成立最初的10年间，校址位于城内盔甲厂，从而方便学生们参加这场令知识分子激动万分的运动，包括五月四日当天和随后的政治示威活动。

这场运动不仅仅带来了个人感受上的激动和兴奋。学生们是精英阶层，他们把自己当作过去儒家官绅的继承人，1905年废除科举考试使那些人丧失了社会地位。学生是未来中国政治意识的塑造者，能够接受高等教育的年轻人数量稀少，这更加突出了他们特殊的使命感。民国时期，大学生仅占总人口（4亿）的0.01%（约4万人）。每一万个中国人中才有不到一个能够进入学院或大学深造。作为位于北京的杰出文科院校，燕大学生是精英中的精英。

1926年，学校迁往距离北京城西北5英里的海淀校区，但这丝毫未影响燕大的重要性。远离城市所带来的损失却因为公共汽车的开通和与清华大学相毗邻而得到补偿，清华大学享有盛名的教工和学生只住在离燕大校园1英里远的地方。此外，新教学楼的宏伟和前清皇家园林安静的环境都足以弥补位置的缺憾。易社强（John Israel）曾说，燕大的私立性质和远离城市的位置在20世纪30年代将鼓励"自由思考、有社会意识和积极参与政治的大学生们"去投身爱国运动，而其他由政府控制的大学，包括清华在内，则无法做到[1]。1935年，著名的"一二·九"运动就是从燕大校园开始的，其重要意义绝不亚于"五四运动"。

燕大也培养和吸引了很多名人。作家冰心（1900—1999）、许地山（1893—1941）和剧作家熊佛西（1900—1965）是中国现代文学史上的重要人物，他们都是20世纪20年代初期的燕大毕业生，也是著名的爱国者，令"生命社"成员感到欣慰的是，他们恰好都是基督徒。毕业以后，他们赴美留学，后来又回到燕大任教。20世纪20年代末期，其他文化名人也相继来到燕大工作，其中有被誉为"中国民俗学之父"的历史学家顾颉刚（1895—1980）和以翻译西方哲学闻名的哲学家张东荪（1886—1973）等。这些名人把大量时间花费在校外文化活动上，但他们为学校带来了声誉，也和学校的其他人员合作得很好，如陆志韦（心理学）、徐淑希（政治学）和吴文藻（社会学）等。这些名人与"生命社"成员一道，承担了学校的主要管理工作。他们作为学者和教师的贡献以及他们为学生们设立的学术标准，是燕京大学最令人兴奋之处。

燕大学生们希望成为双语人才，因为必修课程是由中英双语教授的。民国时期，政治、经济和文化领域的英语能力受到人们的重视，而燕大正因为其出色的语言训练而闻名。此外，燕大的中文课程和哈佛燕京学社的中文学术著作也同样有名。在30年间，燕大的本科课程与西方文科院校的课程十分相似，有中西文学、哲学、历史、自然和社会科学。作为文科院校，燕大强调综合能力、人格培养和道德纪律。这些是儒家文化推崇的品质，也解释了为什么有一大批燕大学生来自官宦家庭。据说，其中有19世纪政治家曾国藩（1811—1872）的17位孙子孙女和梁启超（1873—1929）的5位孙辈，以及其他民国名人的子女。某种意义上说，燕京大学坚持同时走两条道路。它一方面描绘出理想主义和服务奉献的蓝图以吸引爱国者，另一方面也吸收精英阶层。燕大从不缺少生源，一个新生班的入学名额常有多达12名申请者竞争。

新校园的环境如梦幻一般。1927年修建的高墙把校园保护起来，使之免受外界打扰。在民国政治动荡和情感压抑的那些年代，这里成了一个世外桃源。燕大校友们在接受采访和撰写文章时常常提到校园的安全环境。思乡之苦（燕大学生来自全国各地），是否参与学生示威游行的困惑，新的思想自由和社会互动，以及对未来的怀疑，成了充满焦虑的校园生活的组成部分[2]。燕大学生是寻求从传统的枷锁中解放的一代人，"黑暗的力量"（鲁迅语）仍在他们头顶徘徊，因为新思想提出的问题与其解决的一样多[3]。燕大的教员们已经准备好去帮助学生。他们欢迎学生们到家里来，尤其是圣诞节和复活节期间，而基督徒和非基督徒都一样会接到邀请。每个人都很忙碌。每个人都高兴地参加集体郊游，到美丽的西山去远足，人们尽情在两座现代化体育馆和两块网球场上锻炼，欣赏校园里的人工湖。大家注重体育锻炼，校内田径运动会是校园里的主要活动。校长司徒雷登和华人院长们共同负责组织运动会并担任裁判。20世纪30年代的燕大年鉴中有一页又一页的活动照片，上面的青年人体魄健康、衣着讲究，他们或微笑或大笑，在一起郊游、游泳、滑冰、比赛、开玩笑，跟当时美国大学典型的校园生活没有什么两样。

教员和校友们所屡屡提及的"燕大精神"，就多多少少表现在这些校园生活上。大多数燕大学生认为，这样令人鼓舞、让人受益的环境是理所当然的，尤其是在1926年新校园落成到1937年日本占领华北之前的这段"黄金"时间里。但对司徒雷登和他的同事们来说，这样的氛围并非天经地义，它是被创造出来的。校董事会中的教条主义者和学生中的激进分子矛盾甚深，随时需要调解。二者的冲突从燕大创立之日起就存在，但在20世纪20年代初期，随着"反基督教运动"的兴起，这种矛盾变得更加尖锐。

/"反基督教运动"

新文化运动初期不加辨别地全盘西化的观点很快就被人们抛弃，取而代之的是狭隘的民族主义情感，它以"反基督教运动"的形式影响了燕京大学[4]。这场运动从1922年正式开始，1917年影响深远的俄国十月革命，1919年中国在《凡尔赛和约》中受辱，以及新思潮中的反对偶像崇拜，都对这场运动起到了推波助澜的作用。我们很难知道，这场运动究竟是什么，以及对于参与其中的个人来说，"运动"又意味着什么。积极参与运动的实际人数非常少。但这场运动却对中西关系产生了巨大影响，因为它包含着反宗教和排外的情绪。

"反基督教运动"可以被分为四个阶段。1922年4月，世界大学生基督教联合会计划于清华大学召开，却突然出现了一些抨击会议的文章和招贴画，全国主要城市的学生们也举行集会表示反对，反基督教运动就是以抗议这次会议拉开了序幕。这次会议由基督教青年会赞助，它标志着基督教在公立和私立学校学生中的影响力到达了顶峰。但反基督教运动的领导者却抨击这次大会"帮助有产者不劳而获……帮助他们劫掠和压迫无产者，使后者劳而无获"，还"培养了资本主义的走狗"[5]。第二阶段为"收回教育权运动"，1923年，教会学校的独立性遭到质疑，反对者要求建立全国统一的教育系统[6]。1924年，"收回教育权运动"成功迫使"中国教育改进社"在其年会上通过一项决议，要求所有的教会学校都必须在中央政府注册后方可办学[7]。

反基督教运动的第三阶段从1925年著名的"五卅运动"开始，当时上海日本纱厂的中国工人遭受不公待遇，英国巡捕却打死了12名代表华工抗议的学生。该事件在中国学生、商人和民众中引起了一系列罢工和抵制洋货运动，在一年多的时间里重创了英国在华南地区的贸易，并使华中地区众多基督教教会学校被迫关闭[8]。第四阶段始于1926年7月国民党开始领导的"北伐"。1927年1月，教会学校派出代表前往武汉，询问新政权的共产国际代表鲍罗廷有关学校的未来前景。鲍罗廷说他不能保证任何"对革命保持中立"或"没有正确立场"的人的安全。当他们要求鲍罗廷解释得更明白一些时，他回答说："你们看了条约中有关保护的条款吗?"[9]最后这一阶段的高潮是1927年3月南京6位传教士被杀事件，这迫使8000多位基督教传教士中的5000多人离开中国。[10]

对教会的破坏作用因为那些非基督教名人对基督教和宗教自由的捍卫而一定程度地得以削弱，如周作人、梁启超、蔡元培和胡适[11]。此外，破坏基督教的动机与破坏它的力量也不相称。许多教育改进社的成员要么曾在教会学校学习，要么在那里工作，他们阻止了反基督教力量把教会人员从改进社中清除出去的企图[12]。

即使在破坏基督教行为发生以前，燕京大学传教士教育家与纽约学校董事会之间就行政管理政策以及教会教育的宗教目的问题，就已经出现了分歧。反基督教运动把这些冲突公开化。在反基督教运动产生破坏之前，燕京大学的西方教员支持教会学校和中国教堂的本土化尝试，但破坏运动迫使他们不得不进一步考虑自己作为传教士的角色。1923年9月，男校的西方教员通过无记名投票，决定废除要求学生必须去教堂做礼拜的规定，改为每周一次自愿参加的宗教仪式。一年后，宗教教育的要求被降为每周只有两个小时的新生课程，尽管大多数教员认为所有的宗教课程都应是选修课。这一最后的要求也在1927年末被彻底废除。[13]

1924年，司徒雷登把对基督教的攻击看作是一场"反对在华白人的动乱"，他承认，"外国对中国教会的控制只有在一种情况下才变为可能，那就是列强用武力来维护不平等条约，而中国政府却无能为力"[14]。五卅运动后，博晨光说，传教士"要为我们自己和本国政府对中国人民犯下的罪行道歉"。他们需要"诚恳悔过"，并"全力反对西方国家与中国签订的那些条款，正是这些条款让中国人有了现在这样的感受"。[15]司徒雷登认为，学生们对宗教活动的兴趣锐减，这主要是因为，大家对"教堂是西方宗教机构的缩影，而教会则为教堂招募人员"这个前提表示了怀疑。对司徒雷登来说，宗教是"神圣和宝贵的，不能用教条和戒律来强迫学生们信教，尤其是人们把宗教和种族敌对联系在一起的时候"[16]。

由于观念新、视野广，燕京大学的西方教员们行事积极主动，这与传教事业的传统方式不大一样。1926年，司徒雷登曾率领一个传教士代表团去拜访美国驻华公使马克谟（MacMurray），抗议美国政府卷入大沽口事件。在那次事件中，包括美国在内的11个国家强行突破了一道阻止他们进入天津市的中国防线[17]。为了表示对国民党左派的政治支持，博晨光曾参与营救鲍罗廷的妻子范尼·鲍罗廷（Fanny Borodin），她在蒋介石当政后被关入北京的监狱，博晨光帮助她逃回了苏联[18]。这一系列活动以及五卅运动后燕大学生在罢工和游行中的领导作用，使校园最终成了共产主义的沃土。北平和天津发行的《时代》和《中国年鉴》两份刊物的英国编辑伍海德（H. G. W. Woodhead）就注意到燕京大学，他批评那些美国人，"他们来自强烈反对布尔什维克宣传的国家""但他们的学校却为宣传布尔什维克提供了沃土，他们则因此受到了指责"[19]。在北伐期间，排外运动达到了高潮，燕大董事会建议学校的西方教员离开中国。但司徒雷登却对之报以一贯的乐观，他认为，"中外教师和学生们正在一同努力"，"当前的动荡局面"只能有助于加强他们的团结。危机只是提供了又一个"千载难逢的机会，来实践国际主义和基督教精神"[20]。最终，燕大没有一位西方教员离开中国。

反基督教运动的结果，是教会学校不得不在中央政府那里进行注册。1921年，燕京大学的西方教员全体投票，决定在北京的教育部注册，但政府却未能回应。[21]1925年的北京政府和1926年11

月新成立的武汉政府颁布了注册要求，这使得教会学校不得不重新考虑它们的办学目的。1925年的规定禁止学校宣传宗教或开设宗教课程，并要求校长（或副校长，若校长是外国人）和校务管理委员会的大多数委员必须是中国人。1926年的规定更加严厉，要求所有学校的校长必须是中国人，所有课程都必须严格符合政府设立的课程标准。[22]不遵守规定的学校将面临政府可能采取的措施。燕京大学的管理者们立刻进行了必要的调整。几年之后，在"党化教育"的影响下，政府要求已注册的学校对男学生组织军事训练，每周举行纪念孙中山的仪式，并开设有关国民党党章的必修课程。在上述三个方面，燕京大学都做了妥协。

反基督教运动结束了当时的一种观念，即教会大学的存在是为了让中国学生皈依基督教。用司徒雷登的话说，"政府注册和其他隐性力量把教会学校从平静封闭的自我宣传中抽离出来，投入到中国民族主义运动的漩涡中"。他承认，过去的中国政府只是因为条约权利或财政资源等原因，笼统地认可教会学校，而学校里起支配作用却固执己见的传教士在影响着思维活跃的青年学生们，与这样的"强制宗教教育"相比，现在的教育可能更加容易获得这一效果。[23]随着使中国基督化的希望越来越渺茫，不论是采取综合的抑或其他有意义的方式，如"去除白人强加给我们的负担"等，几乎都无法实现这一目标，于是，司徒雷登和他的同事们变得更加自由，可以把全部精力投入到提高燕大学术水平以及使学校"中国化"的工作中。

"生命社"的中国成员在认同反基督教运动对基督教的指责

方面并没有多大困难。早在这场运动之前，他们对西方国家在教会和教会学校中的影响就已经提出了尖锐的批评。放弃劝人改信基督教、加强华人对学校的控制、在政府注册、在课程中更多地强调中国元素，这些都不是问题。[24]实际上，对基督教的攻击正为他们提供了证明自己价值的好机会。

但在个人层面，反基督教运动引发了极大的忧虑。吴雷川从不掩饰他早年的信仰，如今他悲哀地意识到，引领社会发展的教会竟然与落后联系在一起。[25]徐宝谦心情沮丧，失眠达6个月之久。[26]他们担心学生们认为基督教无用，而学生恰恰是他们最希望影响的群体。在刘廷芳看来，对基督教的攻击在学生群体中造成的危害是"鲁莽、幼稚和充满错误的"。刘廷芳相信，基督教教育家们不仅不会反对学生们的做法，反而将其看成学生们把教会学校所教授的内容应用于实践而已，即"独立思考""关心救国、国家公益和公民权利"。[27]"生命社"希望在其中发挥领导作用，而学生们则服从领导。但反基督教运动将他们的角色颠倒了过来。

基督教的式微应归咎于西方传教士的行为以及他们与19世纪不平等条约之间的关系。早期的基督教皈依者并不在意这种联系，但随着反基督教运动的影响日益深远，这种关联就愈发令人气愤。传教士态度傲慢，把中国人贬低成像澳洲和非洲那样"没有文化的野蛮人"，吴雷川对此十分愤怒。五卅运动后，传教士大多对这一事件保持沉默，也不愿意向本国政府施加压力迫使其向中国道歉，对于政教分离，他们也"不大支持"，这也让吴雷川极为不悦。他警告说，传教士向西方政府寻求军事保护的任何努力都预示着"基督教教会在中国的终结"。[28]

反基督教运动认为皈依基督教即"失去了国民性"，对于这一指责，吴雷川及其同事十分在意。以往的皈依者也曾面临这一责难，但1922年之前，它似乎未能影响入教人数比例的增长。除了人们熟知的"饭碗的基督徒或吃教徒"之外，皈依者还被贴上"洋奴"或"半洋"的标签。[29]燕京大学的华人师生承认，有时候，皈依基督教或上教会学校会削弱人的爱国情感。毕竟，这些外国人控制的学校游离在中国人的主流生活之外，它们无视政府号令，一味地向学生们灌输西方事物，以至于有的学生连中国历史和地理的基本情况都讲不出来。[30]更有甚者，皈依者还被要求加入与中国社会相隔绝的教会。吴雷川感到，如此一来基督徒们学会了崇洋媚外，却看轻了自己的国家。[31]

但不论"生命社"的中国成员们对反基督教运动的观点多么认同，他们仍保持着基督教信仰。但从那时起，他们的信仰更加"中国化"并更具"本色"。此外，在他们眼中，并非所有传教士都是坏的。例如，燕京大学的外国教员们就"利用每一个机会"，甚至在五卅运动之前，"帮助他们本国同胞理解中国人的爱国情感"，并"无所畏惧地站在中国人一边"。[32]燕大的华人师生对于"吃教徒"所隐含的非正当性也十分不满。许多皈依基督教的人的确是穷人，他们入教只是受到救济施舍的结果。刘廷芳撰文认为："在我们的社会中，我们没有对同胞有过一丝帮助，只有传教士怜悯他们。当传教士做了我们本来该做的事时，又有什么理由去骂他们呢？"[33]就读于教会学校也不会损害爱国主义情感的培养，至少在燕大是如此。刘廷芳通过分析五卅运动后学生罢课的情况得出结论，大多数罢课的领导人，包括公立学校在内，此前都曾有半年到10年在教会学校学习的经历。教会学校中罢课的领导者本身就是活跃的基督徒，正在学习神学，有的甚至接受过中西教会的奖学金资助。[34]

他们还反对反基督教运动的另一种观点，即国际主义精神与爱国情感水火不容。吴雷川坚持认为，爱国的中国人"没有必要恨"外国人。相反，爱国主义的前提是向耶稣的人格靠近……获得心灵的平静，"同时支持民族主义和国际主义"。刘廷芳认为，"没有人会因为我们是中国人就恨我们，同样，我们也不能因为自己是中国人就去恨外国人"。徐宝谦看到了逐渐高涨的民族主义所带来的好处，例如，"它把民众从几千年的沉睡中唤醒，让他们不得不站起来自救"。但他同时也警告，"若走狭隘民族主义的道路"，前面则"危机四伏"。[35]

因为中央政府要求教会学校登记注册，这是反基督教运动在政治上的体现，燕京大学的管理者无法回避这个问题。实行政府登记前的早些年，学校的控制权牢牢掌握在教会手里。1952年，燕京大学关闭之前，控制权大部分已转移至中国政府手中。但在期间的30年中，文化、种族平等的理想，都被纳入学校制度当中。学校的任务是"使燕大更加中国化"。

对大部分燕大教师来说，中国化的任务很大程度上是在教员、校务委员会和当地的管理者中实现种族平等。华人教员中一部分更加具有"民族主义"思想的人认为，所有财务和校园生活的管理权应从西方人转移至中国人手中。然而，另一些人，包括某些学生领袖在内，却质疑学校中国化的可能性，因为它和西方的联系仍很紧密。如何实现"中国化"有三种途径：学校的控制权、管理权以及身份认同，三者不可避免地互相影响。但强调其中一个忽略另外两个则将对跨文化关系产生重要影响。那些与制度管理和文化认同关系不大的人，可以相对容易地追随司徒雷登的领导。但更加激进的声音却不时要求斩断与西方的联系，即使冒着关闭学校的风险也在所不惜。

/ 学校董事会与管理者

司徒雷登和他的同事们认为，学校想要生存下去，最起码的条件是纽约的董事会将其部分权力让渡给北京的校务管理委员会。燕京大学最初的合法身份来自纽约州的董事会团体。即使是1928年学校完成在中国政府的登记后，燕大的行政管理部门仍然忠实地把美国驻北京领事馆批准的年度报告呈递给纽约州的学校掌控者，这种情况一直持续到1949年[36]。

像大多数美国教会学校的董事会一样，燕大董事会成员们既无报酬，也非专业人士。它主要由教会行政领导、慈善家和热切支持传教事业的纽约商人构成，人数通常有25人。1920年，男女两校合并后，董事会成员吸纳了女性，由起初的不定期选举发展为后来的定期选举，尽管女性成员一直保持了自己独立的委员会。

　　表1是1945年的董事会名单，它反映出学校历史上各种不同的人群构成。其专业背景和与中国的联系决定了他们对教育的看法，以及其对燕大在中西关系中所发挥作用的认识。首先，他们都拥有很高的教育水平，几乎清一色地来自城市，大多数居住在北大西洋沿岸，尤其是纽约市。大多数人都与基督教青年会或其分支机构有着较密切的联系，在关于中国问题的态度上，都持社会改革者的立场。1945年董事会成员的年龄相对较大（平均年龄为65岁），他们与中国的接触大多可以追溯到反基督教运动之前的传教事业早期阶段。除此以外，他们都与美国的大公司及中国政府有密切关系，其中3人在20世纪40年代还曾受过国民政府的嘉奖。最后，其中仅一半人曾有在中国工作的经历，且大多与传教相关。在多数领域，他们持自由开放的态度，但中国的民族主义思潮很快把他们从董事会中清除出去，从而造成董事会人员构成的重大改变。[37]他们同意"本土化"的构想，但作为董事会成员，他们又坚持传教事业中教会学校的宗教目的。燕京大学的所有英文版章程中，包括1915年汇文大学初版章程中的关键部分和1928年最终版英文章程，都对学校的宗旨做了如下表述，"严格地按照基督教教义建立并运作一所大学"，而非世俗原则。"宗教"这个词意义重大，它常常出现在董事会的会议备忘录中，这表明他们不愿意放弃学校劝人皈依基督教的功能。[38]

表1 燕大董事会名单，1945—1946年（部分）

姓名	职业	在华经历	教育背景	所属机构及贡献
郭察理夫人（Corbett, Mrs. Charles H.）	世俗教会领导人	传教士	亨特学院（Hunter）学士	贝鲁特女子学院；基督教青年女会
郭察理	教授（燕大、协和、奥柏林）；教会行政人员	传教士教育家		基督教青年会；亚洲基督教高等教育联合会
丹福思（Danforth, William H.）	商人（Ralston Purnia公司创始人）；银行家；慈善家		华盛顿大学（教育硕士）	基督教青年会；《你不行吧?》（I Dare You）一书作者
戴维斯（Davis, Arthur V.）	商人（美国铝业公司总裁）		阿莫斯特学院（Amherst）学士	中国玉教会（1940）；1939—1945年燕大董事会主席
芬利夫人（Finley, Mrs.John H.）	本土教会领袖；其丈夫为《纽约时报》编辑			基督教青年女会；曾担任燕大女校董事30余年
甘博（Gamble, Sidney D.）	教会行政管理人员；学者；赈灾救济工作者	基督教青年会；学术研究	普林斯顿大学（学士）伯克利Chief of fortfication dnring seiye of pecing, 1900	基督教青年会；著有《北京社会调查》；现任董事会主席
贾腓力（Gamewell, Francis D.）	教会行政人员	传教士教育家	康奈尔大学（学士）哥伦比亚大学（博士）	1900年北京之围时曾担任防御工事负责人
弗鲁斯·琼斯（Jones, Rufus M.）	教授；作家；赈灾救济工作者	参加霍金（William Hocking）访华团	哈弗福德学院（学士）哈佛大学（博士）	美国友好服务委员会创始人；作家，有50部著作

姓名	职业	在华经历	教育背景	所属机构及贡献
霍华德·洛里（Lowry, Howard F.）	学院院长（Caroll, 奥柏林）；作家		伍斯特学院（Wooster）（学士）耶鲁大学 匹兹堡大学（博士）	
亨利·鲁斯（Luce, Henry R.）	商人；编辑；慈善家	出生于山东	耶鲁大学（学士）	《时代》周刊、《生活》和《财富》创始人；中华联合救灾会（1940）；中国吉星教会（1947）；1935—1951年任燕大董事
艾德温（McBrier, Edwin H.）	商人（Woolworth合作商）；银行家；慈善家	中国内地会		基督教青年会；中国玉教会；1919—1950年担任燕大董事
伊丽莎白·鲁斯·摩尔[1]（Moore, Elizbeth Luce）	作家；慈善家	出生于中国山东	卫斯理学院（学士）	基督教青年女会（1944—1964年担任全国主席）；亚洲基金会（主任）；卫斯理学院董事
菲佛夫人（Pfeiffer, Mrs. Timothy）	慈善工作者		瑞尔神学院（Rye Seminary）	纽约城市教会（在Harlem工作）
朗兹（Rounds, Leslie R. Rathbone, Josephine）	银行家；牧师教育家（Pratt图书馆学院）		Skidmore学院 密歇根大学（学士）纽约州立大学（博士）	美国图书馆协会（主席）

---

[1] 伊丽莎白·鲁斯·摩尔（1904—2002）：亨利·鲁斯的妹妹，1904年出生于中国山东。——译者

姓名	职业	在华经历	教育背景	所属机构及贡献
斯莱德夫人（Slade, Mrs. F. Louis）	慈善家；其丈夫是著名制造商		布林茅尔学院（Bryn Mawr）	基督教青年女会女性选举委员会；亚太关系研究所（董事）；1935—1948年担任燕大董事
亨利·达森（Van Dusen, Henry P.）	神学院院长（协和神学院）；作家		普林斯顿大学（学士）爱丁堡大学（博士）	基督教青年会；洛克菲勒基金会董事；外国关系委员会委员

资料来源："Members of the Board of Trustees of Yenching University," June 5, 1929. AP:BT; minute, December 6, 1945, AP:BT; *Who's who of American Women*; *Who's who in America*; *National Cyclopedia of American Biography*; and *New York Times*, 讣告专栏，其中有17位成员中12位的简历。

　　董事会通过两个渠道来实施对学校的管理：一是任命教员和行政人员，二是审批学校的预算。直到1928年春，他们拥有任命副教授以上或相应级别教工的权力，以保证所有被任命的人"都信仰基督教"。但国民政府命令所有私立学校必须登记之后，董事会的任命权仅限于校长和女子学院院长，其他任命权则让渡给校务管理委员会。1928年修订后的章程仍保留了基督教信仰的条款，但取消这一条款的权力也归校务委员会所有。[39]要求修改章程的动议是北京提出的，但修正案的通过则要求董事会多数投票同意，以及4个创始教会中的3个同意方可。1928年后，英文版章程未再进行过修改，董事会从未放弃对年度预算的最后决定权。面对北京方面的压力，1928年版章程取消了如下条款，"如果学校

背离了严格的基督教教义原则，董事会有权暂时中止支付年度酬金"，但董事会的财政权却从未被削弱[40]。（图1）

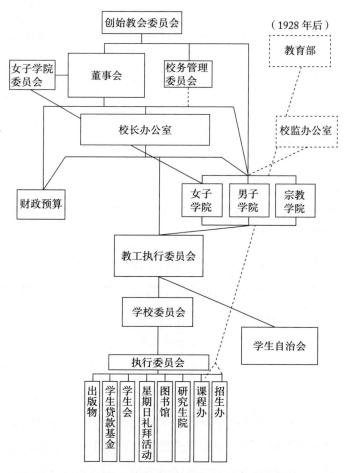

说明：校长办公室的权力因校长同时兼任教工执行委员会（会议在其家中召开）、学校委员会和前校务管理委员会办公室主席而有所扩大。
资料来源：*Yenching University Bulletin*, 8.25: 12-22 (October 1925), AP.

［图1］ 1925 年燕京大学组织机构

校务委员会最初承担两个任务，一是保证教会的代表对学校有强大的影响力，一是选择录用中国境内与学校无直接关系的名人，以提高学校的声望[41]。学校成立初期，校务委员会全部由西方人组成，但为了回应民族主义情绪的要求，1926年，委员会中的华人已经超过半数，1930年，这一比例达到三分之二。委员构成的变化，说明了教会代表的减少，1935年，15位委员中只有4位由4个创始教会选出，剩下的11位都是从教员、校友和华人群体中选出的。像董事会一样，校务委员会也与基督教青年会关系密切。表2是1935—1936年校务委员会成员名单。所有委员（根据现有信息）都在西方接受过文科教育。此外，委员会中的领导者都是国民政府中的著名官员，另有两人似乎因与其他官员有亲戚关系而被选入[42]。尚无信息显示委员会成员反对燕大的文科教育和美国的价值取向。到1928年，所有燕大校务委员会成员，除了有3人选自教工之外，均由董事会提名，但实际上他们都是司徒雷登提名的。即使1946年司徒雷登成为美国驻华大使之后，他们仍然由司徒雷登任命。20世纪40年代，校务委员会会议在上海或南京召开，司徒雷登一直都是会议主席[43]。

表2　1935—1936年燕大校务委员会委员名单

姓名	职业	教育	其他社会关系
孔祥熙	财政部长（南京）	华北协和大学；奥柏林大学（学士）；耶鲁大学（硕士）	与宋霭龄（宋美龄的姐姐）结婚；在南京政府和国民党内担任多个要职；1929—1949年任校务管理委员会委员；1937—1946年任燕大教务监督

姓名	职业	教育	其他社会关系
颜惠庆	驻苏联大使	圣约翰大学；同文馆；弗吉尼亚大学（本科1900年毕业）；北京大学	1920—1922年任外交部长；1922年任总理；1913—1920年任驻欧洲多国大使；1931—1932年任驻美大使；1923—1950年，燕大校务委员会委员
周诒春	实业部副部长（南京）	耶鲁大学（1909年本科毕业）；威斯康星大学硕士	清华大学前校长；1933—1934年燕大执行校监；1924—1928年，中国教育文化促进基金会；1945—1947年任农业部长；1947—1948年任卫生部长；1932—1950年，燕大校务委员会委员
全绍文	银行家，金城银行（北平）	北京大学（1910年毕业）；耶鲁大学（1917年本科毕业）	基督教青年会；1918—1921年，法国华人劳工连；1926—1929年，燕大校长助理；1930—1931年，燕大审计长；1932—1950年，燕大校务委员会委员
孙科	立法院长（南京）	加州大学（1916年毕业）；哥伦比亚大学（硕士）	孙中山之子；1927—1938年，财政部长；1928—1931年，铁道部长；1934—1937年，燕大校务委员会委员
黄永良	退休官员（天津）	金陵大学（1896年毕业）；德鲁神学院；哥伦比亚大学	1903—1910年供职于外务部；1914—1917年，外交部；1900年，基督教青年会全国委员会；1934—1937年，燕大校务委员会委员
陈中守			1935—1937年，燕大校务委员会委员
王正黼夫人（以下为其夫王正黼有关信息）	矿业工程师	北洋大学；哥伦比亚大学（1910—1915）	华人基督教协会（纽约）；基督教青年会干事，北京，1915—1916年；王正廷（国民党官员、1928—1931年任外交部长）的弟弟，其夫人1934—1937年为燕大校务委员会委员

姓名	职业	教育	其他社会关系
林启春夫人（以下为其夫林启春有关信息）	陶瓷工程师	清华大学（1911—1916）；艾奥瓦州立大学；俄亥俄州立大学	其夫人1930—1937年担任燕大校务委员会委员
王锡炽	北京协和医学院院长		王正廷侄子；1930—1937年燕大校务委员会委员
艾德敷	救济工作者；教会行政人员	普林斯顿大学（1904年学士）	普林斯顿大学驻北京代表；在基督教青年会任干事40多年，北京；1918—1948年燕大校务委员会委员；著有《燕京大学》一书
寇润炭（Cross, Rowland M.）	传教士教育家		美国教会北京育英中学
来仪庭（Glysteen, William H.）	传教士教育家	密歇根大学（学士）；哥伦比亚大学（硕士）；协和神学院（1904年毕业）	1918—1936年担任燕大校务委员会委员；北京美国中学；1907—1927年任北京Truth Hall男校校长
克劳斯（Krause, O.J.）	传教士；教会行政人员		原为美国马里兰州索尔兹伯里（Salisbury）商人；美以美会北京财务长
巴斯特（Baxter, Alexander）	传教士		伦敦会

资料来源：*Yenching University*，*Faculty Directory*，2.15.21（October 1935）；"List of Yenching Board of Managers," February 26, 1949, AP:BM；*Who's who in Republican China*（Shanghai，1936）；Howard Boorman, ed., *Biographical Dictionary of Republican China*；*Princeton Yenching Gazette*, December 1938, AP; Stuart to Garside, June 25, 1934, AC:JLS.

在"使燕京大学中国化"的口号下，司徒雷登实行了最基本的行政改革。他谨慎地安抚董事会，声称1928年的国民政府注册法令并不会妨害学校的办学初衷。他与纽约保持联系并数次前去访问，反映了燕京大学与董事会的密切关系。司徒雷登尊重董事会，既因为他们掌握着权力，也因为他们是燕大跨文化联系的西方总部。但面对要求提高中国人在学校行政管理中话语权的呼声，他也表示同情。司徒雷登力图保住自己在学校中的职位，毕竟他曾为燕大了付出巨大心血。协调这些问题对他的外交能力是巨大考验，有时候，事情还会以很滑稽的方式表现出来。例如，1927年7月，由于担心学校在国民政府注册会严重影响现有制度，司徒雷登敦促董事会"赋予校务委员会在处理行政事务方面的最终决定权"。他安慰董事会成员说，在实际操作中，董事会也"总是毫不怀疑地接受学校行政管理者的建议"，因此"让渡决定权更多地具有表面象征意义，而不是实质"。[44]

1927年12月，司徒雷登出现在纽约的董事会面前，他强调，"在中国民族主义的背景下，学校想要继续生存下去，就必须调整行政管理"，他还告诉董事会，"中国的民族主义运动是合乎情理的，它的要求是任何一个有尊严的国家都有权利达到的"。他建议做出如下调整：董事会应像岭南大学那样，以美国或英美联合为基础，将其在北京的财产租借或委托给校务委员会进行管理，但仍保留对年度预算的控制权；董事会放弃除校长以外的教职员任命权；校务委员会应全部由华人构成，不仅政府注册中的条款要求这样做，由中国人主持的会议也将有利于减少"西方控制中国"的负面印象，并培养华人教师的责任感，为将来中国人全面掌控学校做准备。司徒雷登提醒董事会，他们仍然对学校享有绝对的控制权。[45]司徒雷登唯恐董事会对他的话不以为然，他宣称终有一天，华人校务委员会将"放弃他们的支持……不再认可董事会的想法，那时候，董事会将彻底失去这所学校"。[46]五卅运动后，上海圣约翰大学的华人教员和学生从学校分离出来，建立了由华人独立领导的光华大学，这件发生在眼前的事说明司徒雷登的话并非空穴来风。

司徒雷登发言后，董事会的提问反映了他们的顾虑。他们问道，如果所有老师的任命权掌握在中国人手里，他们会不会越来越不愿意雇用西方人？（司徒雷登宽慰他们说，只要愿意遵守政府注册的要求，学校并没有要把外国教员赶走的想法。）对教师遴选和解聘的控制是否会给几个创始教会在纽约的工作带来困难？（是的，但教会也必须做出相应调整。）按照司徒雷登建议的方案，学校的基督教特点如何保持？（司徒雷登安慰董事会说，在遴选教师方面，基督教信仰的要求仍保持不变。）华人教员的增加是否意味着学校运营的财政预算要缩减？（司徒雷登答道，一年之内，付给华人教员的工资将提高到与洋人教员相同的程度，这样几乎省不下钱。）[47]董事会的顾虑是，如果他们对中国的学校无法控制，美国的赞助人是否还会继续捐钱。[48]

20世纪20年代末期，西方控制力与中国民族主义之间的矛盾已经在行政组织内产生了一些非同寻常的结果。20年来，董事会和校务委员会容忍了两个互相矛盾的章程并存——一个英文版，一个中文版。中文版章程是1927—1928年司徒雷登返回美国期间起草的，当时吴雷川和教师委员会草拟了一个，1928年5月28日，该章程在全体教师大会上通过[49]，并在1929年、1931年和1934年进行了修订，但相较初版内容都未有重大改动。1928年的英文版章程已经把教师的任命权赋予了校务委员会，但同年的中文版章程更加激进，还赋予校务委员会（而不是董事会或四个创始教会）通过或修改章程的权力。中文版章程还授予校务委员会任命学校所有行政官员的权力，包括校长和女子学院院长（而不仅仅是校监和男子学院院长）。最后，它还授予校务委员会（而不是董事会）通过年度预算的终审权。中文版章程唯一提到董事会的地方是关于财产和捐赠："董事会由学校的设立者授予权力并代表设立者，以保证财产和捐款的安全。"有关董事会（托事部）的旧条款均不再使用。[50]

校务委员会的会议备忘录提出了解决中英两个章程相互矛盾的几个敷衍办法，它认为英文版章程具有解释权，"是指导学校机构的工作手册"，而中文版章程是因为要在国民政府那里登记学校才保留的。[51]校监吴雷川一再提醒校务委员会，政府注册要求学校遵守中文章程，但这一提醒毫无结果。司徒雷登似乎并不为这些异常情况所动，他大概认为自己在协调北京和纽约关系方面是不可或缺的。没有董事会的支持，学校财政将无法运转，但如果没有校务委员会，学校将在政治上无法立足。

/ 拓展燕京大学的财政基础

在财政方面，"燕京大学中国化"的实际结果意味着其财政基础将从教会绝对控制转向更加世俗化，扩大后的财政来源将包括中国方面的贡献。[52]1916年12月，当合并建校协议签订时，四个教会的首批捐赠为35万美元。[53]此外，每个教会还要担负年度预算，学校教职员几乎全部来自西方，并主要由教会任命。华人教员数量稀少，校园建设尚未开始，教学设施也几近于无。1917—1918年度，学校的财政预算只有3.5万美元。其中87%来自教会，无论美国还是中国，都没有世俗或私人方面的捐款。[54]到1936—1937年度，预算总数增加了几乎7倍（以中国货币计算则增加了12倍），达到约21.5万美元。其中14%来自教会，55%来自美国的私人捐款，约10%来自中国的公私捐款（根据汇率换算成中国货币后，预算的变化十分显著。汇率波动剧烈，燕大刚刚创建时为1∶1，20世纪20年代末为2∶1，30年代中期为4∶1，30年代末期为16∶1，到1948年底达到7000∶1）。[55]

司徒雷登在从美国私人基金会筹款方面获得了巨大成功，尤其是霍尔地产公司（Hall Estate）和洛克菲勒基金会。霍尔（Charles Martin Hall）依靠发明电解方法从铝土矿中分离金属铝而获得了大量财富，他的遗嘱规定，其财产的三分之一（1928年达到1400万美元）要用于教育项目。可以从其财产中受益的机构包括"在国外如日本、亚洲大陆、土耳其以及欧洲巴尔干国家等从事教育的学校"。遗嘱还包含两个条件，一是资金必须由美国人或英国人组成的委员会来管理，二是不能用于宣传宗教神学。[56]为了获取资金资助，司徒雷登注重与霍尔地产公司的董事们发展个人关系。他的办法十分有效，不但获得了赞助，还得到了美国铝业公司（Aluminum Company of America）主席戴维斯（Arthur V. Davis）的支持，他在1939—1945年还曾担任燕大董事会主席。到1936—1937年度，来自霍尔地产公司的资金（见表3）占到整个学校捐赠的68%和年度预算的31%。

表3　1937年之前燕京大学主要世俗捐赠收入

来源	年度	捐款（美元）	用于设施建设（美元）	批准的年度预算（中国本地货币）
霍尔	1921	50000（霍尔）[a]		5000（霍尔）[a]
	1926		248500（霍尔）[a]	
	1928	1000000（霍尔）[a] 500000（哈佛燕京学社）[a]		
	1928—1937			从41630（1926—1927）到128750（1930—1931）不等（哈佛燕京学社）[e]
洛克菲勒	1921		50000（洛克菲勒）[a] 90000（中华医学基金会）[a]	
	1922			22656（中华医学基金会）[e]
	1925—1930			每年28000（中华医学基金会）[e]

来源	年度	捐款（美元）	用于设施建设（美元）	批准的年度预算（中国本地货币）
洛克菲勒	1928—1936			140000美元（7年间，劳拉·斯皮尔曼洛克菲勒基金会）[b]
	1932	250000（洛克菲勒）[a]		
	1934—1937			206300（华北农村重建委员会，3年间）[c]
中国	1923			5000（私人捐赠）[f]
	1924			11000（私人捐赠）[e]
	1927	320000（百万捐款运动）[a]		
	1929		修缮宿舍（50000中国本地货币）、围墙和大门（私人捐赠）[a]	
	1934—1937			每年60000（教育部，南京）[abc]
	1934—1937			每年15000（中国教育文化促进基金会，即"庚子退款"）[a]

说明：在1936—1937年度，来自霍尔和洛克菲勒的资金各占学校全部捐款的68%和11%。在1936—1937年度预算中，来自霍尔、洛克菲勒和中国的资金各占31%、32%和10%。

资料来源：a. Edward，pp. 174-75，228-30; b. Galt，pp. 211—15，223，391; c. AP BT，May 8，1922; July 7，1926; July 15，1927; March 13，1928; April 10，1929; April 11，1930; April 7，1932; December 19，1934; December 2，1935; February 17，1936; October 2，1936; d. PSYTI，1931，p. 335; e. Stuart to Miss Deborah Haines，September 26，1924，AC: JLS; f. Philip Fugh，interview，May 1，1968.

来自西方世俗领域的另一个主要经济支持，是洛克菲勒基金会，1936—1937年度，该组织的捐款占燕大总捐赠的11%和年度预算的21%。与霍尔地产公司的资金主要用于人文学科不同，洛克菲勒基金的使用则集中在科学领域。1928—1936年，在北京负责管理洛克菲勒基金会财政的"中华医学基金会"（The China Medical Board）承诺负担燕京大学自然科学研究项目的主要开支，而"劳拉·斯皮尔曼·洛克菲勒基金"（Laura Spelman Rockfeller Fund）则担负了燕大社会科学研究花费的一半以上。1934—1937年，同样由洛克菲勒基金会支持的"华北农村重建委员会"出资赞助了燕京大学对农村问题的研究。[57]

司徒雷登在中国为燕大建立财政基础的努力不断遇到困难。在反基督教运动期间，他小心谨慎，并未向潜在的捐赠者宣传不受欢迎的宗教目的，希望这场运动的影响会慢慢淡化。另外，20世纪20年代末期，他在美国募款的成功也减轻了在中国筹集资金的动力。然而，20世纪二三十年代，他与傅泾波一起努力将燕大的财政转向中国，傅泾波是他担任校长期间以及后来任美国驻华大使时的私人秘书。傅泾波来自一个著名的满族家庭，家族中的很多人担任了清廷内外的官员。[58]用司徒雷登的话说，傅泾波"从祖先那里继承了政治智慧"，"在了解中国官僚心理方面有一种本能"，在司徒雷登与中国官员的交往上帮了大忙。[59]在近20年的时间里，傅泾波与司徒雷登一起工作，却未从燕京大学领取过薪水。作为司徒雷登的私人秘书，他成为西方人和中国人批评的对象，人们指责他利用司徒雷登捞取个人政治资本。但司徒雷登对此予以否认，坚持认为傅泾波用自己的朋友圈"帮助我联系一些重要人物，那些人我是很难接触到的"。[60]

司徒雷登本来想在北京开始宣传学校的工作，但傅泾波建议先从其他城市开始，在那些地方即使宣传失败，对学校产生的负面影响也较小。1923年，司徒雷登和傅泾波访问沈阳后，东北军阀张作霖向燕京大学捐赠了5000大洋，这是很鼓舞人心的。一年以后，司徒雷登从其他知名官员那里也得到了一些个人捐款，1916—1918年曾担任民国政府总理、1924—1926年担任中华民国临时政府主席的段祺瑞捐赠了3000大洋，冯玉祥将军捐赠了7000大洋。1926年11月，北京六国饭店举行了一场向司徒雷登表示敬意的午餐会，时任民国总理的顾维钧以及梁启超等其他名人相继发表演讲，燕京大学由此获得了更多的公众捐款。这些支持让人感到欢欣鼓舞，尤其是当时因军阀混战，北京大多数学校已经关闭，商业活动也已经停止。1927年，学校从中国私人方面筹集了5万大洋用于宿舍楼的建设。同年，在时任商业部部长虞洽卿的领导下，上海知名银行家和政府官员组成了一个宣传燕京大学的委员会。另一个与燕大接触的名人是汪精卫，他是孙中山的政治伙伴，1940年成为日本在南京的傀儡政府首脑。1935年，他在上海为燕京大学筹款而奔走。[61]司徒雷登和所有潜在的捐款者保持着友好关系，不论他们捐款数量多少，他还鼓励他们把孩子送到燕京大学上学。

1933年，司徒雷登在中国发起了"百万捐款运动"。刚开始，燕大教员捐赠了9万元，捐款运动迎来开门红，但后来却渐渐失去了动力，学生们仅仅捐赠了2.7万元。燕大校友也对捐款运动做出了贡献，但4年之后，所募集的资金只有32万元，是原来目标的三分之一。[62]学生和校友们反应冷淡，主要是面对日本日益增加的军事压力，中国的未来也愈发渺茫。1934年，教育部为燕京大学拨款6万元（1935—1936年度拨款63048元，1936—1937年度拨款65117元），并且没有任何使用上的限制。[63]尽管这些现状令人振奋，但从中国方面募得的资金从未超过学校年度预算的10%。

1929年，一位富有的银行家捐赠了一大笔款项，燕大几乎已经触手可得，但后来却遇到了障碍，由此引发了北平和董事会关于在中国投资问题上的严重分歧。1929年6月1日，洛克菲勒基金会通知董事会，他们决定向燕京大学捐赠25万美元以用于自然科学研究，但条件是校方也拿出相同的资金。[64]为了得到这笔捐赠，司徒雷登已经在北平组织了一些中国名人来为其造势助威。在纽约传来消息的几个月后，司徒雷登通知董事会，华北的政治领导人、金城银行（Kincheng Banking Corporation）经理周作民已经向他承诺支付同等数额的资金，即62.5万大洋。但这项承诺带有一附加条件，即这50万美元必须全部存入周作民的银行。周作民会将这笔钱用于中国的投资，直到投资收益达到银行捐赠的份额，届时全部资金将返还董事会。司徒雷登估计，即使按照在中国投资的保守利息计算，银行也能在4年之后返还这笔钱[65]。

董事会对此事最初表示反对，并援引章程说，只有他们才能将募集的基金用于投资，而不是储蓄。他们也反对在美国以外的地方投资，并且宣称，就是德国或法国银行给出相似的条件，他们的回答也一样[66]。但司徒雷登跑到纽约，暂时让董事会改变了主意。有了他的保证，董事会找到洛克菲勒基金会，基金会最初接受了周作民的提议，将25万美元转给了燕大董事会。唯一剩下的问题就是和周作民办理最后的手续。纽约的办法是设立一个投资特别委员会，对中国的投资环境进行调查。如果委员会一致认为这个投资方案可行，那就完成最后的手续。[67]

经过调查，委员会的一位成员认为，周作民的提议仅仅是一个承诺，而不是现金捐赠。董事会认为，这一反对使委员会意见未能达成一致，决定拒绝司徒雷登的办法。周作民丢了面子，司徒雷登也说，"对此事长期拖延不决深深刺痛了周作民"，也对"我们的诚意和他对我们的信任"提出了疑问。为了避免在中国的投资风险，董事会将失去"一位人士的积极帮助和善意，他愿意帮忙在中国筹款"[68]。尽管事情后来有了转机，但司徒雷登仍然继续为在中国投资和赢得周作民的支持而努力奔走。1930年8月，他建议董事会请洛克菲勒董事会修改最初捐赠的条款。如果他们同意，他将要求董事会把25万美元汇到中国，由校务委员会下的财政分会而不是特别委员会来进行投资[69]。随着问题的激化，司徒雷登不但担心周作民，也担心校务委员会，周作民的提议可以重新启动，而校务委员会也希望董事会把钱转到中国。

董事会回应，要派遣一个代表团去北平安抚周作民，向他表示董事会的支持。但司徒雷登将这一提议看作侮辱。他怀疑代表团的旅费要由学校的预算解决，认为校务委员会（现在绝大多数都是华人）的意见比董事会的意见更重要。由于洛克菲勒基金会的25万美元迟迟不能到账，董事会和他本人对此也束手无策，司徒雷登十分生气，甚至威胁要辞去校长一职。董事会并未与洛克菲勒基金会接触，相反，他们要求司徒雷登在1931年春天返回美国再次进行游说。司徒雷登克制了自己的不满情绪，启程前往美国。他最终赢得了董事会前主席华纳（Franklin Warner）的支持。但董事会成员们对来自北平的压力感到厌烦，1933年12月他们终止了有关投资的争论，决定所有投资都必须由董事会掌控，这是他们与美国捐赠人之间的协议所隐含的条件，以后的西方捐赠者只有知道所有资金都掌握在董事会手里，才会更加愿意捐款。最重要的是，"董事会要对募集来的资金负起监管和投资责任，这正是董事会的利益、职责和声望所在"。董事会决定："由董事会募集的资金应由董事会持有和负责投资，由校务委员会在中国募集的资金由校务委员会持有和负责投资。"[70]

最后，董事会好不容易才成功地赶在已经延长的截止日之前拿到洛克菲勒的资金。他们从哈佛燕京学社得到了慷慨的5万美元贷款，最终满足了所要求的资金投入，洛克菲勒董事会也慨然同意相关安排，认为燕京大学董事会满足了最初的捐赠条件。

司徒雷登不愿意这件事就这样不了了之。很显然，在中国投资最大的障碍就是不合法，因为董事会在行政管理问题上可以像1928年那样迅速修改英文版章程。1928年，面对燕京大学必须在南京教育部登记注册的问题，董事会向位于尼亚加拉瀑布附近的法庭询问，他们是否还可以把资金交给燕京大学使用，根据霍尔的遗嘱，受益机构必须由美国人或英国人实际控制。法庭裁定认为，霍尔的声明只是"指导性的"，不是"强制性限制"[71]。此外，洛克菲勒基金会可能更愿意把他们的资金用于在中国投资，这让其董事会不断催促此事，因为他们的主要目的之一就是希望受益机构能够自我经营。1929年12月，司徒雷登抵达美国后去拜访洛克菲勒董事会，董事们对周作民的提议非常感兴趣，马上表示还要捐赠25万美元。但他们得知燕京大学董事会不愿意投资后，立刻撤回了捐款[72]。司徒雷登一直认为，如果董事会的回应不那么迟疑的话，周作民的条件或许会更加灵活一点。

燕京大学方面也认为，那些捐款可以用于投资中国政府的黄金债券，因其在香港和伦敦的交易十分活跃[73]。20世纪30年代，这些捐款在中国的投资收益相当于在美国的好几倍，但董事会担心的是中国政治的稳定性。他们在20世纪20年代末期曾有过投资高利息债券的惨痛经历，因此觉得燕大方面的观点没有说服力[74]。董事会成员满脑子都是对资金安全性的考虑，他们当然对中国同事们的民族主义情感不感兴趣。

董事会还利用他们对资金的控制，来阻止燕京大学与基督教的关系的削弱。1929年6月，董事会财务专员穆拜亚（E.M.McBrier）向"穆拜亚《圣经》教育及基督教工作基金会"捐赠了10万美元。此前，穆拜亚还捐赠了10万美元用于修建纪念堂。根据穆拜亚基金会的要求，在常规预算之外的资金需用于基督教工作，引导学生们"信仰并崇拜耶稣基督，把他当作救世主"[75]。司徒雷登设想的教学计划满足上述条件的方式，反映了他惊人的灵活性，他游走在艰难的行政管理边缘。在给穆拜亚先生的私人信件中，司徒雷登对宗教关切表示同意："这所学校因为失去基督教的宗旨和其他原因而处于危险当中，对于前者，您已经正确地意识到，对于后者，我比您了解得还要清楚。"他请求穆拜亚"在有效使用资金方面，既相信我的判断，又相信我作为你的同志，想要合理使用这笔费用的急切愿望"[76]。在司徒雷登看来，有效使用资金即意味着支持《真理与生命》杂志的出版；向一些贫困家庭的学生提供奖学金，他认为这是"校园里变相的宗教基调"；为宗教学院的徐宝谦提供薪水；为毕范理（Harry B. Price）夫妇二人提供薪金，他们分别教授社会经济学和宗教教育。尽管学校内部不可能找到完全符合穆拜亚基金条件的活动，20世纪30年代末期和40年代，平均每年仍有约1500美元的资金流入燕京大学，用于支持宗教活动[77]。但其他潜在资源燕大却从未使用。

/ 招募更多华人教员

"燕京大学中国化"意味着教师构成和招募政策的根本变化。就上述两方面，随着华人教员权力的增长，传教士的影响在逐渐下降。1919年，学校的教学人员由25位西方人和4位中国人构成，为了保证宗教目的，所有教员都由4个创始教会任命并直接付给薪水。和当时美国众多与教会相关的学院一样，这些西方教员大多数都没有受过专门的西方教育训练。1920年以前，燕京大学只有司徒雷登一人拥有博士学位，而且还是神学博士[78]。但反基督教运动迅速扭转了这一局面，到1927年，华人教员的数量远远超过西方人，二者的比例达到2∶1，并在随后的20年中基本保持不变[79]。

除了种族构成的改变，教员的宗教信仰也发生了很大变化。早年华人教员的数量很少，且全部都是基督徒[80]。但到1928年，在大约40位全职华人教员中，基督徒的比例已经下降到65%，1930年更降至53%[81]。西方教员的宗教信仰也发生了类似的变化。1928年，28位全职西方教员中有14位，正好一半人和教会没有联系，由学校财政直接支付工资，这是司徒雷登做出的决定[82]。受雇于学校并由创始教会直接任命的传教士教员从10年前的25人下降到14人。1928年，董事会已经基本认同了司徒雷登在这一问题上的观点。但在此之前，如1922年，司徒雷登请求教会放弃直接任命权，并把一定比例的资金用于学校自行雇用教师，董事会不仅拒绝了这一提议，甚至想把当时为数不多的由学校任命的人也纳入教会影响之下。他们认为，学校是教会事业不可分割的组成部分，他们还要求每一个外国教员，如果不代表任何教会，都应该加入其中一个教会成为教徒，来"唤醒他们的海外传教意识"[83]。但面对中国反基督教运动的压力，司徒雷登并不赞同这一要求，而董事会也没有坚持，只好听之任之。

由于华人教员数量大大超过西方教员，学校的办学目的究竟是为了宗教还是学术，是要培养通才还是专才，二者的矛盾越来越尖锐。20世纪20年代末，大部分华人教员仍然是基督徒，并不主张完全放弃学校的宗教目的。此外，他们也相信人文科学的通才训练。但是，他们希望提高燕京大学的声望，并认为只有提高新招募教师的学术水平才能实现这一梦想。他们的标准很大程度上取自美国的研究生教育。这一过程从1921年华人教员中的第一位博士刘廷芳来到学校后就开始了。刘廷芳的观察力十分敏锐，他刚刚从哥伦比亚大学获得博士学位[84]。司徒雷登同意刘廷芳的要求，开始提升教员水平，他认为，必要时学术能力优于宗教能力。随后的几年间，很多校领导被调整下来，校园中弥漫着不满的气息[85]。

刘廷芳通过与其他哥伦比亚大学中国学生的联系以及家庭关系，继续对招募教员施加影响。他通过纽约的华人学生基督教联合会以及基督教青年会在中国和美国的活动结识了这些人[86]。1930年，98位全职和兼职华人教员中，有26位曾留学哥伦比亚大学，而40位全职和兼职西方教员中，有13位曾在哥大学习过。刘廷芳所代表的华人教员之间的另一个联系，来自基督教青年会。1930年，高级华人教员中有12位在基督教青年会中任职或担任干事，而更多的人则是基督教青年会活动的长期参与者。[87]最后，刘廷芳家族与燕大的两个重要人物也有关系。徐淑希（政治学教授，曾一度担任基督教青年会中国总干事，1962—1967年曾担任中国台湾驻加拿大的代表）和陆志韦（心理学教授、后来的燕京大学校长）与刘廷芳的两个姐姐结婚，并在婚后成为燕大教员，1921年，司徒雷登主持了两对新人的集体婚礼[88]。

当1926年学校迁往海淀校园时，燕大已经享有很高的学术声誉。它是当时华北的3所名校之一。燕大的声望不如北大和清华，但20世纪30年代早期，教育部给予燕大的研究资金却比其他任何中国高校都多，包括清华大学和南京的国立中央大学，这两所学校的在校生人数都多于燕大[89]。除了学术水平高和对知识的追求之外，燕大还有稳定的工作岗位和学术自由。1925年，包括北大在内的8所国立大学因军阀混战和中央政府的派系斗争而大幅削减了预算，这些学校拖欠教师工资达6个月之久[90]。

1928年后，南京政府将清华大学收归国有，加强了对国立大学的政治控制，也危及学术自由。作为一所私立学校，燕大却不受政治干扰。在这一背景下，两位北大教授，顾颉刚和张东荪，分别于1929年和1930年来到燕京大学，并在此教学长达20年。在20世纪30年代末至40年代，燕大开始雇用毕业于本校且留学归来的研究生。

除了增加教员中华人教师的比例外，"燕大中国化"的目标，也意味着中西教员们在工资和住房上的种族平等。这涉及清除传教士在华影响的问题，在传教工作中，外国人得到的待遇都优于他们的华人同事们。待遇问题变得尤其敏感。此前，司徒雷登曾提倡待遇平等，1921年刘廷芳来校和1922年洪业成为教员，第一次为他提供了将承诺变为现实的机会[91]。洪业坚持要求董事会付给他的工资要与卫理会传教士的收入相等，因为他也是卫理会的教徒。一位董事警告说，同意洪业的要求"可能会在燕大华人同事中引起尴尬，并破坏私人之间的和谐关系"。但洪业坚持己见，而司徒雷登甚至未得到董事会的批准，就安排洪业在燕大教书，同时，洪业还担任驻京福建籍大学生的卫理会传教士，工资收入按照当时的传教士水准给付[92]。刘廷芳的工资不是问题，因为直到1924年，他一直同时在两所学校教书。

在实现工资收入的种族平等方面，对于教育概念的不同理解是要解决的一个问题。早年间，教会并不把传教士看作雇员，而是把他们当作志愿者，教会所付的薪水也不是工作报酬，而只是用来负担生活必要开销。教会更进一步认为，所有传教士的经济需求都是相同的，在此基础上才略微考虑到他们在海外的工作时间。与此形成反差的是，学校雇用的华人教员的薪水，是按照大学毕业生工资等级来计算的，主要基于专业训练、教学经验、发表成果和研究能力。一个受过高等训练的华人教员按照毕业生工资等级，要从讲师的工资待遇开始，而一个只受过一般训练的新传教士职员却拿着固定的高薪。1920年，享受最高工资待遇的西方传教士教员可以得到3000元的收入，而华人教员的最高工资收入只有1800元。学校都为他们提供住房。1927年，享有最高工资待遇的华人刘廷芳总收入为4875元，比享有最高工资待遇的西方教员少了大概3000元[93]。

1930年，一个由青年华人教员组成的特别教师委员会要求学校为所有教员实行统一的工资标准。他们的要求得到了由学校任命的西方教员的支持，因为他们的工资普遍低于教会任命的教员。一年后，董事会批准了统一的、按能力水平建立的工资体系，并适用于所有学校教员[94]。与此同时，学校还采纳了一套统一的学术职称和晋升标准，同时适用于西方人和中国人。任何教员在连续工作6年后都可以申请为期1年的带薪休假。他们也为行政管理人员建立了一套类似的标准，将行政人员分为4个等级，工资按不同级别支付。所有全职教员和行政人员享受的经济利益包括住房、医疗和牙医保险、因学校公务在中国的旅行费用，任教满3年后若一个子女在燕大读书，可以免除学费以及年度养老保险等。西方教员只有在两个方面还享受特殊照顾，一是子女教育，一是在中国和自己国家间的往返旅行[95]。抗日战争爆发后，工资问题再次导致了教员之间的对立，因为歧视性通货膨胀有利于西方人，他们可以享受到更高的汇率[96]。

在住房问题上实现种族平等的努力遇到了困难，因为有些中国人并不想花钱来享受现代文明所带来的便利，如暖气、电灯和下水道。他们宁愿得到住房补贴，然后住在校外，把钱省下来用于他途。但司徒雷登担心，除非在住房上实现完全平等，否则学生们会以为外国人"得到特殊照顾，而中国人则不得不接受较差的居住条件"[97]。一些教员如吴雷川和包贵思等都不愿意遵守这条规定。他们认为，价格昂贵的西式住房把他们"和周围劳苦大众的生活隔绝开来"。董事会也不支持司徒雷登有关住房平等的想法。1929年，当他要求更多的资金为华人教员修建更多住房时，董事会予以拒绝。因此，司徒雷登以个人名义拿出一部分钱作为贷款[98]。20世纪30年代初期，在住房方面的种族歧视已经不复存在。实际上，校园里最大的一处住宅是由赵紫宸一家居住的[99]。

刘廷芳在1936年的校友录《燕大友声》中对待遇问题进行了尖锐的分析。虽然在薪水和住房方面实现了种族平等，但刘廷芳仍痛恨外国人事事专断。他相信传教士教育家仍然有一种优越感，还保有想说服中国人皈依基督教的想法。他也反对他们专业训练的标准，认为那些标准普遍比中国人低得多[100]。但刘廷芳也对他的中国同事进行了猛烈批判，认为他们受"依赖心理"所累，这种心理是在多年教会学校学习、长期西方留学和燕京大学的工作中逐渐养成的。他也为不那么西化的同事辩护，他们有时拒绝上交成绩，以此向西方人提前给学生做出评估表示抗议；刘廷芳也批判那些西化了的同事们，说他们没能站出来和西方人抗衡。具有讽刺意味的是，刘廷芳自己也表现出和其他人一样的依赖心理。当司徒雷登反对西方人时，刘廷芳常常为他找各种理由，对刘廷芳来说，司徒雷登从他儿时起就如同父亲一样[101]。

/ 汉学研究和职业教育

反基督教运动对燕京大学课程的一个直接影响，就是宗教学院在学校的重要性大不如前，与此同时，中国研究的课程得到了加强。从建校开始，司徒雷登就对燕大的宗教课程有种特别的兴趣。最先归国任教的两位华人，刘廷芳和洪业，起初也在宗教学院任教。内有宿舍、教室和宗教学院办公室的宁德楼，是新校园内最先施工并完成的建筑。1927年，中国政府规定宗教学院应与学校其他设施分开，此后，宁德楼仍旧是宗教学院的中心，而该学院的学生在20世纪三四十年代也仍然积极地参加学生活动，甚至在共产党接管后的3年内也是如此[102]。反宗教的压力不能忽视，宗教学院也从学校生活的中心逐渐边缘化，但中国研究课程的重要性却在不断提高。

　　1917—1918年，全校四分之一以上的教员，或者说44位中的12位，受雇于宗教学院；而1925—1926年，这一比例下降到不足五分之一；1930—1931年，该比例低至十分之一。但教授中文或相关研究的教师人数却表现出相反的发展趋势。1917—1918年，44位教员中只有两位教授中文，但1930—1931年，五分之一的教员是中国研究方面的教师，人数是宗教学院教师的两倍。这一教师构成的变化也可以从30年间的预算分配上看出端倪。1923年，全部预算的16%用于宗教学院，而花费在中国研究方面的资金仅占3%。但到1930年，这两个比例发生了倒转，并在随后的20年间大体上保持不变[103]。1927年，时任宗教学院院长的洪业自豪地宣布，燕大的"中文课程已经不再矮人一头，这是对传教士教育的反抗"[104]。1930年后，宗教研究和中国研究的比例大体平衡，因为反基督教运动的影响已经逐渐淡化。

　　宗教学院的申请者、入学率和毕业生人数都大幅下降。在建校最初的5年间，宗教学院毕业生占全校毕业生的六分之一，但1927—1931年的5年间，已经下降至不到全校的十二分之一。在这5年间，宗教学院的53位毕业生中只有3人获得了神学学士学位，而其他人只得到短期课程证书，通常，他们在校学习的时间不过一年[105]。20世纪20年代，宗教学院的退学率很高，申请人在减少，入学要求也有所降低[106]。司徒雷登认为，人们对宗教兴趣大减是因为学生们被吸引到救国和排外运动中，这让中国学生们"不愿意为外国和西方控制的组织服务"[107]。1932年，宗教学院院长赵紫宸承认，大多数学生不想和教会扯上关系，他们对空想社会主义的试验感兴趣，喜欢深入农村去发动群众[108]。

反基督教运动的确对宗教学院课程的"中国化"起了作用，在课程表中加入了中国基督教史、基督教与社会问题、道教和佛教等课程。但这些课程调整比起学院宗旨和组织上的变化来说就显得小多了，宗教学院原本完全参照西方模式建立。即使入学人数下降到12人，仍开设40门课，很大程度上照搬西方国家基督教神学院的课程体系[109]。对基督教的批判也未能引起学校对毕业生该接受何种训练以及从事何种工作的认真思考。1930年，宗教学院院长赵紫宸认为，毕业生找工作最大的问题，就是能否找到有足够薪水的工作来"支付他们必要的花费，由于他们的要求太多，开销也逐渐增加"[110]。他承认，学生们作为"上帝话语的使者"，必须要"面对困难""准备牺牲"，但"当代中国社会"的需求和全盘西化的课程让这样的理想很难实现[111]。到20世纪30年代，提高学术声望的要求，迫使宗教学院背离了"生命社"的精神和早期目标，而那些学术声望也是以西方的标准来衡量的。

反基督教运动似乎对基础文科课程没有产生什么影响。20世纪三四十年代燕大学生的课程要求和学术研究与20世纪20年代初期几乎没有什么不同。毕业生的主要专业集中在文学、理学和法学（通常被称为公共事务），此外，所有学生都要接受基本的中文训练，英语要达到流利程度，并学习所有3个专业的课程。燕大领导人在进行职业教育的试验中意识到，在中国这样的贫穷国家，接受文科训练的学生们很难找到一份合适的工作。从1919年司徒雷登接受校长一职开始，教育试验就已经启动。他很快注意到，教会学校"培养学生们掌握的技能几乎用不上"。他认为，更加广泛的技术课程才能让学生们找到一份"对国家有更多社会和经济价值"的职业，也最终将满足基督教的需要[112]。司徒雷登主张，4年的大学课程应由2年基础准备和2年专业课程组成，这将有效地去除旧式美国文科课程的影响，那些课程"过于奢华，中国现在还负担不起"[113]。

职业教育试验有若干形式。首先是1920年，在与北京富商邱轫初的合作下，燕大成立了畜牧学院。学院的宗旨是"通过提高中国贫穷落后的经济条件来唤醒中国人的公共意识"。1921年，邱轫初遭遇财政危机，但学院依靠中国国际赈饥会的剩余资金继续开办了10年。1928年，学院迁往南京大学农林学院，但位于燕大校园附近的试验农场仍由化学系负责管理[114]。职业教育的第二个试验是裴义理（Joseph Bailie）创立的皮革制造系。1923年，该系为冯玉祥将军的11位官员提供培训，他们后来都成了皮革工业各个领域的先驱人物。1926年后，制革系不再独立成系，但相关课程仍由化学系继续开设[115]。第三个试验就是成立"工业和劳工局"，其目的是搜集和发布中西商人需要的工商业数据和信息。司徒雷登认为这个机构可能会带来收入，但董事会却拒绝授权成立该组织[116]。

此外，燕大还在家庭经济和预备工程方面尝试了职业教育，20世纪30年代学校开设了关于家庭经济的课程[117]。所有职业教育的努力与基础文科教育相比，都显得缺乏热情。1927—1928年，燕大职业教育的入学人数达到顶峰，占全校学生总数的26%。但1930年，这一人数仅占全校学生总数的10%，1936—1937年更是仅有1%[118]。学生们对这些职业教育兴趣不大的一种解释，是受过教育的中国人往往歧视体力劳动者，孟子就曾区分"劳心者"和"劳力者"，这种观念在传统教育中是根深蒂固的。燕大教育者对这一看法提出了挑战，他们强调体育锻炼、校内运动，并在校园内雇用学生从事体力劳动。但其效果更多地局限在教师中，而非学生群体。文科教育在20世纪已经替代了儒家经典，但仍然会带给人一种优越感。燕大4年的本科课程总是比职业教育的短期课程和两年制学习带给人更高的社会地位。在爱国主义热情高涨时期，燕大学生们会把对社会地位的考虑放在一边，但随着爱国运动浪潮的退去，重视社会地位的想法会再次出现。1927—1949年，国民政府教育部的指导意见也加强了这种倾向。国民政府的大多数部长都曾在美国留学，他们在设计中国的高等教育体系时都把美国的文科教育当作模板，而不重视职业教育。很长时间内，学生们对职业教育不感兴趣，政府机构也漠然置之，20世纪30年代中期，司徒雷登不得不放弃了职业教育计划。

但新闻系却和那些失败的职业教育试验不同，成为一个例外。成立于1919年的新闻系通过聂士芬（Vernon Nash）在20世纪20年代建立了一个密苏里大学新闻学院分院。20世纪30年代，中国的报纸出版商都对此表示支持。董事会不大情愿地承担了财政资助。在聂士芬及其继任者梁士纯的领导下，新闻系尝试出版了各种双语读物，其中著名的有1931—1932年的《燕京报》

（*Yenching Gazette*）和1932年春创立的《平西报》（意为"北平西部报"），1934年9月起，新闻系还不定期出版《燕大新闻》。20世纪30—40年代中国很多著名的新闻记者都毕业于该系。到1936年，新闻系已经有63名本科生，是燕大校内继生物、经济和社会学后第四受欢迎的院系[119]。20世纪30年代，一些著名的美国在华记者，如埃德加·斯诺、威尔斯（Nym Wales）①和费舍尔（F. McCracken Fisher）都曾在新闻系任职。

和文科课程一样，燕大的研究生教育也进一步暴露出把西方教育模式植入中国的问题。由于燕大的领军地位，该校多次被在华基督教学校选为研究生教育的主要中心。1922年，燕大开始设立硕士课程，10年后，燕大共在12个系开设了研究生教育，培养着120名研究生，占学校学生总数的六分之一以上。1933年，国民政府将燕大的研究生教育限制在4个系内，迫使研究生人数下降到1936—1937年的49人[120]。燕大管理层也在讨论授予博士学位的可能性，但这一想法始终都在酝酿阶段。1933年后，连国立北京大学也停止了研究生教育。

/ 燕大基督教协会

反基督教运动的另外两个影响，是信仰基督教的学生比例

---

① 威尔斯：即斯诺的第一任妻子海伦·斯诺，威尔斯是她的一个笔名。——译者

以及参加燕大基督教协会的人数比例都在下降。据表4和图2所显示，1924—1935年燕大学生基督教社团人数比例从1924年的高达88%急剧下降到1935年的31%。这些数据是每年秋天学生们自愿加入宗教社团进行注册时采集的。随着基督教越来越不受欢迎以及相关问题无法得到解决，入教人数不断减少。早年的比例肯定要高于88%。表4中1939年、1947年和1951年的数据都只是一个概数，它们反映了燕大基督教协会的入会人数。20世纪30年代中期以后的数据缺失，表明学校对学生宗教团体的兴趣降低，入学政策也有所改变，很多非基督教中学的毕业也生也被鼓励申请燕京大学。

表4 1917—1951年燕大学生入学人数与燕大基督教协会会员人数

年份	学生人数	基督徒人数	年份	学生人数	基督徒人数
1917	106		1928	700	337
1918	88		1929	747	
1919	94		1930	808	296
1920	137		1931	811	359
1921	142		1932	788	297
1922	298		1933	815	287
1923	332		1934	800	272
1924	438	385	1935	884	273
1925	552	336	1936	826	
1926	616	330	1937	588	
1927	633		1938	942	

年份	学生人数	基督徒人数	年份	学生人数	基督徒人数
1939	982	450[a]	1946	781	
1940	1086		1947	921	360[a]
1941	1156		1948	800	
1942	342		1949	990	
1943	380		1950	1148	
1944	408		1951	1600	130[a]
1945	816				

资料来源：以上为每学年秋季入学人数，1917—1923年的数据来自 Earl H. Cressy, *Christian Higher Education in China*（Shanghai，1928），27；1924—1935年数据来自PSYTI（1937），182；1936—1949年数据来自 "Enrollment Figures of Christian Colleges in China under Protestant Auspices," handwritten Chart in United Board archives，AC:UB；1950年数据来自 "Incomplete Report on Student Enrollment，1st Semester 1950" in GMB:PC；1951年数据来自赖朴吾书信，1951年7月31日；1924—1935年的基督徒数据来上海中国基督教教育协会的自不定期出版物，第8、14、22、26、28、29、30、33、35和38期；1939年、1948年和1951年的数据来自司徒雷登书信September 9，1939，博晨光书信1948年12月12日，赖朴吾书信1951年7月31日；数据的估算建立在如下假设之上，燕大基督教协会的每个组由大约20人组成，其中约四分之三为学生，其余为教师和职工。
a 表示粗略估计。

　　尽管"反基督教运动"造成了很大影响，但很多学生仍然对基督教兴趣不减。祷告仪式和宗教活动有助于缓解学术研究和与家人分离所带来的压力，能够帮助解决民国时期许多青年的典型问题。实际上，学生们对基督教的兴趣正被重新点燃。1934—

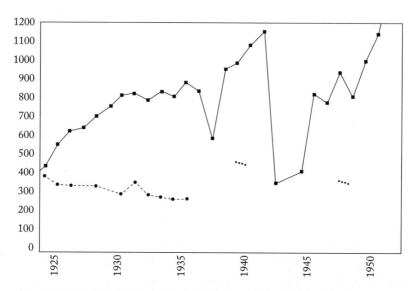

［图2］ 1924—1951年燕京大学学生入学人数（实线）和基督教协会会员（虚线）

1936年，基督教青年会传教士艾迪在中国对35万人发表了演讲，使其中1万人决定皈依基督教。据说，他在政府创办的公立学校尤其受欢迎[121]。日本占领华北期间，由于前途未卜，燕大校内师生对宗教的兴趣再度提升，并在20世纪30年代达到前所未有的高度。宗教学院一个叫魏兆淇的学生于1928年皈依了基督教。他在20世纪20年代加入了北京的教会学校，但那时他支持暴力革命，甚至做好准备"杀掉叛徒"，帮助中国踏上救亡之路。但不久之后，绝望和自杀念头让他的注意力重新回到基督教信仰，因为它带来了希望。他一提到死亡、黑暗和毁灭，他的基督教朋友们就会以生命、光明和真理作答。1932年，他说服全家人和其他朋友加入了基督教，并进入燕大宗教学院，为从事基督教事业做准备。后来他支持了江西省黎川县的基督教农村重建工作[122]。魏兆淇皈依基督教说明，即使20世纪20年代反基督教运动产生了巨大破坏作用，基督教也并未在学生当中完全失去魅力。20世纪60年代末，我在中国台湾和中国香港采访的一些燕大校友认为，反基督教运动并不是一股需要去对抗的强大力量。另一些人则承认，这场运动给基督教带来了破坏，但他们都拒绝认同其对基督教的指责[123]。

1926年，为了应对新校园内学生们日益高涨的宗教兴趣，司徒雷登成立燕大基督教协会，因为北京西郊的新校址相对封闭，原来老校址与城内几个特殊教堂的联系就此中断。燕大基督教协会成了中国本土教会的典范。吴雷川赞赏说，协会为信徒而不是传教士服务，它超越了宗派界限，因为中国的信徒总是搞不清楚那些宗派的区别。协会强调活跃的精神而不是西方移植过来的空泛形式。加入协会的唯一要求，就是在协会宗旨下签字："增加对我主耶稣基督的了解，按照他所教所做的原则行事。"[124]

1926年，民国政府颁布禁令，行政机关不得在宗教生活中发挥任何官方角色，燕大基督教协会由此负责校园内的所有宗教活动。这其中就包括简短的教堂崇拜仪式，20世纪20年代末期，这样的仪式一周举行4次，20世纪30年代则减少到一周2次。仪式被安插在早上第一节和第二节课之间的15分钟休息时间内，其吸引的人数寥寥无几，却一直坚持到20世纪50年代初[125]。其他宗教活动包括每月3次的星期日礼拜，其中规格较高的一次在英国教堂举行，此外还有圣诞节和复活节的全校庆祝活动。民国政府禁止庆祝特别的基督教节日，但允许他们过"创立者日"，燕大就在

12月25日这一天举行相关的节庆活动。20世纪30—40年代，参加圣诞节仪式的人为数众多，其中很多人并不是燕大基督教协会的会员。

/ 校长和校监

像当时的美国大学校长一样，司徒雷登在学校生活中发挥着举足轻重的作用。作为行政管理者，他要协调校内各种不同群体，机智地向董事会解释学校所面临的压力，争取他们的默许或对需求的勉强支持。他还要用同样的技巧说服学校里持不同意见的人，尤其是学生们不要放弃学校这艘船，尽管它的航行能力饱受质疑。作为教育家，他还要采取高标准和与传教士不尽相同的灵活政策。燕大和非燕大的资源都被利用起来，这一再证明了司徒雷登的个人魅力。

当然，并非所有人都对司徒雷登的校长工作感到满意。例如，协和女子大学的校长就很难原谅他在燕大建立男女同校过程中所表现出的对妇女的歧视。甚至以对他言听计从而闻名的包贵思也认为学校合并对女生来说是一场"痛苦的经历"。合并后的第一位女子学院院长麦美德（Luella Miner）就曾"被迫辞职"。继任院长费慕礼（Alice Frame）"为了让司徒雷登注意到合并之后的情况"竟患上了神经衰弱。包贵思女士说她是女子学院中唯一一位不感到痛苦的教员。斯皮尔女士把合并描述成"吞并"[126]。

中国人则争着想得到司徒雷登的支持，他们常常被划分为司徒雷登的圈内人和边缘人。

然而，由于非凡的个人魅力和行政管理能力，司徒雷登在使燕京大学中国化的过程中始终处于中心位置。他主张提高行政管理者的权力，使其高于董事会。为了尊重中国教师和学生，他有效地终止了学校的传教功能，从而大大提高了燕大的学术形象。他坚信，燕京大学既能实现多样化，又能做到中国化。

但对司徒雷登来说，燕大中国化并非意味着他本人在学校生活中的作用有所减弱。很快，情况清楚地显示，他和华人校监之间在如何实现种族平等上有很大分歧。关于校长一职的定义，司徒雷登主要依据1928年英文版的燕大章程，其中清楚地表明，司徒雷登在诸位校监之上，这使得1929年中文版章程显得相形见绌。根据中文版章程，司徒雷登的职位是校务长，要由校务委员会提名并由校监来任命①。司徒雷登的职责是协助校监，在校监外出时接替校监的职务并负责募集资金[127]。在中文版章程中，司徒雷登的职位明显低于校监。

校监吴雷川是第一个对职务权责表述不清发难的人。很明显，当1928年的政府规定迫使燕京大学要设立一个新职位时，司徒雷登只想要一个名誉校监或象征性人物。吴雷川是继资深外交官颜惠庆和南京司法部长王宠惠之后，司徒雷登找到的第三任校监。在1929—1933年吴雷川担任校监的4年中，司徒雷登在与董

---

① 燕京大学1929年中文版章程将Chancellor（校监）一词译为"校长"。——译者

事会的通信里很少提到他。有些校友和教师记得吴雷川是一个文弱的行政人员，对于强加给他的附属角色，他欣然接受[128]。司徒雷登实际上是一个更强势的人物，校友们的出版物中都是对他的回忆，吴雷川只是偶尔被提到。但也有一些人对吴雷川的能力十分钦佩。高厚德认为吴雷川在早年担任校监时，"在处理各种行政事务中，是一位名副其实的实权人物"[129]。如果不同意高厚德的这一判断，蒋梦麟也不会在1928年聘请吴雷川担任他的教育次长。不管怎样，吴雷川对工作是十分严肃认真的。他在第一次与校务委员会的会议上就告知他们，中文版章程是学校行政管理的法律基础，他希望南京方面能够执行各项规章[130]。

司徒雷登同样很担心，直到1928年南京政府向他保证不会执行中文版章程。当时，国民政府已经卸下了革命的伪装，投靠西方国家，尤其想得到美国的帮助。司徒雷登实际上成为国民政府在华北地区西方人群体中的一个有力同盟者，因为蒋介石在华北的控制力还很薄弱。1928年，国民政府任命司徒雷登为两所著名公立机构的董事。司徒雷登公开承认，在首先被任命为中国教育文化促进会董事以及随后的清华大学董事后，他陷入了异常困难的境地。因为"虽然是外国人，但我长期担任中国境内一所学校的校长，这已经公然违反了政府的规定"[131]。司徒雷登有关文科高等教育的理念很好地切合了国民政府的政治统治。

不过校监吴雷川却没有受过司徒雷登所提到的那种高等教育。反基督教运动迫使他认识到，他和"生命社"以前为救国所做的努力都还远远不够。"读书救国"忽略了中国政治形势的紧迫性。

1924年基督教青年会大会所提出的"人格救国"似乎也毫无用处，更无人问津。"好人政府救国"也是一样。吴雷川现在被第四条道路所吸引，即"奋斗与牺牲救国"。他从一位学生那里听到这个词，那位学生号召大家不要再关注食物问题，放弃家庭和生活享乐，去"面对四万万同胞"。吴雷川喜欢这样决然的精神和勇气，但年轻人在奋斗之前，必须要经历一个自我道德修养时期[132]。

为什么要加强道德修养？因为年轻人缺乏经验和智慧。他们的爱国目标值得赞扬，但其方法却往往没有效果。他们需要培养对目标的正确认识，更重要的是，他们要保持自我牺牲的精神，即使放弃名望和家人也在所不惜，吴雷川认为这对中国人来说尤其困难。通过学习耶稣，学生们将明白"背负十字架"和"完全自我牺牲"的意义。只有当年轻人为未来不可避免的奋斗做准备时，学习、人格培养和技能训练及早年的理性分析才会服务于救国这一任务[133]。

吴雷川比司徒雷登更加关心贫苦学生的困境，据说他曾用自己的工资向贫困生提供经济资助。他还试图把用于修建教堂的一大笔美国捐款拿来设立奖学金。那位捐赠人听说吴雷川的建议后曾威胁要收回捐款。但司徒雷登安慰他说，"那只是我们华人校监的一个建议而已"，并不会当真[134]。吴雷川尝试重新定义燕京大学教育哲学的努力似乎并未成功。他将早期基督教信仰与中国国情相结合的办法似乎只有一个，那就是沿着政治激进的方向前进，而这条路也将否定文科教育作为基本前提。

吴雷川强调奋斗与牺牲，这将影响到燕大与纽约和南京的政治联系。但与此同时，司徒雷登却得到了中央政府和大多数教师的信任，他对吴雷川在学校行政管理中只有名义上的职位也很满意。在学校的英文公文中，司徒雷登的名字排在吴雷川之后，而在一些正式场合，如开学典礼，司徒雷登也紧随吴雷川之后。吴雷川认为，在学校行政体系中，"校监办公室"明显处于其他所有行政机构领导的地位[135]。但吴雷川的这间办公室却比司徒雷登的小，下属人员也少得多。任何路过贝公楼（Bashford Hall）的人都会感觉到，司徒雷登办公室显然才是行政活动的中心。

吴雷川后来不再参加于司徒雷登住所举行的校务委员会会议。高厚德曾告诉吴雷川，"大家都希望他担任学校的实际领导"，但吴雷川极其失望，1931年5月，在担任了两年校监后，他递交了辞呈。校务委员会拒绝接受他的辞职，吴雷川表示同意再干两年，但前提是他只负责与南京方面的官方联系。在此期间，他大大减少了对校园事务的参与，只负责与南京沟通并教授中文，偶尔也出现在教堂里。1934年5月，他最终辞去职务，回到老家杭州从事写作[136]。

1937年，当吴雷川重新回到燕京大学时，他继续教授文言文和高级写作，在燕大基督教协会中也很活跃。但他的名字却不在圣诞节期间向学生开放住所的教师名单里。1940年他70岁生日时，燕大的华人教员筹集了6000块大洋，设立"吴雷川奖学金"，并希望通过出版一份《燕京新闻》特刊来纪念他。但吴雷川以政治原因为由拒绝了这个提议[137]。

吴雷川在燕大担任校监的经历，进一步显示了司徒雷登在华人控制权问题上的模棱两可。吴雷川因学术水平在同事中享有很高的声望，他很不情愿地承担了高层行政管理责任[138]。1934—1937年，他担任执行校监（其辞职后，周诒春担任了1年临时校监），但日本占领华北期间，吴雷川让位于司徒雷登，让他利用自己作为美国公民所享有的治外法权来保护学校。抗日战争结束后，司徒雷登受命复建燕大。1937—1945年，长期担任国民政府财政部长的孔祥熙欣然接受了华人校监这一象征性职位，让司徒雷登全面负责学校事务（1942—1946年，梅贻宝担任迁往成都的燕大执行校长和执行校监）。但孔祥熙名声不佳，司徒雷登不得不中断和他的个人联系，不再支持他担任校监[139]。1946年7月，司徒雷登被任命为美国驻华大使，他和孔祥熙同时辞职，从而再次提出了"谁是学校的领导"这一问题。

1946年，以陆志韦为主席的行政委员会临时负责管理校务，但董事会和教员们都要求找到完善的替代办法。此前，董事会反对按照中文版章程办事，但1947年，面对燕京大学的建议，他们推荐陆志韦作为校监的第一人选。不仅如此，他们还同意按照中文版章程来解释这一职位的权责。但当司徒雷登断绝了陆志韦当选的可能后，董事会认为，"当前避免卷入技术性问题是明智的"。同时，他们同意司徒雷登的推荐，让化学系教授窦维廉（William Adolph）担任执行校长。在随后的两年时间里，陆志韦的职位很不正常。在窦维廉任校长期间，陆志韦甚至拒绝参加教师行政委员会的会议[140]。1948年7月窦维廉辞职后，行政委员会再次掌权，而陆志韦和艾德敷（他搬进了原司徒雷登的住所）则担任了委员会的执行秘书。

纵观20世纪40年代，对于中国人的领导权问题，司徒雷登一直持模棱两可的态度，直到共产党接管学校。表面上，他告诉董事会，不愿意继续以美国驻南京大使的身份向燕京大学提建议，因为他担心自己的影响力会干扰"那些正在掌管学校的人"，妨碍他们"履行自己应尽的责任"。1948年，当司徒雷登感到杜鲁门总统将在大选中落败，而有人将接替他出任大使时，他说要回到美国帮助中国的大学筹款，而不是返回燕大，因为他担心"自己只会妨害那里的工作"[141]。但私下里，他觉得燕大很大程度上是自己创立的，只有西方人的强有力领导，才能实现学校国际化的特点。司徒雷登对把实际领导权交给中国人表示怀疑，至少不能交给那些不是他自己挑选的人。当陆志韦作为校长候选人出现时，司徒雷登承认他是一个杰出的人选。但司徒雷登也总是指出陆志韦的弱点，例如"他行为怪诞、脾气暴躁"，1949年3月底，司徒雷登还说他缺乏日常行政管理所需的身体素质，在筹集资金方面也不足以胜任[142]。

尽管司徒雷登持保留意见，但许多教员和学生都把陆志韦当作抗日战争结束后燕大的领导人[143]。共产党接管学校后，陆志韦任职的权威性再次受到质疑。1949年2月，校务委员会决定任命陆志韦为校长，没有对应的英文头衔[144]，并要求董事会同意这一任命，但董事会指出，校务委员会的行为符合中文版章程，因此，纽约方面的认可实属多余。最后，董事会决定同意校务委员会对陆志韦的选举[145]。陆志韦本人认为校务委员会的任命不具有权威性，而他正在等待新政府的授权。1949年后，燕大所有中国和外国人都接受陆志韦担任学校的领导人[146]。直到陆志韦已经担任校长数月之后，司徒雷登才最终放弃了自己还是燕大校长的想法。他在最后一次向董事会通报燕大事务的报告后附了一张手写的纸条，表明了自己的态度。纸条上写道："我已经敦促大家称呼陆志韦'President'，作为'校长'一职的英文对应，而'校监'一词将不再使用。"[147]

1929年9月，在燕大正式的开学典礼上，董事会主席华纳向校监吴雷川赠送了一把金钥匙。吴雷川将这一仪式的意义解读为"学校现由中国人负责和控制"[148]。但时任校务委员会委员的艾德敷却对此有着另一番解释，他说，这只是代表"这些新盖的建筑将正式投入学校的使用"[149]。高厚德对典礼的解释更加含糊不清，他说"交付钥匙的仪式说明，在负责筹款的董事会努力下，这些建筑得以完工，现移交给学校的学术领导（指吴雷川），它们将正式投入学校的使用"[150]。在此后的20年间，由于司徒雷登的压倒性影响，董事会在财政和行政事务方面的最后决定权从未遇到过真正的挑战。燕大中国化的含义长期含糊不清，这一问题久而未决。但自中国共产党执政后，模棱两可的局面戛然而止，中国化的观念已经被纳入毛泽东有关教育和文化交流的看法中。西方国家对这一问题的解释很快就被抛到九霄云外。

注释

1. John Israel, *Student Nationalism in China,* 1927—1937 (Stanford, Stanford University Press,1966), 5.

2. Stuart to the finance committee of the board of trustees, April 21, 1921, AC:JLS.

3. Hsia Tsi-an, *The Gate of Darkness: Studies in the Leftist Library Movement in China* (Seattle, University of Washington Press,1968).

4. 见 "The Anti-Christian Movement in China, 1922—1927," *Far Eastern Quarterly,* 12.2:133-148 (February 1953); 山本澄子,《中国基督教之研究》(东京, 1972), 96-115。其他反基督教运动的文献, 见 Jessie G. Lutz, *China and the Christian Colleges,1850—1950* (Ithaca, Cornell University Press, 1971), 215-270; Kiang Wen-han, *The Chinese Student Movement* (New York, King's Crown Press,1948), chap. 3; T. C. Wang, *The Youth Movement in China* (New York, New Republic,1927), chap.11;and Kenneth Scott Latourette, *History of Christian Missions in China* (London,1929), chap. 27. 这些研究对中国排外运动的文献提出了问题。例如, 中国人天生就排外吗? 一位叫蒋廷黻的学者把宋明理学的排外传统与这一问题联系起来, 但他只是提出了想法。这种联系还需要更深入的研究。见 Tsiang, "China and European Expansion," in Immanuel C. Y. Hsu, *Readings in Modern Chinese History* (New York, Oxford University Press, 1971), 130.

5. 刘廷芳,《欢迎》, *SM,* 2.7 (1922年3月)。非基督教学生联合会在上海成立, 其声明以中英文发表在*SM,* 2.7 (1922年3月); 另见张钦士辑,《国内近十年来之宗教思潮》, 187-189。

6. 有关该运动重建教育权的最好的研究为Cyrus Peake, *Nationalism and Education in Modern China* (New York, Columbia University Press,1932), 72-159; 另见 Alice Gregg, *China and Educational Autonomy* (Syracuse, Syracuse University Press,1946), chap. 8; and Kiang Wen-han, *Chinese Student Movement,* 87-95.

7. 余家菊,《教会教育问题》, 收于张钦士,《国内近十年来之宗教思潮》,

305-338; 陈启天《我们主张收回教育权的理由与办法》，收于张钦士，《国内近十年来之宗教思潮》，342-365。在运动衰落之后，陈仍继续撰写有关教育的文章多年。见他的《最近三十年中国教育史》(台北，1962)。

8. 吴雷川在他的《沪案与中国基督教前途》一文中引用了更高的数字，见*SM*, 5.5 (1925年6月); 有关更多教会学校影响的研究，见Dorothy Borg, *American Policy and the Chinese Revolution, 1925—1928* (New York, The MacMillan Co., 1947), 20-45; and Jessie Lutz, *China and the Christian Colleges,* 246-254.

9. "Christian Schools under the Nationalistic Government," *Educational Review,* 19.2:141,160 (April 1927).

10. Lutz, *China and the Christian Colleges,* 255-270.

11. 有关北大教授的联合声明，见《主张信教自由宣言》，收于张钦士，《国内近十年来之宗教思潮》，199。另见梁启超《评"非宗教同盟"》，收于张钦士，《国内近十年来之宗教思潮》，260-271。20世纪30年代中期进入燕京大学的周年子是梁启超的外孙女，她曾回忆，梁家对基督教教会学校非常支持，因为那里是学生们接受道德教育最好的地方。Interview, Milton, Mass., May 5,1968.

12. H. C. Tsao, "The Present Situation of Education in China," *Educational Review,* 20.4:374 (October 1928).

13. Stuart to North, April 10, 1927, AC:JLS; Alice Gregg, *China and Educational Autonomy,* 86-92; "Minutes of the Faculty Organization," September 12, 1923,and "President's Report to the Board of Trustees," January 1925, 2-4, AP:R.

14. 司徒雷登，《基督教教育问题》，*SM*, 5.4:9 (1925年1月); "Declaration of the Yenching Faculty, June 3,1925," *SM*, 5.9:67 (1925年6月). 华人教员的声明，见《燕京大学中国教职员团体宣言》，*SM*. 5.9:48 (1925年6月)。

15. Lucius Porter, "Cry of the Chinese Heart," *SM*, 5.9：1-2 (June 1925), 英文部分; Porter diary, June 4,1925, PC:LLP.

16. Stuart to the trustees, April 22,1926, AC:JLS; *Yenching University: A Few Facts and Figures* (Peiping,1929), 5, AP:R. 另一个有关司徒雷登的评

价，见他的 "Crisis in Christian Higher Education," *Chinese Recorder,* 59 (October 1928), reprint in AC:JLS. 有关高厚德对反基督教运动以及中国教会学校教育的观点，见他的 "Oriental and Occidental Elements in China's Modern Educational System," pt. III, *Chinese Social and Political Science Review,* 13. 1:22-24 (January 1929).

17. 司徒雷登和马克谟的通信保存在华盛顿国家档案馆国务院中国内部事务档案中，1910-27, 893/00.7378。3月18日，马克谟回了两封信，反驳燕大一位人士把他当作是向中国提出最后通牒的始作俑者。见 MacMurray to Stuart, Peking, March 18,1926.

18. Interview, Grace M. Boynton, November 14,1967, and Elizabeth Kirkpatrick (博晨光长女), August 28,1969. 另见博晨光日记，1927年7月。另一位提到这次逃离的记者Vincent Sheean，见*Personal History* (纽约，1934), 256。博晨光和Sheean 在1927年7月经常见面。

19. 这些通信见 "Editorial," Peking and Tientsin *Times,* February 3-5,1926; *North China Standard,* Peking, May 6,1927. 华盛顿国家档案馆天津领事馆档案中保存有相关复本。

20. Minute，Board of Trustees, April 6 and 14,1927, AP:BT. 从中国发来的电报日期为1927年4月9日。

21. Stuart to the finance committee of the board of trustees, April 21,1921, AC：JLS.

22. 《北京教育部布告第16号》和《私立学校规程》（1926年11月），见张钦士辑，《国内近十年之宗教思潮》(北京,1927), 370-373。上述两项规章的英文译本分别见*Educational Review,* 18.1:99-101 (1926年1月) 以及19.2:163-180 (1927年4月).

23. Stuart, "Current Religious Issues as Faced at Yenching University," *Educational Review,* 23.1:42-44 (January 1931).

24. 《中国人从欧美基督教国家所得之基督教影响》, *SM,* 2.7:1-6 (1922年3月); 刘廷芳，《反对宗教的运动》, *SM,* 2.9: 2-5 (1922年6月); 山本澄子，《中国基督教教会独立运动》，见《近代中国研究》, 1:287 (1958年9月)。

25. 吴雷川，《基督教与中国文化》，10; 吴雷川，《教会学校当如何应付时局》, *CLYSM,* 2.3:52 (1927年2月15日)。

26. 徐宝谦，《二十年来信教经验自述》, *CLYSM,* 8.4:132 (1934年6月)。

27. 刘廷芳,《非基督教学生同盟》, *SM*, 2.7:11 (1922年3月); Liu, "To the Members of the General Board, the Three Councils, Regional Associations, and other Members of the China Christian Education Association," printed (n.d., c. summer 1925), 6-7, AC:LTF.

28. 吴雷川,《沪案与中国基督教前途》5.5:18 (1925年6月)。有关类似的英文声明, 见Hsü Pao-ch'ien, "Youth's Challenge to Youth" in Milton Stauffer, ed., *China, Her Own Interpreter* (New York,1927), 159-168.

29. 吴雷川,《基督徒的希望》, 4-5; 刘廷芳,《基督教与中国国民性》, *SM* 5.9:4-15 (1925年6月)。有关当时对皈依基督教的学生丧失国民性的指责, 见燕大校友、曾国藩曾孙女曾宝荪的自述。曾宝荪,《我的宗教经验谈》, 收录于徐宝谦编《宗教经验谈》（上海, 1934）, 60。

30. 《中国人从欧美基督教国家所得之基督教影响》, *SM*, 4。

31. 吴雷川,《论中国基督徒对于国家应付的责任》, *SM*, 5.5:5 (1925年2月）。

32. 刘廷芳,《基督教与中国国民性》, *SM*,11。

33. 刘廷芳,《中国基督徒爱国问题的评议》, *SM*, 4.9-10:5 (1924年6月）。刘的文章分两期发表, 第一部分发表在*SM*, 4.8:1-5 (1924年4月）。

34. 刘廷芳,《基督教与中国国民性》, *SM*, 12-15。

35. 吴雷川,《论中国基督徒对于国家应负的责任》, *SM*, 6-7; 刘廷芳,《鸣呼五卅》, *CLYSM*, 1.4:91-*92* (更1926年5月); 徐宝谦,《编辑之言》, *CLYSM*, 3.1:2-3 (1928年1月）。

36. Lu to McMullen, September 1, 1950, Lu Chih-wei file, AC:UB.

37. 不管他们隶属哪个专业或个人机构, 董事会在组织和思想上都很完善, 就像他们在管理财富方面一样。三分之二以上的成员都活到70岁以上, 1945年所列的17位成员中, 有四位活到90多岁。

38. 汇文大学1889年的原始章程、1915年的修订版以及1923年和1928年的修订版都可以在AP:BT中找到。

39. Article II, sec. 1,Article III, sec. 3, and Article VII, AP:BT.

40. Article III, sec. 5, and Article IV, sec. 1, AP:BT.

41. 例如, 1892年汇文大学的管理委员会由11人组成, 6人代表教会（四人代表卫理会, 两人来自非卫理会）, 3人代表外国公使馆（包括美国公使查理·田贝, 弗格森, 荷兰公使）, 另外2人来自非教会和非使馆组织（包括中国海关总税务司赫德、同文馆总教席丁韪良）。

Howard Galt, "Yenching University," 4, AP.

42. Stuart to Garside, June 25,1934, AC. JLS.
43. Lu to McMullen, April 13, September 1, and October 12,1950, AC:UB.
44. Stuart to North, July 5, 1927, AC:JLS.
45. 董事会所管理的学校财产，在1951年时价值222.4万美元。
46. Minute, Board of Trustees, December 9,1927, AP:BT.
47. Ibid.
48. 吴雷川，《教会学校立案以后》，*SM*, 6.2:1-3（1925年10月）。
49. Galt, "Yenching University," 201, AP.
50. *PSYTI, 1-6* (1931); *PSYTI*, 3-11 (1937）.
51. Minute, Board of Managers, September 23 and October 1,1928, AP:BM.
52. 刘廷芳，《教会大学办学之困难》，*YTYS*, 2.9:27（1936年6月）。
53. 三个美国捐赠机构，"公理会""长老会""卫理会"各捐赠了10万美元，而"伦敦会"捐赠了5000美元。
54. Dwight Edwards, *Yenching University,* 105; Minute, Board of Trustees, July 6,1918, AP:BT.
55. Minute, Board of Trustees, February 17, 1936, AP:BT.
56. Edwards, *Yenching University,* 170.
57. Galt, "Yenching University," 213-215, 391，AP; Edwards, *Yenching University,* 228-230; see also James C. Thomoson, Jr., *While China Faced West* (Cambridge, Harvard University Press,1969), chap. 6.
58. "President's Report," 1920,12, AP:R; Philip Fu, interview, February 1 and May 1,1968; Stuart, "Autobiographical Notes," 49, PC:GMB.
59. Stuart, *Fifty Years*, 122.
60. 除了为司徒雷登工作外，傅泾波在20世纪30年代也曾为中国文化经济学会工作，他从那里领取业余工作工资。对司徒雷登与傅泾波关系过于密切的批判，一直持续到他当驻华大使时期。1949年司徒雷登离开中国后，他患了严重的中风，并始终未能痊愈。在15年的患病时间里，傅泾波像儿子一样照顾他，直到他1964年去世。
61. Stuart to Haines, September 26, 1924, AC:JLS; Stuart to Luce, November 8, 1926, AC:JLS; Edwards, *Yenching University,* 127; Fu, interview, May 1,

1968; Stuart, *Fifty Years,* 125.

62. T'ien Hsing-chih, interview, Hong Kong，February 11,1969 (T'ien是该 运动的秘书); Galt, "Yenching University，" 219, AP; Edwards, *Yenching University,* 229.

63. *PSYTI,* 188 (1937); Minute, Board of Trustees, February 17,1936, AP:BT; Galt, "Yenching University," 218, AP.

64. Wannamaker to Stuart, June 1,1929, AC: JLS.

65. Stuart to Garside, October 18,1929, AC:JLS; Edwards, *Yenching Univerity,* 229.

66. Wannamaker to Stuart, June 1,1929, AC:JLS.

67. Minute, Board of Trustees, April 14,1930, AP:BT. 委员会由司徒雷登、 艾德敷、北京协和医学院的Roger Greene，以及纽约国家银行北平分 行的 C. R. Bennett 构成。

68. Stuart to Garside, n.d., c. August 1930, AC:JLS.

69. Stuart to Garside, August 5 and November 10, 1930, AC: JLS.

70. Garside to Stuart, January 7,1931; and Stuart to Garside, February 6, and 19,1931;Stuart to Hague, April 3,1932; and Stuart to McBrier, May 9, 1932, AC:JLS.

71. Edwards, *Yenching University,* 175.

72. Minute, Board of Trustees, December 7,1933, AP:BT.

73. Ts'ai Yi-o (Stephen Tsai) to the trustees, as reproduced in a minute of the Board of Trustees, March 3,1931,AP:BT.

74. Garside to Galt, August 23,1930, AC:HSG.

75. Minute, Board of Trustees, June 19,1929, AP:BT.

76. Stuart to McBrier, December 10,1930, AC:JLS,

77. Minute, Board of Trustees, April 14,1932, December 29,1933, April 6, 1934, and April 9,1935, AP:BT; Sailer to McBrier, March 22,1947, Sailer file, AC:UB.

78. 1928年政府规章取消了副教授一职，导致随后两年间教授数量的增 加。此外，没有西方教员被提升为研究生或本科生助理，但到1930 年，24位华人却被擢升到同类岗位上。另外两类职位是兼职讲师和 荣誉职位，也包括从讲师到教授。兼职教职提供给附近学校的华人教员，尤其是清华大学，1930年，兼职教职占到华人教师讲师或以上职称的一半。许多西方人被以荣誉教师的名义雇用，这类教师在1924年几乎占全部西方人的四分之一。这种安排可以让学校利用男性教师的妻子、基督教青年会工作人员、PUMC职员和其他西方名人，如Robert E. Park 和I. A. Richards等。见 Galt, "Yenching University," 297, AP; *PSYTI*, 265-279 (1931); *Directory of Students and Faculty*, 1930—1931 (Peiping, 1930), 3-10, AP:D.

79. 见1924年到1937年的各种教师名录，AP:D; Minute, Board of Trustees, September 30,1947, AP:BT; "Proposed Budget for Yenching University for 1950-51," 12, Bliss Wiant file, AC:UB.

80. Stuart to North, August 27,1926, AC:JLS.

81. *Statistical Report of Christian Colleges and Universities in China* (Shanghai), no. 26 (1928) and no. 28 (1930).

82. Galt report to trustees，November 21,1929, AC:HSG.

83，Minute, Board of Trustees, April 11,1922, AP:BT.

84. Liu T'ing-wei, interview, June 11, 1969, Taipei; also Grace M. Boynton, interview, November 14，1967.

85. Boynton, interview, November 14,1967.

86. 为华人学生基督教联合刊物《基督教中国》撰写文章的人包括很多与在华基督教并无关系的人，如蒋廷黻（1920—1921年担任协会主席）、胡适和赵元任等。

87. *PSYTI,* 265-279 (1931).

88. Interviews with Grace Boynton, April 3,1968, and Liu T'ing-wei, June 11, 1969; Lucius Porter diary, July 6 and 7,1921,PC:LLP.

89. 我要感谢Peter Buck提供了CHAOS报告中的信息，哈佛大学, 1969年11月。

90. *Educational Review,* 17.4:176-177 (April, 1925) and 18.4:306 (April, 1926).

91. Liu T'ing-fang, "The Problems of Chinese Christian Leadership: A Preliminary Psychological Study," *International Review of Missions,* 11.42:221 (April 22,1922); Stuart, "Autobiographical Notes," 16.

92. North to Stuart, May 12, 1921, and Stuart to North, June 17,1921，

AC:JLS.

93. Minute, Board of Trustees, January 27, and July 17,1923, December 20, 1926, July 15,1927, March 13,1928, AC:BT.

94. Minute, Board of Managers, March 1,1930, AP:BM; Memo on salary schedules for university appointed Western faculty, November 5,1929, AC: HSG; Garside to Stuart, May 28,1931, AC:JLS.

95. 《修正教职员待遇通则》, 4-6 (中文版), 5-7 (英文版), AP: R. Galt, "Yenching University," 300-303, AP. 中西教员在年度计划方面发生了意见分歧, 这项规定要求每位教员拿出年度工资的5%, 而学校则拿出同样数量的钱。有些华人教员不愿意为蒙特利尔的太阳生活保险公司投资那么多钱, 因为同样的钱在中国投资可以有更多回报。

96. Porter to children, September 14, 1947, PC: LLP; Grace Boynton diary, April 6,1947 and March 13,1949, PC:GMB; Lucy Burtt correspondence March 14,1951, PC:GMB.

97. Stuart to North, January 2, 1925, AC:JLS.

98. Galt to Garside, February 7, 1929, AC:HSG.

99. 位于纽约Riverside Drive 大街475号的亚洲基督教高等教育联合会档案馆, 有很多燕大教工宿舍的照片以及教工都住在哪里的情况表。

100. 刘廷芳,《教会大学办学之困难》, *YTYS*, 2.9:19 (1936年6月)。

101. 同上, 20-21。在文章结尾, 刘廷芳加入了一个小标题为"司徒雷登困难之征服策", 显示了他与司徒雷登之间的特殊关系, 要远高于其他传教士教育家。同上, 27-28。

102. Galt, "Yenching University," 116-117, 246, 254.

103. "President's Report to the Board of Managers," June 6,1918, AP:BM; Directories of faculty and students, 1924-1925 and 1930-1931, AP:D; minute, board of trustee, May 11,1923, AP:BT; *PSYTI*(1931),332-338, and (1937), 188-189; "Proposed University Budget for 1950-1951," Bliss Wiant file, AC:UB, 1930-1931, AP:D.

104. *Annual Reports of the President and Deans for 1926—1927* (Peking,1927), 2, AP:R.

105. *PSYTI*, 319-326(1931).

106. *Annual Report of the President and Deans, 1924—1925* (Peking,1925),

19, AP:R; "President's Report," June 1921,8, AP:R;《燕京大学宗教学院退休会讨论会议录》, *CLYSM*, 5.14:16-19 (1929年12月)。

107. Minute, Board of Trustees, April,10,1928, AP:BT.

108. "Selected Minutes of the Appraisal Committee," ms., no. 889, Laymen's Foreign Mission Inquiry, April 5,1932, 5-8 (Missionary Research Library).

109. *PSYTI,* 342-356 (1931).

110. "Report of the School of Religion to the Board of Managers," 1930-31, 1, AP:R.

111. 转引自Galt, "Yenching University," 249-250, AP.

112. "President Stuart's First Annual Report to the Board of Managers of Peking University," June 11,1920, 9, AP:R.

113. "President's Report," June 1922, 3, AP:R.

114. Galt, "Yenching University," 117-119,140, AP. 燕京大学行政档案保存着20世纪20年代农学系的长长的报告，农业和中国农村问题也在"生命社"成员的文章中有所讨论。见*SM,* 4.4-5 (1924年1月) 以及《真理与生命》, 8.6 (1934年11月)。

115. Galt, "Yenching University," 119, 241,AP. 裴义理1860年出生在爱尔兰，1890年开始在中国苏州的长老会工作。1898年，他到北京京师大学堂担任英文教员。他经历了义和团围困公使馆的战斗，后来又加入赈济饥荒的工作，想把西方科技引进中国，而燕京大学就是为此而成立的。司徒雷登也支持这一计划，但董事会却予以拒绝。裴义理当时把注意力转向组建工业学校，即上海尚贤堂。这些努力后来都与20世纪30年代的工业合作计划合并。见Victoria W. Bailie, *Bailie's Activities in China: The Account of the Life and Work of Professor Joseph Bailie In and for China, 1890—1935* (Palo Alto, 1964).

116. "President Stuart's First Annual Report," June 1920, 8, AP:R.

117. "Second Annual Report of the President," June 1921,5,AP:R; Galt, "Yenching University," 120, 121, AP; *Educational Review,*15.3:229 (July 1923); Minute, Board of Trustees, January 9,1946, AP:BT.

118. Galt, "Yenching University," 231, AP; *Yenching University Alumni Directory* (Peiping, December 1931), II, 12, AP:D.

119. Galt, "Yenching University," 280-286, AP; *PSYTI,*185 (1937); 斯诺的

《红星照耀中国》就根据他1936年访问共产党的丰富经历写成。他曾任教2年多的燕大新闻系的学生给予了他宝贵的帮助。

120. *Yenching University Alumni Directory*, II,109. 中央研究院和北平研究院从事研究生毕业后的研究工作。

121. "Annual Report of the Yenching University Christian Fellowship, 1927—1928," 转引自Galt, "Yenching University," 357, AP; Kiang Wen-han, "Christian Work in Government Schools," *Chinese Recorder*, 67.5:265 (May 1936); Wu Yao-tsung, "Christian Forces and Educated Youth," *Chinese Recorder*, 67.3:147 (March 1936).

122. 魏兆淇，《我怎样由反对基督教而信基督》，收录于徐宝谦《宗教经验谈》，93-100。20世纪20年代末期，人们对革命变革反应强烈，作家李安哲，即后来燕大社会学系教授，为了外国教员阅读方便，将鲁迅和青年之间的通信翻译成英文，这些都是民众反应的表现。见《语丝》，4.17 (1928年4月)，英文版见PC:SFB。

123. Interviews with T'an Jen-chiu, Hong Kong, February 2，1969; Yeh Ch'u-sheng, Taipei, May 30,1969; Li Man-kuei, Taipei, June 5,1969；and Chang T'ing-che (Wen-li)，Taipei, June 9,1969.

124. 徐宝谦，《燕大基督教团体》，*CLYSM*, 3.16:7-11 (1929年1月); 吴雷川，《燕京基督教团体的成立与中国教会的改造》，*CLYSM*, 1.10:285-288 (1926年10月); "Annual Report of the Yenching University Christian Fellowship, 1927—1928," 转引自Galt, "Yenching University," 357, AP; "The Yenching University Christian Fellowship, 1933—1934," 3, AP:R; 《燕大基督教团体年报，1937—1938》，5, AP:R.

125. Ralph Lapwood to friends, November 15, 1950, PC:RNL.

126. Elizabeth Rugh Price, "When the President Plays,"《人物月刊》1.2:132 (1936年6月15日)。有些女教工对司徒雷登的合并方式颇有微词，当时男女校合并后的行政领导斯皮尔将其称为"吞并女校"。Speer, interview, Philadelphia, January 31,1968; Grace Boynton to me，December 10, 1969.

127. 《组织大纲》，*PSYTI*, 7 (1931)。

128. Mei Yi-pao, interview, July 16,1968.

129. Galt to Garside, July 1,1930, AC:HSG.

130. Minute, Board of Managers, March 1,1929, AP:BM. 遗憾的是，我未能找到中文教师名录周刊《燕京大学校刊》(1927—1937)，由吴雷川编辑到1933年。这份材料比其他文献更能从中国人的角度说明问题。全部校刊收藏于国立北京大学。见《全国中文期刊联合目录(1833—1949)》(北京，1961)，1242。

131. Stuart to Garside, July 25,1927, and October 25,1928, AC:JLS.

132. 吴雷川，《与现代青年商量救国的问题》, CLYSM, 1.11:311-314 (1926年11月15日)。

133. 吴雷川，《中国青年不当效法耶稣吗？》, CLYSM, 1.8:224-225 (1926年9月30日)。见徐宝谦，《修养不忘努力，努力不忘修养》, CLYSM, 2.13:410-412 (1927年11月)。

134. Ma Meng, interview, Hong Kong, February 8,1926; Wu Lei-ch'uan (trans. Liu Ting-fang) to Stuart, February 18,1930, AC:JLS; Stuart to Farley, September 17,1932, AC:JLS.

135. Galt to Stuart, March 14,1930, AC: HSG.

136. Minute, Board of Managers, May 15 and June 20, 1931, May 1934, AP: BM.

137. *Yenching News,* November 16,1940, AP; Minute, Board of Trustees, May 10,1945, AP:BT.

138. Porter to children, June 19 and July 27,1948, PC:LLP.

139. Stuart to Corbett, August 5 and 26,1946, and July 1947, Stuart file, AC:UB.

140. Minute, Board of Trustees, March 17,1947, AP:BT; Minute of the faculty executive committee, May 7,1947, AP:BM; Stuart to McMullen, July 5, 1947, Stuart file, AC:UB.

141. Stuart to McMullen, January 21,1947, and July 23，1948, Stuart file, AC:UB; Grace Boynton diary, October 8，1948, PC;GMB.

142. Stuart to Corbett, August 5, 29,1946, and Stuart to McMullen, March 9,1949, Stuart file, AC:UB.

143. Grace Boynton diary, September 4,1947; 陆志韦，《人物月刊》, YCHW (1947年6月2日)。

144. Minute, Board of Managers, February 26, 1949, AP:BM.

145. Minute, Board of Trustees, March 11,1949, AP:BT.

146. Edwards, *Yenching University,* 418; Wiant to McMullen, April 3,1949, Wiant file, AC:UB; Lapwood to friends, November 15,1950, PC:RNL; Sailer to McMullen, October 24,1950, Sailer file, AC:UB.

147. Stuart to McMullen, March 9, 1949, Stuart file, AC:UB.

148. *PSYTI,*(1931), 6.

149. Edwards, *Yenching University,* 215.

150. Galt, "Yenching University," 184, AP.

第05章

/ 学生领袖的激进运动

　　学生是大学设立的意义所在，因为学生，大学才得以存在。通过学生，基督教和文科知识才能传播，才能对救中国做出贡献。教师们向学生们提供大学教育，用服务和自我牺牲的精神鼓励他们，希望他们能深入社会，应用自己所学的技能，在中国民众中间鼓舞爱国热情和牺牲精神。学生是民族主义的传声筒，作为西式学校的燕京大学可以身处险境却又泰然处之。新文化运动开始时，学生们对基督教持开放态度，这让"生命社"相信，传教和学术可以同时进行。但反基督教运动和之后高涨的民族主义，让司徒雷登和他的同事们不得不接受传教已不再可能的事实。不仅如此，20世纪30年代学生们表达抗日民族热情的示威游行让燕大领导者们意识到，光有学术还远远不够，教育对救国的帮助，比学校创立者原先预想的要小得多。最后，第二次世界大战后，学生们对新出现的共产主义运动表现出兴趣和理解，这迫使燕大教育家们不得不对中西关系重新进行阐释。

随着全国学生运动的发展，燕大学生的抗议活动也表现得愈发多样，从在杂志上撰文温和地批评学校或政府，到影响校园生活达数周之久的极端罢课等[1]。这些不断发展的抗议活动可以被分为三个阶段：第一阶段为1919年五四运动的抗日游行；第二阶段是1935年的"一二·九"运动，一场更加激烈的政治运动；第三阶段是第二次世界大战以后因为担心美国偏袒日本而产生的反美情绪。在学生运动不断发展的背后，是学生所反映出的民国年间燕大在中国社会的地位和作用问题。第一，学生们的社会经济基础是什么？校园里的"贵族"气氛又是什么？这些因素又是怎样影响爱国意识的？第二，学生毕业后的就业情况如何？他们能否适应工作？在运用所学的文科知识去满足民国时期的需求时他们遇到了什么问题？第三，有组织的学生运动的主题是什么？这些运动又如何影响学生们对燕京大学和中西关系的看法？第四，教员们对学生运动持怎样的态度？这些运动又如何影响了教师们对燕大的看法？

/ 学生的来源和贵族形象

人们对燕京大学最普遍的批评，特别是1926年学校迁入新校址后，就是它的贵族形象。校内和校外的批评声都把它称为"贵族学校"。这一形象与校园风景秀丽并且作为前清王室花园有所关联。同时也和学生们的社会背景、高昂的学费以及入校生多数来自基督教教会中学有关。

1929年，在新校园正式启用仪式上，校务委员会主席颜惠庆致开幕词，他将燕京大学比作灰姑娘。在城内盔甲厂校园经历了7年的贫苦洗礼后，燕大师生在海淀校园的众多教学楼内过上了3年宫殿般的生活。天津南开大学校长、司徒雷登的好友张伯苓在祝贺词中也使用了这一比喻，他提醒参加新校园启用仪式的学生们，不要像灰姑娘那样的王子和公主们"生活在奢华中，却毫不关心人民大众"。他警告说，"希望住在这座宫殿里的王子和公主们不要这样"[2]。对于这一警告，师生们十分在意，因为如果燕大变成了一所贵族学校，那培养学生服务大众、认同大众的目的就会遭到背弃。在像中国这样的贫穷国家里，富有和高贵感会成为20世纪爱国主义的大敌，更别说"生命社"所倡导的社会服务精神了。燕大师生们重视张伯苓的警告，也因为他们相信，燕大和其他中国大学并无不同，中国大学的学生们也同样面临要把爱国热情转化为实际贡献的问题，而这似乎是个无解的难题。在燕大人看来，那些批判不只是爱国主义的问题。从某种程度上说，批评者和燕京大学都有它们各自的道理。

学生社会来源的数据（表5）显示，20世纪30年代，大约三分之一的学生都来自商人家庭，他们的父亲都从事着这样或那样的生意。相比之下，来自工人阶级家庭的学生还不到十分之一。

但燕大商人家庭背景和工人家庭背景的学生比例，却与1933年中国其他39所大学的平均比例相差无几[3]。燕大大部分学生的确来自相对富裕的家庭，但全中国的大学生几乎都是如此。

表5　根据父母职业而确定的学生来源背景

1923 年 [a]			1930 年 [b]			1936 年 [c]		
职业种类	数字	比例	职业种类	数字	比例	职业种类	数字	比例
商业		26.8			34.8			31.8
商人	22		贸易	225		贸易	222	
			银行业	16		银行业	28	
			工业	12		工业	13	
专业职业		30.9			24.8			23.3
教育	10		教育	102		教育	86	
医疗	6		医疗	38		医疗	54	
牧师	8		教会	26		教会	17	
其他教会工作	1		社会服务	13		社会服务	6	
编辑	1		通讯	22		通讯	22	
						法律	6	
						新闻	4	
政府		18.3			12.8			18.1
政府官员	14		政府官员	95		政府官员	121	
军队	1		军队	9		邮政	10	
						军队	17	
劳动阶级		8.5			9.4			7.9
农民	7		农民	67		农民	42	

1923 年[a]			1930 年[b]			1936 年[c]		
职业种类	数字	比例	职业种类	数字	比例	职业种类	数字	比例
			工人	9		工人	23	
其他	12	15.5			18.2			18.9
			退休	20		退休	41	
			去世	5		去世	38	
			未报告	120		未报告	79	
总计	82			809			826	

说明：为了进行有说明意义的比较，表格左边的职业类别是对不同文献的归纳总结。其他具体的职业则是文献中实际使用的名称。

a. 1923 年 4 月 13 日司徒雷登给董事会的信，AP；这些数字来自男校 82 名新生；

b. *PSTYI*(1931),330；

c. *PSTYI*(1937),186。

昂贵的学费可能是燕大被当作"贵族学校"更为确切的原因。1927—1937 年，学费从每年 50 美元涨到 110 美元，增加了一倍有余。在此期间，住宿费用保持不变，仍然是每年 40 美元[4]。与其他学校相比，燕大的学费普遍偏高。例如，1930 年，北大的学费是每年 40 美元，清华的学费是 20 美元。由于战后通货膨胀危机，1947 年 12 月，燕大学费攀升到 250 万元（法币），总花费高达 450 余万元。学费的增加影响了包括富家子弟在内的所有学生，但会让来自穷人家的孩子更加艰难[5]。燕大学生每年的花费也同样高昂。1929 年，年花费为 1212 元，虽然不如协和医院（据说为 20714 元）、福建协和大学（2385 元）、清华大学（1742 元）和岭南大学（1319元）那么高，但比起其他基督教大学的平均费用还是高出很多，几乎是所有高等教育机构平均学费693元的两倍[6]。

为了解决学费昂贵的问题，燕大设立了助学金，但在帮助贫困家庭学生入学方面，它的作用因为时代的变化也有所不同。1935年，一位燕大学生说，大学四年他没有得到父母的资助，像学校许多同学一样，通过奖学金、学生工作项目和住在宿舍阁楼里专门为贫困生提供的房间，也得以毕业[7]。但其他记录则显示助学金的作用有限。例如，1923年，82个申请人中只有6人得到了一定的奖学金资助。那一年还设立了一个勤工俭学计划，即在燕大附近的中小学内教书。此外，雇佣形式还包括教授外国人汉语、打字、抄写、在学生合作商店和图书馆帮工，当园艺工人、家政服务员、传信人和为外国人当导购等。但并没有确切的数字表明，究竟有多少学生能获得这些机会。在学校迁往新校址最初的几年间，有大量园艺工作为学生们提供了打工的机会。但到1930年，这类工作已经全部结束。1928年，700名在校生中只有12人得到了奖学金。学生还可以获得贷款资助，但只有大学二年级及以上的学生才可以得到贷款[8]。1939年，由于日军占领中国，很多学生和家里失去了联系，司徒雷登提高了向这类学生的经济援助。他成功说服董事会支持一项可以让300多人受益的奖学金计划[9]。1942—1946年的四年间，学校迁往成都，大多数学生都没有经济来源。执行校长梅贻宝采取的方针是"只要学生有上大学的资质，都应该留在学校"。学校、国际大学生救济委员会和重庆的教育部设立了奖学金和助学金，为所有来自敌占区的学生负担饮食[10]。

第二次世界大战结束后，学校加强了学生资助计划。战争摧毁了大部分学生的家庭生计，普遍的结果是家中一贫如洗，对学生的影响也是致命的。1946年，燕大海淀校区在校的436名学生中，69人拿到了全额奖学金，尽管其中42人只是免除学费。此外，勤工俭学计划为108名学生提供了工作，如修理、行政助理、宗教仪式助理等。有的学生一周工作多达40个小时[11]。由于很多燕大学生都要共渡难关，1947年，他们成立了"贫困学生自助协会"，向最需要帮助的人提供工作机会和经济支持，尽管数额少得可怜。1948年12月，由学校负责管理的奖学金和贷款可以让学生总数中的45%受益[12]。1949年后，虽然学费有所上涨，但新政府负责了50%的学生饮食花费。简而言之，在20世纪40年代末之前，为了减少高额学费的负面影响，学校向学生们提供了少量和间断性的经济资助，但这不足以改变人们对燕大"贵族学校"的指责。

"贵族学校"的形象与燕大过低的学生教师比例也有关系。在美国，学生教师的低比例被看作是高质量教学的标志，燕京大学希望采取美国的标准，把比例设定在3∶1左右。从20世纪20年代到抗日战争开始，这一比例基本是稳定的。在财政宽裕的年代，董事会既为学校感到骄傲，也为这一比例感到自豪，但在抗日战争胜利后的财政困难时期，董事会又批评燕大的行政人员把比例压得太低。燕京大学希望得到更多资金来购买煤炭以便在冬季取暖，但这一要求却未获通过，董事会指出，燕大的学生教师比例只有2.9∶1，而南京大学是4.3∶1，所有基督教教会学校的平均比例是6.5∶1[13]。

　　燕大从特定学校招收新生也加强了其"上流社会"学校的形象。在这方面，歧视更多地源自宗教而不是经济。燕大主要从三类渠道招生，一是学校本身的预科部，它于1929年结束办学，尤其喜欢招收基督教教会中学和公立中学的学生。享有信誉的学校最初只有4个燕大创始教会管理的中学，但后来也包括了其他教会学校和几所私立学校。1933年，燕大确认了中国9个省份的38所和爪哇岛的1所学校为招生重点学校[14]。1928年燕大在政府登记之前，来自信誉学校的毕业生可以免试入学，只靠推荐就可以被录取。即使在政府注册之后，这些学校的毕业生也仅仅参加2门考试：中文和英文。而所有其他学生则需要参加在中国各大城市举行的冗长的综合考试[15]。1930年后，进入燕大的竞争越来越激烈，入学条件上的宗教歧视也变得愈发严重。例如，在1935—1936学年，1487个申请者中只有295人被录取。1925年，录取自信誉中学的新生比例为81%，1928年为86%，1931年为68%，1936年为64%。相比之下，来自公立中学的新生比例1926年为5%，1928年为3.5%，1931年为8.2%，1936年为13%[16]。来自非信誉中学新生的比例变化太小，不足以弱化燕京大学"排他性"的贵族学校形象。

　　燕大教员和校友们一致提到的"燕大精神"，在其他人，甚至包括一些校内人看来，就是一种"门派之见"，或许也和学校的贵族形象有关。韩素音回忆起20世纪30年代她在燕大的学生岁月时，就不喜欢用"燕大精神"一词，因为她并不相信传教士和学校的宗教办学目的。她也感受到了同学们对她的歧视，因为她的经济条件和种族都与周围格格不入①。她相对贫寒，还是欧亚混血，有一次因为在北平与美国人约会，还被学生们在每周的例会上粗暴地批判了一番[17]。无独有偶，蒲爱德女士收养的两个女儿也在燕大读书，由于出身卑微，也受到了歧视，她们觉得燕大很多学生都争抢着想进入上流社会[18]。

/ 就业与救国

不过，因生源而形成的贵族形象，在一定程度上被燕大毕业生的就业情况淡化了。爱国主义情感和燕大的理想主义教育，使很大一部分学生放弃了商业、银行业和工业等符合其家庭背景的行业，转而从事很难赚钱的教育工作（见表6）。虽然他们中的三分之一来自富裕家庭，但毕业后却只有十分之一从事商业。有十分之一来自教育世家，但却有40%的毕业生从事教育行业。与父辈职业分道扬镳的现象说明，学生们相信教育的作用，而这正是燕大教育家们影响的结果。

---

① 韩素音（1916—2012）：著名女作家。父亲为中国人，母亲为比利时人，系中西混血。随父亲在北京长大，1933年进入燕京大学预科，1935年留学比利时。1949年后曾在香港行医，后因与几任外国籍丈夫结婚，在马来西亚、瑞士洛桑等地生活。著有《生死恋》等小说。——译者

表6 燕大毕业生的职业

职业种类	1888—1921[a]		1917—1931[b]		1934—1936[c]	
	数字	比例	数字	比例	数字	比例
教育	133	29	490	39	—	39
政治	19	4	113	9	—	16
研究	41	9	154	12	—	15
宗教和社会工作	108	26	155	12	—	14
商业	18	4	110	9	—	8
医药	37	8	15	1	—	2
新闻	—	—	15	1	—	2
农业	1	—	17	1	—	—
其他	113	20	143	14	—	4
总计	449		1248		475[d]	

资料来源：a. Sidney D. Gamble and John S. Burgess, *Peking, A Social SuRvey*(New York, 1921), 382.（1888—1916年的数据来自燕大美以美会的组成部分汇文大学）

b. 1917—1931年全部毕业生职业信息包括各学院、研究单位、宗教学院、短期课程和特殊课程的毕业生。*Alumni Directory, II*, December 1931, 113.

c. 数据仅包括各学院和研究单位，Galt, 327.

d. *PSYTI*(1937), 183.

　　既没有经商，也没有从事教育的另外50%毕业生在其他行业找到了工作，如政府工作、宗教和社会工作、学术和高级研究工作等。与全国高校的平均水平相比，燕大毕业生在就业方面的成功是十分显著的[19]。20世纪30年代中期，大学教育者的一大担忧就是学生找不到工作或工作不称心[20]。1936年，教育部的调查显示，1933—1934年，一半以上的大学毕业生，或者说1万多大学毕业生"仍然在街边游荡，找不到工作，他们垂头丧气、悲观绝望"。1935年5月，对2630个即将毕业的学生进行的调查显示，只有不到600个学生找到了工作或要继续深造，而剩下的2000多个学生则就业无着落[21]。

但燕京大学各个方面的成功掩盖了更深层次的问题。40%的燕大毕业生都转向了教育行业，但教育本身的有效性却成了问题。1924年，南京大学的一个学生提出了质疑，他问，教育将如何救中国？大学生的人数寥寥无几，如何能产生巨大的政治能量来应对挑战并洗刷国耻？如果你相信教育，那真是找错了门。中学老师都在培养学生，为他们上大学做准备。那位学生便问，为什么要上大学？答案是，可以拿学位。为什么要拿学位？答案是，拿到学位可以当中学老师。"如此一来，人们就围着教育转，一代又一代，这样一个旋转木马就可以救国？"[22] 1932年，北大校监傅斯年也曾使用循环做比喻。没有好的教育，改良政局便毫无希望。反过来，黑暗的政治也会阻碍良好教育体系的建立，"如此循环往复，就如同原地打转一样，永远没有出路"[23]。

大学教师无法把他们的工作与"服务、自我牺牲和救国"等最初的目标联系起来，司徒雷登也注意到了这一困难。1936年，他批评教育体系在发展过程中对大学的偏重，而忽视了中小学教育。他指出，1915—1925年，高等教育机构的数量、花费和在校人数分别增加了20倍、40倍和100倍。但中学方面相应的增长分别只有5倍、13倍和8倍，而小学方面的相应增长则分别仅有3倍、5倍和4倍。司徒雷登把如此不平衡的发展归结为"过分效仿西方模式"[24]。不过，司徒雷登认为，燕京大学并没有陷入这一模式，并援引学校惊人的就业数据来证明这一点。他还认为燕大毕业生对社会有特殊的贡献，因为他们具有理想主义和责任意识，这些品质都是学校注重培养学生人格的成果。他尤其为燕大学生在抗日战争中的所作所为感到骄傲，在"偏僻"的云南，六七十个"燕大人"展现着他们"最纯真的奉献精神"[25]。

燕京大学的其他人却没有司徒雷登这么乐观。对于燕大学生比其他高校学生具有"更好的人格和道德"[26]，梅贻宝表示怀疑。刘廷芳也并不把燕大良好的就业情况看作是学校提供优质教育的证明，因为很多毕业生找到工作是因为得到了"照顾"或通过家庭关系，而不是正常的渠道。他们的成功与前期准备没有任何关系。教育意味着服务社会，但刘廷芳注意到，大多数进入教育行业的燕大毕业生只是在基督教教会中学找到了工作，而那些学校本身就与中国社会格格不入[27]。1936年曾在燕大任教的朱有光，就是想深度分析像燕大这类学校的毕业生与服务社会等重大问题之间相互关系的少数人之一。1932年他曾撰文指出，"现代教育想通过教授知识使人们脱离原初的生存环境"。但对"舒适的新生活"和"新生活方式"的追捧也让人们对"家乡和族群的现状"产生了厌恶，其结果是人们蜂拥迁往大城市去过"高级生活"。朱有光认为："就像旧中国时受过教育的阶层与普通大众之间存在一道社会鸿沟一样，现代教育将二者之间的社会差距拉得更大。"[28]

司徒雷登的看法是，抗日战争又为燕大毕业生提供了一个展示技能和人格的机会。但其他西方教员却认为，司徒雷登与日本当局达成的协议过于美好，这似乎在提醒人们，受过高等教育通常就会享有特权。1939年，燕大的美国长老会传教士教员提出了问题，想要寻找答案："我们是否鼓励学生们生活在梦幻世界里，来苟且偷安、逃避战斗？""基督教是否变成了虚幻的信仰，上帝在天国里，而盲目乐观的世界中一切都是美好的？"他们担心，毕业生维持家庭生计的"紧急需求"，会迫使很多人为了尽可能多赚一点工资而挣扎忙碌，却与"能发挥更大社会作用的职业"渐行渐远。他们最后问道："我们培养的是新中国的建设者，还是在未来没有任何位置而被遗忘的一代？"[29]

/ 学生的抗议

从学生们抵达校园到毕业离校，他们平均会在燕大度过4年时光。燕京大学自成立以来，没有哪个4年不在政治动荡中度过，而外界的混乱就反映在校内学生的紧张情绪中。每一次所谓的运动浪潮，都会令人产生极度焦虑，但它们又发生得太过频繁，燕大的中西教员们对此也渐渐习以为常。

在学生抗议活动的演变中，有两个议题逐渐凸显。一是学校在面对浪潮时的恢复能力，能否迅速弥补所缺的课程和考试以保持学术水准，能否在运动浪潮威胁到学校生存时，使人们还保持对学校的信任。二是学生运动的长期影响。学校似乎不可能再回到运动前的状态。每一次学生抗议运动后，燕大领导人都在寻找新的办学目标，而对原目标弃若敝。在20世纪40年代末中国共产党接管学校前夕，燕大还是一所十分繁荣的学校，但当革命迫使它改变校内中西关系的整体前景时，多数学生和教师并未感到惊讶，这反映了燕大看似矛盾的发展趋势。

激进运动在不同时期有不同的意义。五四运动时期，激进表现为对传统的攻击，在当时的背景下，"生命社"就是一个激进社团。但到20世纪20年代末，尤其是1925年的五卅运动后，文化激进主义就远远不够了。所有学生都声称自己拥有爱国情感，而爱国情感需要政治形式加以表现。人们不再简单地相信教育可以发挥救国作用，向西方学习也不再是唯一的愿望。仅仅号召变革还远远不够。问题要进一步明确：需要什么样的变革？是改革还是革命？以谁为榜样？社会主义苏联还是资本主义美国？要哪一种意识形态？马克思主义还是基督教自由主义？为谁服务？现政府还是革命运动？谁是国家领导人？蒋介石抑或另有其人？如果燕大学生看起来正向革命的方向发展，那是因为他们不得不提出这样的问题。但无论文科教育还是支持文科教育的政治环境，都很难轻易地给出答案。

20世纪30年代初，激进思潮已经严重影响到学生界，对于基督教青年会工作者和教会学校的华人教员来说，这已经不是什么秘密。"生命社"早期成员以及后来的基督教青年会全国总干事吴耀宗曾分析认为，与知识分子和作家一样，学生们也在为"日本帝国主义侵略、政治腐败以及社会经济停滞不前等问题寻找综合的解决办法"。20世纪20年代，学生们对诸如"家庭与性关系、文盲、吸毒和革除陋习"等社会问题非常感兴趣。但到了20世纪30年代，他们的注意力则转向社会的根本重建和"整个社会结构的变革，而不是在旧有框架内进行微调"[30]。基督教青年会上海分会干事姜文汉在1937年总结道：基督教教会学校学生的态度已经从追求"个人发展"演变为"要团结斗争"，从追求"理想主义和自由主义"到"完全的现实主义和集权主义"，从关心"个人出路"到"把自己当作普通大众"[31]。易社强（John Israel）在关于学生民族主义的研究中指出，20世纪30年代，学生们拒绝了胡适以及基督教青年会所提出的"用一点一滴的方法来救国"的观点。他们要找到一个"囊括一切的法则"，来分析中国的"落后、随处可见的不公正和受帝国主义压迫"等问题，把它们放在理论框架内研究，"并找到一条行动的革命之路"[32]。刘廷芳认为，这样一种思想倾向与文科教育的整个过程是相抵触的[33]。

1932年9月，司徒雷登在开学典礼上向学生们发表讲话，说他担心一件事，那就是"民主思想"所受到了威胁。他认为威胁同时来自左翼和右翼。司徒雷登警告学生们要保持警惕，不能让燕大和中国的"进步"毁于一旦。当时，国民党特务已经混入学生当中，但司徒雷登更担心的是，影响越来越大的激进思潮[34]。在他看来，20世纪30年代关于法西斯和共产主义的争论具有更加重要的意义，自由主义与集权主义、个人主义与集体主义、改革与革命、理想主义和现实主义之间的冲突都无法与之相比。在司徒雷登看来，激进思潮日益增加的影响力将在极左或极右势力中持续下去。但它不能在知识分子的文化界长期存在。

和所有中国学生一样，燕大学生也处在爱国热潮的最前沿。但他们担心自己受到西方思想的过度影响，尤其是反基督教运动之后，他们参加学生运动有了更加充分的理由[35]。20世纪30年代中期，燕大女子学院院长玛格丽特·斯皮尔女士认为，"我们的学生肩负着重任，他们要表明自己是爱国的，而不是外国人的奴隶"[36]。五四运动后的1919年6月，一位燕大学生曾作为北京学生联合会的代表参加全国委员会，去协调全中国范围的大罢课。1920年，北京学生联合会常设委员会的副主席和1921年全国学生联合会执行委员会的一位当选成员都是燕京大学的学生[37]。整个20世纪20年代，燕大学生参加了北京所有的爱国运动。1935年的"一二·九"运动很大程度上是由燕大学生领导组织的[38]。1948—1949年，华北发生社会主义革命，政权更迭，燕大学生和其他高校学生一样，以极大的爱国热情接受新政权的领导。

在30年间，校园内爆发的政治运动时起时落，恰与政府的强力控制形成此消彼长的反向关系。20世纪30年代初期，国民党对华北的控制达到顶点，30年代后期日本占领期间，抗议运动几乎绝迹。相反，在20世纪20年代中期，30年代中期和40年代后期等政府控制较弱时期，学生们可以示威抗议又很少受到惩罚。1946—1947年的两个学年，燕大校园至少发生了6起持续两天以上的罢课[39]。因为学校的海外关系，燕大学生的抗议并未遭到镇压。

问题是，究竟有多少燕大学生参加了罢课。当然，参加罢课的学生人数因抗议的议题和面临的风险而不同。两次罢课几乎得到了学生们的一致支持，一次是1931年12月为抗议九一八事变而发生的"爱国周运动"，一次是1948年11月为抗议贫困和经济混乱的3天"不上课"运动，前者还得到了大多数教师的支持。其他罢课，如1936年3—4月"一二·九"运动之后的一些抗议活动，却只有一小部分人参加，而大多数学生实际上反对抗议，希望尽快复课。其他时候也发生过一些有数百人参加的示威活动。1936年11月，431名燕大学生，即超过一半的在校生，参加了抗议日本占领绥远的活动；1947年11月，300名燕大学生在北平街头游行抗议政治压迫[40]。

燕大学生参加政治示威运动的情况还可以在1935年的"一二·九"运动中看得更加清楚。面对日本侵占华北，国民政府退让妥协，这激怒了850名燕大在校生中的半数以上，他们在12月9日那一天游行至北平的城墙脚下以示抗议。政府军警阻止他们与城墙内其他学生的游行队伍汇合，学生们只好返回校园，并号召第二天进行全校范围的罢课。这场罢课持续了几乎两个月。学生们的爱国热情十分高涨，连最胆小谨慎的人也不去上课，还加入了学生纠察运动，以对付军警可能在校园采取的逮捕行动。只有一小部分学生偷偷挤出时间来学习。虽然愤怒情绪逐渐消退，但仍有半数学生在3个星期内离开了校园。留下的另一半当中，有50个人参加了到农村去的宣传队，待在学校里的人仍然根据北京学生联合会的命令，维持着罢课要求[41]。

两位燕大历史研究者艾德敷和高厚德在他们对学生抗议运动的分析中，强调了共产党员学生的领导作用，但他们的解释也产生了误导。从20世纪20年代末开始，校园里少数支持共产主义的学生就十分活跃。但"一二·九"运动罢课的领导人却不是共产党员[42]。学生会主席张兆麟、《燕大周刊》编辑陈翰伯、学生自治会执行委员会主席王汝梅（黄华）都是来自东北地区的难民，在1935年12月之前，他们与共产党地下组织几乎没有联系。罢课中著名的女生领袖李敏以及龚普生和龚维航姐妹则来自基督教家庭，她们参加了基督教青年女会的各种活动[43]。当然，他们都适时地与共产主义运动紧密地联系在一起，但那是罢课结束以后的事情。

罢课虽然最富有戏剧性，但还不是学生们表达不满的唯一方式。学生领袖还在《燕大周刊》上撰文批判学校。文章发表后，学校管理层有时会威胁撤回支持办报的资金[44]。"大字报"是另一种流行的抗议形式。它由几百张一平方英尺①的纸构成，可以避免学生和教师因直接语言冲突而产生的尴尬。最后，学生们还组织了一些小规模的筹款和募捐活动，20世纪30年代，学生们甚至还制作钢盔，以支持抗日的中国军队。上述每个活动都有参加者的支持，学生们蜂拥而至，带着自我牺牲精神和爱国抗日热情加入到民众和军队中。活动募集到的资金主要来自个人捐款、节衣

① 1平方英尺=0.092903平方米。——译者。

缩食省下的费用和出售个人物品所得[45]。

如果依据《燕大周刊》和《燕大月刊》上的文章来判断燕大学生们不断变化的政治态度，就一定要小心谨慎[46]。学生们的情绪每年都在变化，不宜做笼统性的论断。但这些出版物的确可以被看作是表达学生观点的重要载体，因为编辑部、学生自治会和读者之间保持着密切联系。《燕大周刊》和《燕大月刊》的编辑是学生自治会执行委员会任命的，在每年春天的选举中，委员会成员轮流由学生会选出。有人可能会质疑，对于这样的选举，学生们究竟有多重视，尤其是选举在严格监控之下[47]，但人们无法否认它确实有一定代表性。20世纪30年代初和40年代末期，校园里的国民党特务的存在，为激进学生提供了要夺取控制权的借口。任何触动敏感神经的事情都会导致某一条编辑原则的推倒重来。学生出版物中所表现出的激进思想主要围绕四个方面的内容：知识分子在救国中的作用，他们对普通民众不断变化的态度，他们对外国的影响愈发痛恨以及民权问题。

知识分子的作用

燕大学生和教师都是过渡性和边缘性人物，他们处于维护皇权的儒家文化和共产主义政治秩序之间。燕大就是在这样的动荡环境中产生萌芽，并从中汲取营养的，只要中国人到西方文化中寻找思想和灵感，燕大就会发展壮大。实际上，西方教育把学生们变成了一群特殊的上层人物，他们成为"没有社会基础的国际主义者"，学校教育他们要为人民大众和社会服务，但他们却与民众和社会分离，孑然而立。正如列文森（Joseph Levenson）所说："在传统社会，文人和农民之间只有自然界限（把他们分隔开来，但这种分别仅限在国内）"，但现在"分隔双方的却是西方和中国"[48]。意识到自己的特权地位后，燕大学生希望更深地扎根于中国环境内，但这又谈何容易。

20世纪20年代，学生和教师的政治态度逐渐趋同。他们都对那些年发生的爱国运动公开表示支持，其中大多数人都相信，要想对救国做出最大的贡献，就必须先在像燕大这样的学校里接受适当的教育，然后再深入社会。然而20世纪30年代中期，师生之间的意见却产生了分歧。学生们在文章中不断强调"取代"，而不是"改善"社会秩序[49]。1930年，一位学生在《燕大月刊》上撰文指出，当前的要务"是抛弃现有制度，采取全新的社会制度。这是唯一的出路"[50]。

"一二·九"运动罢课将近尾声之际，教师们坚持要求复课，对此，学生们在《燕大周刊》上给予了严厉驳斥。2月初的一个星期一早上，全校师生参加纪念孙中山先生的集会，执行校监陆志韦仅仅宣布要复课，却拒绝考虑学生们提出的、用来代替常规课程的"危机教育"[51]。复课后，"危机教育"变成了热点问题，教师们甚至也不敢多谈其他话题。一位外国教授开始上课，却对罢课的事只字不提，只是宣布一下期末考试的时间，然后就开始讲课，好像什么都没有发生过一样，《燕大周刊》的学生编辑们对此极为愤怒。另一位华人教授说，"危机教育"只不过是学生们的一场梦而已，他也因此触发了众怒。《燕大周刊》对中文系的刘节教授展开了猛烈抨击，只因为他坚持认为"宋哲元并非有意帮助华北的日军"，并"要求学生们安静地返回课堂学习"[52]。一个燕大学生竟然打了他的同班同学，只是因为他们准备毕业后到政府去工作或者去经商。学生们忽视了要解放大众的基本需求，而只是关注中国日益加深的殖民地化进程。他们瞧不起那些要当作家的人，因为"殖民者"更愿意去传播这些人的作品[53]。

据燕大教师们回忆，很多学生并不想理会那些学生领袖的要求，并产生了强烈的不满情绪。玛格丽特·斯皮尔认为，训练大家应对紧急情况实际上是"不让我们回去工作的一种策略。我不相信有那么多学生愿意跟随那些运动领袖，但他们是非常聪明的政客"[54]。一位燕大校友认为，这些要求在教育体制下都是毫无意义的工作，激进分子固然是教育的一部分，但更加保守的学生们同样也是。在爱国主义的名义下，那些学生们可以"像罐头中的沙丁鱼一样挤在火车车厢里过一个晚上，就一些国家大事去向政府请愿"，但毕业后，他们却"拒绝到内地服务，即使找不到工作，也宁愿待在大城市里"[55]。

无论20世纪二三十年代的学生抗议运动在某些师生看来有多么虚伪，"一二·九"运动的确成了校园思潮的分水岭。在那以后，学生领袖的政治情怀与高级教员和学校行政管理者的基本认识之间分歧越来越大。《燕大周刊》上有一篇短文，题为《教授的悲剧》，就反映了这种分歧。文中描写，有位教授无所不知，从庄子的自然哲学、黑格尔的理想主义到对地球自转的新发现。他能流利地说4种语言，博学多闻，其见识有如包罗万象的图书馆。他最近访问了苏联，那也不过是"汪洋大海里的一艘小船"而已。这位教授已经实现了青年时代的梦想（"知识就是力量"），但他却是一个孤独的人，因为他与"中国的现实生活"格格不入。这篇文章说，在"一二·九"运动火热开展时期，这位教授暂时对学生们的观点表示认同，但却很难加入他们的行动。他对此解释道："真理就是，凡是存在的就是合理的。反抗只是徒劳，我们不能太认真。"

这位教授还回忆了1919年"山东问题"时期他本人的爱国行动，他对簇拥在身边的学生们表示同情，但又警告说："每个人的目标都要纯正，并且不要太过分……我希望你们不要被党所利用。"一位学生反唇相讥："没人会被利用。如果目标相同，大家就团结起来，一致向前。'五四运动'已经摧毁了旧传统和旧教育，除了几个老家伙，没人觉得有什么不对。"那位老教授的脸红了，但仍显得很有耐心，他举起烟斗吹了吹，然后说："当然，我了解。我们刚才角度可能不一样。"这时，另一个学生飞快地插话道："是的，教授。我们的角度不一样。教授是有家室的人，社会上有地位，而且年纪已经很大了。"听到这里，那位教授仿佛触电一般，好像受了伤害。"是吗？"他问，"我真的那么冷血吗？"文章是这样结尾的："在解答了学生们的疑惑后，他自己头脑中也产生了疑问。这位老教授紧张地站起来，但动作却那样淡然和冷静，表面上看，他没有一点痛苦的表情。实际上，他还露出了一丝笑容。但从那笑容中，我们却可以感受到一种悲情，正随着时代悄悄逝去。"[56]

20世纪40年代末，一篇纪念五四运动的文章进一步表达了这种代沟。教师和学生们都承认，五四运动堪称中国历史的转折点。但学生们却发表文章，在"旧五四"和"新五四"之间划出了清晰的界限。旧五四那一代人，以行政部门的梅贻宝为代表，在回忆和总结那场运动时大多认为，"其结果是令人满意的"[57]。年轻一些的教员，如严景耀（28岁），却对五四运动及其后来以救国为目的的学生运动不大满意。五四运动以来的正式教育帮助学生在新思想和旧观念的矛盾中做出正确判断，让他们在年轻人的闯荡生涯和待在家庭的羽翼之下二者之间做出选择，同时也培养了他们的自我意识，使其更加自信。但与五四运动相关的教育也让人产生了一些困惑，因为它导致了失业和选错职业等问题。严景耀认为，人们过分强调书本知识和寻找社会地位高的职业，新五四精神将纠正这些错误[58]。"新五四"人将实现"旧五四人没能兑现的承诺"。"旧五四"只是用"资本主义和外国文明"来代替传统，这只能为创立新的思想体系带来混乱。随着资本主义而来的还有个人主义，其支持者拒绝与人民大众合作。"新五四"一代要避免这些错误，要把思想和行动结合起来，放弃个人主义，拥护集体主义，要设法阻止国共之间的内战[59]。20世纪40年代末期，旧五四的典型代表胡适曾批评北大学生中的激进分子，在燕大进步学生眼中，胡适虽然有着"中国人的身体"，但"思想"却是"美国人的"。[60]认同胡适的燕大教师们从中吸取到的教训是清晰而深刻的。

有关知识分子社会角色的争论愈演愈烈，这种冲突也清楚地表现在青年人希望学习的那些名人身上。作家兼诗人冰心就是五四时期的代表，20世纪30年代中期，她成了燕大教师崇拜的偶像，但在短篇小说《我的学生》中，她选择了一个激进分子作为女主人公，并默认此人是燕大学生。故事中的女人放弃了自己富裕的家庭，却甘愿到中国西南部去奉献，过着艰辛的生活。她出生于上海，在澳大利亚长大，父亲是中国驻澳大使，她受过高等教育并和同班同学结了婚。抗战期间，这位女主人公搬到云南，生了三个孩子，还学会了用自己的双手劳动。在一次危难关头，她为一位朋友输了大量血液，自己却因为失血过多而极度虚弱。她还患了不治之症，在怀着第4个孩子时病逝[61]。小说的意义在于，这位女主人公变成了过着俭朴生活的革命人物，而不是作为成功职业女性进入政府和商界，或教会学校，小说认为这样的主人公才能真正帮助中国。

很难在几代燕大人中间快速划出清晰的界限。早年的燕大毕业生，如社会活动家张鸿钧、剧作家熊佛西和大众教育家瞿世英等，在20世纪30年代曾时而在燕大教书，时而忙于乡村重建工作。但他们只是燕大教员中的少数。大部分五四运动那一代教师不愿意再严肃地思考他们在教育上的责任，也不愿意放弃安稳的工作。但中共接管学校后，面对压力不得不这样做时，他们又显然没有任何反抗。

对另一个群体——校务委员会的考察，将比教师群体更加清楚地显示，20世纪20年代中期之后，学生领袖们已经不是学校创始人所希望培养的那种人才了。学校管理者当然不是像教师那样的知识分子，而且他们还抱有基督教理想，司徒雷登尤其希望学生们也能具有这种理想。他们整体上比教师队伍年长，与政治环境的关系也更加紧密，正是在那样的政治环境中，燕京大学得以孕育，中西关系得以良好地发展。校务委员会中的男男女女对学术争论不感兴趣，他们要把基督教的理想付诸行动。其中有些人还是国民政府的著名官员。华人委员都具有国际主义视野，他们英语流利（用英语主持会议），和西方人也能和睦相处。在北平、南京或纽约，他们都如同在家里一样，很多人1949年退休后就住在纽约。他们中的绝大多数都与基督教青年会或青年女会有着密切关系，是传教士文献中提到的那种典型基督徒。他们信仰着既虔诚又个性化的基督教，并关心社会问题，但也不见得比蒋介石空洞的"新生活运动"（1934—1937）所关心的话题更有深度。如果只观察他们的生活，你可能都注意不到反基督教运动曾经发生过，也不会发现到20世纪30年代中期，社会上大多数人已经对基督教失去了兴趣。作为爱国者，他们和司徒雷登一道同纽约的董事会争夺对学校的控制权。但即使中国控制了燕大，它遵循的仍旧是西方模式。对他们来说，燕大中国化首先是一个种族和地理问题，而非政治问题。校务委员会在对付"革命"这一概念时没有太多办法，当革命发生时，他们便损失惨重。20世纪三四十年代，在燕大学生领袖们看来，校务委员会就是渐进道路破产的典型代表，以此来救国是完全行不通的。

燕大学生们发现，很难在现有职业中去实现政治理想。正如易社强所说，"在心理上和社会上，他们都没有找到正确的位置"。斯蒂芬·贝克尔（Stephen Becker）（他于1947—1949年曾在燕大和清华教书）所著《陌生者的季节》（*Season of the Strangers*）的主人公马志伟说，在大学里，学生们是麻烦制造者，是年轻的激进分子，但毕业后，"他们就成了银行家、工程师、海关官员、教师和商人……其考虑的就只是他们那个群体所面临的问题"。在马志伟看来，曾在燕大任教、1946年被国民党当局暗杀的著名诗人闻一多就是少数人之一，"他所代表的东西，远远不止他的职业和他自己。闻一多也正因此而牺牲。再也没有像闻一多那样的人了。一切都太晚了。教师们必须以这样或那样的方式做出决定，他们都已经做出了决定。我对他们的评价并不苛刻，但你的（教师）同事中已再无英雄"[62]。

发现人民大众

从20世纪20年代初到1948年，当然还有中共接管学校后，学生们一直在文章中保持对中国的劳苦大众的关注。但他们对民众的印象却从善良演变为值得尊敬，因为民众将在救国的过程中发挥重要作用。

从一开始，燕大学生就参与了和人民大众有关的研究项目。1919年夏天，受到五四运动的鼓舞，燕大男校的学生们在树荫下办起了露天学校。当年冬季，他们开始筹办自己的"贫民学校"。到1921年，燕大学生已经筹集了1500元，相当于40个学生的学费，并在校园内建起了一栋建筑。有20个工作人员来运营这所学校，还有校长、副校长、财务主任、公关主席、教师委员会主席和众多教师。教授的课程包括基础发音、卫生健康、数学、写作、绘画、手工和歌唱。学校高峰时的入学人数多达70人。未来的计划还包括扩建学校教室、建立一个以学生家长为对象的大众图书馆、开设工艺技能训练和军事训练课程等[63]。

燕大女子学院的学生们也同样支持了大众教育计划。1921年，她们除了开办了一所半日制学校外，还在北京西南的保定府设立了一所难民营，收留218个面临饥饿的女童。地方官和乡绅清理出两座庙宇供她们使用，两位女学生张云雨和蓝睿贤负责管理难民营，其他学生每两周轮换一次来帮忙。女童们得到了食物和住所，有人还会对她们口头讲解《圣经》、地理、算术和卫生知识。有人还教她们发音、唱歌、做游戏和缝纫。课程从1月持续到8月。用来支持项目的资金是在学校里通过出售各种物品募集的，来自美国的朋友还捐赠了一大笔钱，包括来自卫斯理学院价值250美元的礼物[64]。在此后的30年中，学生自治会下的特别委员会和燕大基督教协会负责召集对类似教育项目感兴趣的学生，引导他们参加活动。

燕大的行政领导们对农村也很感兴趣。基督教新教传教士在农村医疗和教育领域已经工作了几十年。宣传《圣经》的传教士只把中国农村当作汪洋大海，里面满是未得救的人，但新教传教士却不同，他们意识到农村有许多基本问题，不是光靠宗教就能解决的。1919年，司徒雷登就任校长后的第一件事，就是建立农学系。但农学在燕大是最不成功的一门学科，农学系的大多数学生只参加短期课程，但通常连一年的学习都坚持不下来。他们不过是整个在校学生中的一小部分。1931年，农学系只列有17位校友，而这已是系里的全部学生了。金陵大学和岭南大学的农业课程令人印象更加深刻，但即使在那里，农业教育和中国农村的现实也还是有很大差别。20世纪30年代乡村重建运动的领导人张福良指出，受过西方技术训练、符合西方标准的学生并不是为乡村工作而培养的[65]。

1928年，燕大社会学系在北平郊区的清河镇建立了一个试验站，提供了一个现场解决农村问题的场所。这里试验培育新种子，提高栽培技艺和除草新技术，推动农村合作和大众教育。在公共健康领域，试验站还开设了一门疾病防治课程和一门助产学课程，后来还设立了一间医疗室，配有护士和一位兼职大夫[66]。

1935年，燕大加入了农村重建华北委员会，这是由司徒雷登和其他人共同组织，主要由洛克菲勒基金会赞助的项目，相比之下，清河试验站就相形见绌了。用高厚德的话说，那时候，燕大已经满脑子都是农村了。司徒雷登希望，"对农村重建的清醒意识"会提高"学生们的道德和精神财富"，"推动大众教育运动的精神"将"充满整个学术生活，为校训中的服务理念提供动力"[67]。燕大农村重建研究所把田野工作和理论研究结合起来，1934—1937年，他们派学生和老师去山东汶上县和济宁市以及河北定县考察、研究和帮助管理项目。燕大还在公共事务学院增加了有关农村教育、农村社会学、农村合作、现代欧洲农村经济、比较农村运动和当地政治机构等课程。1936年9月，学院报告说，有40位燕大师生一直在参与项目（14人）、搜集课题资料（8人）、开设田野培训课程（7人）或参加了实地考察（11人）。尽管某一个时间段内统计出来的参加人数仅仅是全部人员的一小部分，但农村重建精神似乎让燕大管理层找到了新的发展方向[68]。不过，在所有关注农村的行动中，广大民众仍然被当作是施舍救济的对象。

还有一群人转向农村是为了寻找文化认同。其领导人是在燕大教授历史的顾颉刚，因在中国民俗学领域的开创性研究而闻名。顾颉刚在激进学生中非常受欢迎，20世纪20年代，他因支持五四运动不久后开始的各种"到群众中去"运动而声名远扬。顾颉刚反对儒家传统，他转向人民大众去重建历史，"他一直希望为20世纪的中国找到一个文化身份认同"。他相信，如果"一个好人想尽全力帮助他人，就应该离开肮脏和充满虚伪道义的北京，到群众中去进行教育……除非每个人都愿意到农村去，和村民们一样布衣粗食，为教育他们而做出特别的努力，社会才有改革的希望"。但顾颉刚并未加入农村重建运动，除了嘴上说说之外，也没有去做群众教育工作。对他来说，人民大众只是激励他的一种精神，他的兴趣还是学术研究和在后方的支持。20世纪30年代，人们批评顾颉刚只把人民大众当成研究、怀旧和同情的对象，却忽视了旧社会中"残酷的一面，而每一个人都可以在其中找到自己的本源"。有评论认为，鲁迅在人民大众中找到了悲情和伤感，而他自己也深陷其中，但顾颉刚和他的学生们却不同，他找到的只有数据[69]。尽管有很多缺陷，但顾颉刚的著作后来却对中国共产党产生了用处。

一位学生为燕大的一个杂役——王家宅院的看门人老张，写了份长长的悼词。该学生记录了他和那位被人遗忘、躺在床上的老者之间的对话。老张地位卑微，收入微薄，却比学校任何人工作的时间都长。他的妻子是一位燕大教员的仆人。夫妻二人都处于社会底层。但在会谈结束时，这位学生问起他的未来，那位即将离世的人回答说："对我来说，一切都太晚了。但我儿子绝不会让他们把他当作奴隶。绝对不会！"[70]这场对话是有意被记录下来的，学生的态度与那些参与农村重建运动的人不同，他们看着普通大众的命运感到怒火中烧。

除了慈善家和民俗学家的观点外，在如何看待人民大众方面还出现了第三个视角。20世纪30年代，燕大学生在文章中清晰地表明了这一观点，它和毛泽东有关人民是革命基础的看法十分类似。这些学生反对农村重建者的社会活动，他们强调革命政治的重要性。"一二·九"运动罢课期间，大约50个燕大学生来到北京以南30英里左右的固安，接受动员民众的训练。他们把自己经历的"点点滴滴"发表在《燕大周刊》上，以证明自由运动所带给人的"热情和果断"，他们"睁开眼睛，面对黑暗的现实"，也意识到"农村中……蕴藏着巨大力量"。学生们宣读着神圣的誓言："我们毅然决定进行宣传工作，不怕困难，不怕牺牲，教育和组织民众。我们宣誓：不达目的，绝不返校。"事实上，很多到农村去做工作的人大多1个月后就返回了学校，这多少和学生们的想法有些违背[71]。

1936年春天，学生们在《燕大周刊》上发起了一场反对农村重建工作的运动。他们以分析的口吻撰文来讨论这一问题，文章数量远远超过了学校的官方报道。他们主要反对的是，农村重建工作的速度如蜗牛一般缓慢，政府还时常干扰重建工作，以及来自日本的威胁，这将使目前所取得的成绩全部化为乌有，并将使重建的概念流于表面化。中国在物质上和精神上的存在都受到了威胁。他们认为，民众教育问题不是扫除文盲，那将使"有权和有钱来维持社会秩序的人进一步加强他们的统治"。教育是要民众们明白他们"缺衣少食的原因"以及与农村联系在一起的经济关系本质。学生们的批评源自农村重建工作者对洛克菲勒基金会的信任，而基金会是通过在中国出售商品赚到的钱。学生们要求从头开始，他们有一大堆问题，并且认为谁都不该忽视关于中国农村的讨论。土地和财富分配不公的问题怎么办？南京政府的腐败呢？政府依靠大地主的支持，并试图镇压共产党。不解决这些实际问题，就无法讨论农村重建。学生们得出的结论是，农村重建运动是死路一条[72]。

在日本占领期间和抗日战争后，燕大学生一直保持着对广大民众的兴趣，但和那些加入抗日游击队和直接到延安去工作的人不同，他们的兴趣更多的还是学术研究[73]。20世纪20年代末和30年代，公共事务学院很多本科生和研究生的论文题目都与农村问题有关[74]。但抗战结束后，农村重建工作陷入停滞，对农村问题的兴趣很大程度上局限在对校园周边贫困地区的救济上。随着国共内战的开始，对广大民众的关注就逐渐演变为在内战中支持共产党一方。

对外国影响的痛恨

在五四运动后25年多的时间里，日本一直是学生民族主义运动的中心和焦点。针对日本的抗议行动是学生们感到中国政府无能而表达出的一种自卫情绪。第一次世界大战后，任何一个国家，如果中国的民族主义者认为它不能帮助中国，都可能同样成为被攻击的目标。中国学生是否具有特殊的弱点或社会禁忌，使他们更容易倾向排外？司徒雷登认为，这是个"没有任何实际意义的问题"[75]。对外国的敌视是歧视性的，但也不见得就是种族主义的标志。实际上，通过马列主义的传播，外国思想还可以帮助廓清种族主义的偏见。像记者埃德加·斯诺那样的西方人还可以成为毛泽东的私人朋友。学生运动领袖们对燕京大学的仇恨越来越大，因为学校和西方的联系被看作是西方在华势力的表现，它将对中国造成损害。

学生领袖们不断变化的观点可以追溯到20世纪三四十年代，他们撰写了不少有关司徒雷登及美国加强和国民政府联系的文章，当时，早年间的燕大学生在校园生活的各个方面都服从司徒雷登的领导。他通过主持洗礼和婚礼，为学生们排除心理问题，帮助他们获得奖学金、找工作，到警察局营救他们等，深深地影响了数以百计学生的命运。1936年，学生自治会执行委员会甚至在刚刚组织了燕大历史上最严重的罢课后，还在司徒雷登60岁生日时盛赞他是学生们学习的楷模[76]。

但此后，对司徒雷登以及他所代表的国际主义的支持就越来越少了。1937年后，为了苦心维持燕京大学与日本当局之间的微妙关系，司徒雷登开始批评学生们的抗议活动。很多人不得不妥协，另一些人则离开校园加入了抵抗运动，但还有一部分人则公开反对他的做法。1939年，两位燕大新生试图刺杀周作人，因为他与日本占领军合作[77]。抗日战争后，一些燕大的著名人士，如前公共事务学院院长陈其田等，都因战争期间与日本人合作而被燕大学生驱逐出校[78]。当司徒雷登成为美国驻华大使后，学生们对他的反对也日渐升级。他们痛恨由司徒雷登赞助、由美国大使馆出钱举办的校园圣诞节晚宴。对他们来说，食物并不是礼物。1948年，司徒雷登在一次访问校园时，为当时美国援助日本的政策进行辩护，据说有一名学生听到后竟然威胁要杀了他[79]。

除了对司徒雷登的态度有所变化外，学生们对于美国在华影响之大也十分警惕。即使在1922年反基督教运动之前，排外运动也已十分普遍。支持燕大的学生们希望学校财政能够"由中国人掌控"，而不是掌握在"与中国人民毫无关系的学校创始人手中"[80]。1930年，一位学生在《燕大周刊》上发表了一篇题为《重建燕大》的文章，批评西方在华影响，并指责学校雇用传教士为教师降低了学术标准，在录取学生时带有宗教偏见，只是为了支持西方教员而减少华人校监和华人院长，通过提高学费来歧视更贫困的学生。根据高厚德统计，20世纪20—30年代，《燕大周刊》

上发表了很多类似的文章[81]。

第二次世界大战之后，当美国海军陆战队进驻华北帮助遣返日侨时，反美情绪达到了顶点。尽管美军人数很少，但他们的出现和行为还是让中国学生想起了一百年来西方对中国的羞辱。最严重的事件是1946年圣诞夜的"北平强奸案"。为此，燕大学生请求学校暂时中止向返回校园的美国教师及其家属提供住房，直到案件查清为止。1947年1月，学生们成立了"燕大抗美会"。1947年3—4月，就在美国海军陆战队准备启程回国时，又发生了一系列事件。1个小男孩在北平西郊机场附近玩耍时被一名美军士兵枪击身亡，燕大学生为其筹集了一笔慰问金。其他事件还包括，1名拉洋车的车夫因价格问题与两名海军陆战队员发生争执后被刺死，3个小孩被一枚爆炸的哑弹炸死；据说，在美国海军陆战队员离开的时候，北平火车站的美国军警禁止华人送报员进入车站。这些事件，以及美国在重建日本问题上的态度转变和要求进一步参与国共内战的"杜鲁门主义"，把学生们原本不同的政治观点统一起来。这些问题标志着燕大校园内中国人和西方人的关系发生了转折，表明反美情绪的确在学生们中普遍存在，而且很可能背后有某种组织[82]。

凡是希望用基督教影响来灌输国际主义精神的人都不会欢迎这种排外情绪，无论其针对日本还是美国。1933年所做的一项研究显示，在像燕大这样的教会大学，试图用基督教来加强学生们国际主义和跨种族观念的做法，都没有什么效果。一项由太平洋关系研究所支持的研究结果略有不同，但结论无非是"随着教育和人的成熟，情况会自然好转"，但又总结道："学生们与外国教师的友好交往并不会必然提高他们的国际主义认识。"[83]过分强调燕大学生这些年间的排外情绪，也可能是错误的。但如果说学生们头脑中时时想着"生命社"所倡导的国际主义，那也同样谬之千里。当政治环境支持与西方联系时，或者说没有其他选择时，中西跨文化关系就会得到加强。但当新的政治秩序即将出现时，对国际主义的支持则迅速消失，甚至许多燕大华人教师也是如此。

要求公民权利

另一个吸引学生们注意力的问题是言论、结社和示威游行的自由不受学校、军警和政府干涉。20世纪20—40年代的很多抗议运动都是由于校园内外的学生受到了虐待甚至偶有死亡的情况而引起的，如1919年6月，因同情数百名被捕学生而进行的罢课；1926年，为纪念"三一八"惨中被打死的燕大女生魏士毅而举行的罢课；1936年3月，7名燕大学生因参加仪式，纪念在狱中遇难的一位北平学生而被捕，为抗议政府抓人，学生们进行了长达3天的罢课；1948年，上海同济大学的一名学生因企图伤害上海市长而被捕，为表达同情，燕大与清华联合组织了有4000多名学生参加的示威游行[84]。此外，还有其他一些事件也值得一提。在政治压迫期间，燕大学生组织了纠察队，阻止警察来抓捕政治嫌犯。

毫无疑问，要求公民权利成了民国年间燕大校园里的事实，但在过去中国人的观念中，从没有这样的想法。但学生们要求实现公民权的抗议活动也加强了燕大的贵族形象。这在1948年3月表现得尤其明显，当时，燕大学生要求南京政府保证实现他们的公民权，同时还要求政府负担所有学生的学费并减少学习课业[85]。在诸多公民权利中，学生们首先要求得到经济保障，这违反了个人以及集体的牺牲精神，也为激进主义提供了发展基础。一方面，中国是贫困的；另一方面，学生们对人民大众越来越认同，但同时坚持二者则显得有些虚伪。在公民权利问题的最后，还出现了一个小插曲，当1948年12月中国共产党接管校园后，学生们迅速站在新政治秩序一边，尽管他们知道新政权将拒绝他们早先所要求的权利。

在对学生文章的有限研究中，我们发现，文章通常会表达对国民党政治和文科教育的不满。《燕大月刊》杂志上没有一篇文章是支持国民党的，而1931年6月号杂志中竟然有5—6篇文章支持革命政治[86]。在教育领域，现存的20世纪40年代《燕京新闻》杂志中只有一篇文章支持文科教育，还是校监陆志韦撰写的[87]。对学生文章的研究表明，20世纪20年代末之后，文章中大量使用"资本主义""帝国主义""社会制度""解放""民众""斗争"等词语，它们都被用来论证革命政治的合理性。与此同时，另外一些词的使用频率则相应减少，如"自由""平等""服务""互助"和"适应"等，20世纪20年代，徐宝谦正是用这些词来解释《生命社》的自由精神[88]。20世纪30年代中期，在一位学生眼中，"学习救国"的口号已经被人瞧不起了[89]。尽管有诸多不满，但大多数学生还继续努力学习，并与教师和学校管理层和睦相处。1947年年末，很多英语班的新生在作文中还表达了对燕大的热爱[90]。即使对政治不满的人，也同样会被美丽的校园、热情的人际关系、努力学习的精神和高尚的自由主义所吸引。他们对现实的不满是真实的，但还没有强烈到要离开校园的程度，除了少数几个人之外。

/ 教师的反应

燕大教师对学生抗议活动所导致的停课既理解又生气。他们同情学生们的做法。但富有讽刺意味的是治外法权问题，学生们对此感到无比愤怒，但它却赋予教师们特权，一次又一次地保护政治嫌犯或将被捕的学生营救出来。博晨光在他每天一行的日记里记下了去警察局的次数，语气如同记载天气那样淡然。部分燕大的中国和外国教师出于同情，开着学校的汽车跟着"一二·九"运动游行队伍到北京城墙脚下，帮助那些"走得脚酸和疲劳"的学生返回学校，他们已经在10摄氏度的天气下走了20英里。燕大女子学院则利用卫斯理学院和蒋介石夫人的关系，设法营救1947年3月在北京被捕入狱的学生于如奇。1947年7月，博晨光还代表学生，和在校园附近村落里与学生发生冲突的国民党地方武装进行谈判。在后者以及其他事件中，只要照顾到对方的面子，问题就会得到解决，如果武装部队在喊"打倒支持共产党的坏学生"等口号时，学生们保持沉默，他们就会被释放[91]。

华人校监尤其支持学生们的行动。尽管性格和年龄相去悬殊，但九一八事变后的1931年12月，吴雷川和司徒雷登还是共同走在七八百名学生、教师和学校行政人员的游行队伍前列。他们沿着学校附近海淀和成府的主要街道以及向东通往清华大学的大路行进[92]。在此之前，吴雷川已经表示支持学生们的示威行动，并将其和"以往学生空洞的语言和没有结果的行动"做比较。1927年，吴雷川写道，学生们的行动已经摧毁了教育原来"只读书不能解决实际问题"的情况。在吴雷川看来，学生们的呐喊和行动就是"国家的活力"，他批评那些嘲笑学生爱国热情的人[93]。

在"一二·九"运动中，陆志韦说，他不会对学生"采取冷漠的态度，我非常同情他们的行动。当一头猪要被杀掉时，它发出嚎叫是很自然的事，虽然无济于事。学生们就是唯一可以发出呐喊的人"。20世纪40年代后期，陆志韦反对国民党警察不定期地来搜查同情共产党的学生，这让他在学生中赢得了广泛的尊敬[94]。当时，从燕大毕业的青年华人教员们也和学生们站在一起。1947年，历史系毕业的侯仁之向燕大抗美会捐赠了5万元钱[95]。1947年，甚至连美国教员也对同学们抗议在华美军的罢课行为表示同情[96]。

但教员有时也会对学生们很严厉。1933年1月，校务委员会惩罚了一些学生，"因为他们在考试期间还召开群众大会，给教员们写威胁信，搜查院长的办公室，这些行为破坏了学校的行政管理秩序"。校务委员会要求所有学生在下学期进行登记注册，接受一条简单的原则，即"任何校内组织都不能采取与学校行政权威相违背、违反相关规定的行动"[97]。这项要求并未起到什么作用，教员们对于学生们抗议活动在同情和愤怒之间摇摆不定。有时候，人们还对参加示威遭到审判的学生，公开表达惋惜之情。"一二·九"运动罢课时担任燕大女子学院院长的玛格丽特·斯皮尔，在1936年对隔绝东西方的"心理鸿沟"表达了绝望："这条鸿沟如此之深，几乎无法填平；它又是如此之宽，几乎无法跨越；它总是如此宽阔，让人把一半的精力都花费在如何跨越它之上。"[98]

司徒雷登对学生抗议行动的反应也是模棱两可的。他的反应取决于他对政治形势和中西关系的判断。学生们给他提供了"一件高度敏感的仪器，可以用来测量中国民族主义膨胀的强度"[99]。当学生们因1931年的九一八事变而罢课时，司徒雷登也全身心投入了为期1周的抗议活动。在混乱的、长达两个月之久的"一二·九"运动罢课期间，他正在美国筹集资金，但通过《纽约时报》，他密切地关注局势的发展。司徒雷登担心罢课行动会影响美国方面对燕大的捐款，他催促美方捐赠人放下疑虑，读一读美国革命史，其中记载："英国军官说，如果他们可以镇压普林斯顿、耶鲁和哈佛大学的学生，他们就能镇压这场革命。"[100]

1936年3月，司徒雷登刚返回燕大，就试图在罢课后那些紧张的日子里，弥合学生和教师们之间的分歧，敦促大家"不要反对还忠于旧制度的人，而是要以更开放的心态，把关注点放在更大的问题上（如日本侵华危机），不要让琐碎的事情占据我们的头脑"。司徒雷登再次展示了标志性的外交手腕，他先向教师们承认，"学生们表现得过于鲁莽和缺乏经验，他们游移不定、自以为是，没有好好利用精力，把它们花费在琐事上"。但另一方面，他又赞扬学生们"展现了崇高的理想主义和对祖国的忠诚和热爱，这是当代历史上最令人感到希望的事情"。他还补充道："嘲笑学生、说他们应该学习而非关心国事的人是毫无道理的。想想国内的混乱和国际上的危险，每一个人都受到威胁，而不断更迭的政府，无论在道德上还是物质上都无力处理这样的局面。"[101]由于司徒雷登的介入，不止一个学生躲过了教师们的纪律惩罚[102]。

在度过更大的政治危机后，传教士教育家们仍保持着盲目乐观，但有时候，他们的信心也不免动摇。1937年2月，由于"一二·九"运动和日本即将占领整个华北，司徒雷登"不断地"问自己，基督教大学除了是他们的"情感寄托，投资和教师们的生计所在"之外，还有什么其他存在下去的理由？司徒雷登对学生们的信任让他高兴地度过了20世纪20年代和30年代初的很多危机，但学生们的不满以及使燕大财政中国化努力的失败，却将他的信念击得粉碎。他绝望地问道："蕴藏在基督教信仰中的创造性能量能够像以往那样，以新的形式和功能去适应新环境吗？能够在中国知识分子中唤起像早年那样的传教热情吗？"[103]在很长时间内，司徒雷登根本没有时间回答自己的问题，面对日本占领中国的挑战，他遭到囚禁，战后重建燕大，以及最终担任驻华大使。实际上，20世纪30年代中期之后，燕大已经没有人能轻易地、确切地回答这一问题。

华人教师对基督教自由主义和政治秩序之间的关系越发感到困惑，面对燕大学生的激进主义，他们的反应同样与这种困惑有关。20世纪20年代，他们相信，基督教将通过建立新道德为"救国"做出贡献。但这种观点很快就发生了改变。1927年，洪业撰文称，"有数以千计的基督教男女过着像耶稣那样高标准的生活"。但"这些道德和精神贡献却未能在中国文明中留下一丝看得见的痕迹"[104]。刘廷芳则更加沮丧，他甚至在华人教会中批评教徒的伦理行为与基督教完全相悖。相反，那些行为根植于中国社会的传统概念中。华人基督徒一边重复着"耶稣爱我"和"上帝就是爱"，一边却又在人际关系中表现出"自私和逐利"，他们带给教会的只有外人的鄙视[105]。在黎川的农村重建工作中，基督徒学生之间常常斗嘴，并表现出缺乏责任感，徐宝谦对此非常不满[106]。梅贻宝在回忆起教会学校的人格塑造时认为，燕大人和政府机构的官员一样自私和倾向于投机主义[107]。

燕京大学的基督徒教员更愿意在政府中服务，他们不断延长休假以便为国民党政府工作。政治学系的徐淑希在外交部担任顾问，社会学系的许仕廉担任工业部的技术顾问和国家农村重建局副局长，社会工作系的张鸿钧以及其他燕大学生都在农村重建工作中担任地方官员，社会学系的吴文藻于20世纪40年代末曾在日本担任盟军委员会委员和中国顾问[108]。但国民党政府的腐败，使他们的工作问题重重。1932年，吴雷川指责国民党领导层增加人民的负担，花费数百万纳税人的钱来镇压共产党、孤立知识分子，只有共产党才真正关心崛起中的广大民众，而中央政府只知道如何欺骗民众[109]。刘廷芳在一次礼拜仪式的台词中表达了他的不满。其中，他用如下描述指明了中国的问题："懒惰和犹豫不决，自私和贪图安逸""对于压制公共观点和限制公民自由的政策漠然置之""容忍一个只做表面文章而忽视实际服务的政府""为私利而自相残杀，并耗尽国家的资源""口是心非，并按照违心的说法去做事"。所有这些就是当时政治领导的特点。参加礼拜仪式的大众被要求回应："请原谅我们吧，中国人民。"[110]

"生命社"的华人成员们一直坚持基督教信仰，即便他们也有不满，不过，20世纪20年代他们的观点一致，但到20世纪30年代时，他们之间也产生了分歧。吴雷川开始变得更加激进，赵紫宸虽然也强调耶稣是社会改革者（见1935年他著名的《耶稣传》），但他拒绝革命道路并坚持认为，基督教信仰只能为中国面临的问题指出一条渐进改革之路[111]。吴雷川的思想发展与他担任燕大行政领导的曲折经历相吻合。他的《基督教与中国文化》（1936）集中探讨了10年来他对基督教爱国主义问题的忧虑，20世纪30年代末，这本书成了在华新教教会解读基督教信仰的畅销书[112]。

与大多数人的观点不同，吴雷川逐渐认为基督教信仰与革命可以相互共存。他认为，耶稣就是革命者，教会不应该成为现实的维护者。吴雷川把耶稣基督放在犹太人救国的背景下思考，才真正理解了耶稣基督的概念[113]。对犹太人来说，耶稣变成了基督，因为他承诺为犹太人重建一个独立国家，把他们从罗马帝国的压迫中解救出来。他不愿意成为犹太国王并非意味着他拒绝复国这项政治任务。耶稣相信复国的任务可以实现，前提是消除社会上的所有不公正。很明显，这是在和20世纪30年代中国的情况进行类比，其社会秩序需要根本的改变[114]。吴雷川认为，唯一用这些词语来定义救国概念的政治力量就是中国共产党。它的理论框架和政治纲领为爱国的基督徒提供了一个可行的替代方案。

吴雷川总结道，有些人坚持认为共产主义和基督教水火不容，就如同生活中物质和精神层面的冲突一样。但吴雷川相信，二者的矛盾并非不可调和。毕竟，在"生命社"较早的理念中，最著名的概念就是"上帝之国"，但这一概念被理解为在现实中提高物质生活和消除社会不公。他敦促华人基督徒承认如下两个重要事实：首先，无论怎样，中国正在走向革命；其次，在华基督教已经停止了发展。如果基督教想在中国存续下去，它就必须调整以适应革命。吴雷川仍然认为，"国民革命需要基督教精神"，但如果"基督教不带有革命的特点，它将无法在革命时代存在下去"[115]。

但人们如何把共产主义所强调的斗争、集权和使用武力与基督教所密切关联的价值理念"自由、平等和博爱"联系起来？吴雷川回答说，基督教首先强调真理。耶稣曾说过，"你得到了真理，真理就会使你得到自由"只有得到真理才能得到自由，除此以外别无他途。不仅如此，人们对真理的理解也随着时代的变化而变化。因此，如果"集权和独裁是那个时代的真理，那我们有关平等和自由的概念就应该为了真理而暂时放弃。这就是基督教的精神"。实质性地改变社会只有一条道路，那就是社会革命，那就必然意味着使用武力。和平主义者坚持认为，"基督教决不会使用武力或诉诸革命道路"。吴雷川对他们表示尊重，但了解中国的现实后，人们就会得出结论："社会变革必须依靠政治力量才能取得，而使用武力则是必要的手段。"耶稣在第二次降临时，提到了"斗争、杀戮和灾难"，他早期的追随者感到这些可怕的事情都将变为现实。而耶稣早已预见到了许多基督教所害怕发生的事[116]。

吴雷川观点中所包含的论断，就是耶稣对财产和经济平等的看法。吴雷川相信，基督教都必将反对财产私有制。他引用一则寓言说，一个有钱人问耶稣，怎样才能去天堂。耶稣让他卖掉所有财产，把钱分给穷人。在吴雷川看来，"寻找天国首先就是寻找经济平等"[117]。只有共产党才严肃地看待这个问题，并准备消除私有制。社会改良也包含经济平等的观点，但却不可能真正地实现它。革命是唯一的答案。

赵紫宸反对吴雷川关于宗教和革命的分析判断。他认为吴雷川的解释在神学理论和历史事实上都站不住脚，"只要摧毁论断的主干，其他枝叶就会自然倒下"。社会平等的确是耶稣关注的问题之一，但绝不是最重要的。赵紫宸反对吴雷川对物质主义的歪曲解读，他大量引用《新约全书》并认为，无论如何也不可能把耶稣关于精神的教诲和马克思主义者对经济基础的关注混为一谈。在赵紫宸看来，共产主义和基督教是不可调和的[118]。20世纪30年代末期，赵紫宸同样对政治环境感到迷茫，但他的反应是拒绝一切政治。基督徒必须避免"妥协"的诱惑，或"把基督教和社会经济重建计划等同起来"。基督教信仰反对所有形式的"邪恶、错误和不平等，反对革命和重建计划所采取的错误和破坏性方法"。基督徒应该相信，"贫困总是与你相伴，在任何政权的统治下，人民总要生活，总会有人受苦受难，处于痛苦之中，因此，我们也总是需要一些救济工作、博爱和友善"[119]。

乍一看，对于基督教在救国中的作用，吴雷川和赵紫宸的观点针锋相对。但进一步研究却表明，他们都反对"生命社"早期的幼稚看法，即渐进社会改革可以奏效。吴雷川反对它，因为它的进程过于缓慢。赵紫宸反对它，因为自由主义者所倡导的"自然主义和人本主义"已经"使中国青年和有思想的华人基督徒对关于上帝的一切概念都产生了怀疑"[120]。20世纪40年代早期被日本人囚禁的经历让赵紫宸感到迷茫，他开始批评燕京大学的"自由氛围"。基督教自由主义对他来说变得毫无意义。学生和教师们并没有被吸引到上帝身边，而只是强调"人际关系和谈论肤浅的话题"。他批评燕大试图调和基督教和儒家文化的努力，而没有意识到基督教和中国文化的根本矛盾[121]。而在十年之前，赵紫宸本人就是试图调和二者的领军人物。

1935年徐宝谦离开燕大时，也说了一些严厉的话。他承认，燕大的自由氛围、美丽的校园和先进的教学设施"对于教学和写作来说，堪称完美"，但他对燕京大学和中国劳苦大众的隔绝却深表失望。大众的生活越来越困苦，而燕大的生活却越来越优越。在这样的环境下，告诉学生们"要在服务大众中牺牲生命"是根本不可能的。他得出结论，服务社会的唯一道路，就是离开燕大的舒适生活，"投入到人民大众的生活中去"[122]。"生命社"

早期成员、基督教青年会的全国领导人吴耀宗这样反对社会改革中"表面上的理想主义":"我们学校培养出来的学生,除了知道维护现状之外一无所知""我们的慈善行为可能在无意识中助长了邪恶""即使我们在农村的工作建立起一个庞大体系,最终它还是会被再次推翻。"[123]

除了文字上的批评外,基督教自由主义衰落的最佳证明就是"生命社"的解体。"生命社"的成员不断增加,达到65人,其中一大部分是燕大教员,但1937年6月,《真理与生命》杂志却停刊了[124]。该组织没能为基督教发挥救国作用打下理论基础。20世纪20年代曾帮助奠定燕大发展宗旨的那些关键人物们,在日本侵华前夕却迷茫起来,他们再也找不到统一的目标和行动。46岁的刘廷芳于1936年夏离开燕大,到上海继续从事写作,并成为立法院的议员。66岁的吴雷川在5位华人中最为年长,他在杭州隐居了2年后又回到燕大。吴雷川继续写书法、教中文,但他已经不再积极参加学校活动。44岁的洪业已经离开了高层行政工作,从1930年开始,他便把主要精力投入到"哈佛燕京学社"的工作中。45岁的徐宝谦在1937年离开江西黎川,他对农村重建工作彻底失望,转到上海沪江大学去教书。49岁的赵紫宸仍然是宗教学院院长,到1937年,学院教工已经减少到8人,其中只有3位是中国人,他也把精力全部转向燕大的宗教工作以及撰写文章中。那些还留在燕大的人与燕大基督教协会和谐共处,但他们的活动主要局限在精神上的相互支持和小规模的救济工作。凭借基督教重建社会的愿望已经一去不返。

注释

1. 有关民国时期学生运动的深入讨论，见John Israel, *Student Nationalism in China,* 1927—1937 (Stanford, Stanford University Press,1966); Jessie G. Lutz, *China and the Christian College,*1850—1950 (Ithaca, Cornell University Press，1971)，chap. 9，其中包含了燕大学生在"一二·九"运动中的作用; Y. C. Wang, *Chinese Intellectuals and the West, 1872—1949* (Chapel Hill, University of North Carolina Press,1966)*; and* Kiang Wen-han, *The Chinese Student Movement* (New York, King's Crown Press,1948). 在艾德敷*Yenching University*一书中明显缺乏对学生思想和抗议运动的关注。高厚德手稿本燕大历史却正相反，其中有大量对学生来源、毕业后的工作、学生思想、师生关系等研究，第16—18章。有关1949年后燕大学生运动最好的研究是Ralph and Nancy Lapwood, *Through the Chinese Revolution* (London, Spalding and Levy,1954), chaps. 4, 6, 10,14-17.

2. Statements and speeches of the "Formal Opening on the New Campus," December 16,1929, AP:R.

3. 《中国高等教育通史》（南京，1935），表格55，38。燕大从中国各地招收学生，试图打破强烈的本地关系。1936年，学生群体包括来自22个省的代表，尽管其中一半以上来自河北、广东、江苏和福建四省。*PSYTI* (1937),187. 更加重要的数据显示，很大比例的学生来自城市。

4. 所有数字都是本地货币。Minute, Board of Trustees, July 15, 1927, AP:BT；*PSYTI,* 24-25 (1931);and *PSYTI,* 43-44 (1937).

5. *YCHW,* 1947年12月29日。燕大的高学费一直延续到两年后的社会主义革命。Alice Boring to Grace Boynton, March 24,1951，PC:GMB; Lu to McMullen, June 28,1950, Lu Chih-wei file, AC:UB.

6. 《中国高等教育通史》，表18。

7. Cheng T'ing-ch'un, "My College Life in Yenching University," n.d., c.1935, in file on "Student Life," AC: also see Hsü Chao-ying, "The Lean and Fat Years,"《燕大校刊》(Palo Alto,1973), 8-13.

8. Minute, Board of Trustees, April 13, 1923, AP;BT; Mrs. Maxwell Stewart, "Self Help for Students?" December 1928, AC:JLS.

9. Stuart to Garside, September 1,1939, AC:JLS; *Yenching News,* no. 18, February 8,1941, AP.

10. Edwards, *Yenching University*, 390.

11. "The Students of 1945—1946," ms., Yenching file, AC:UB.

12. *YCHW,* 1947年10月。Alice Boring to Yenchinians, September 7,1948年, AC:UB; Lucius Porter to children, November 3, 1948, PC: LLP; Ralph and Nancy Lapwood, *Through the Chinese Revolution,* 57.

13. Fenn to Lu, December 16,1946, Lu Chih-wei file, AC:UB.

14. Galt, "Yenching University," 314, AP.

15. Han Su-yin, *A Mortal Flower* (New York, G. P. Putnam, 1965), 262.

16. 提到的年份的数字来自*China Christian Education Bulletin Statistics* (Shanghai)。

17. Han Su-yin, *Mortal Flower,* 278-279.

18. Ida Pruitt, interview, January 30,1968, Philadelphia.

19. Stuart to Garside, June 5,1936, AC:JLS.

20. See for example L. K. Tao, "Unemployment among Intellectual Workers in China," *Chinese Social and Political Science Review,* 13:251-261(1929); 另见1932年原北大校监傅斯年就教育问题所写的一系列文章，收于《傅斯年选集》（台北，1967）第五卷，715-770。

21. Richard L. Jen (Jen Ling-hsün金玲勋), Deliberate Unemployment, *Peiping Chronicle,* June 12, 1936; "Unemployed Graduates," *Peiping Chronicle,* May 29,1935.

22. 转引自Y. C. Wang, *Chinese Intellectuals,* 371.

23. 《傅斯年选集》，第五卷，769。

24. Stuart, "Problems of Modern Education in China," ms., n.d., c. summer 1936, p. 20, AC:JLS.

25. Stuart to Garside, April 8,1940, AC:JLS.

26. Mei Yi-pao, interview, July 16,1968.

27. 刘廷芳,《教会大学办学之困难》, *YTYS,* 2.9:27 (1936年6月)。

28. Chu Yu-kuang, "A Proposed Theory of Education for the Reconstruction of China," *Educational Review,* 24.4:334 (October 1932).

29. Presbyterian North China Mission, Yenching University，1938—1939 Report, 8-9, AP:R.

30. Wu Yao-tsung，"Movements among Chinese Students," *China Christian Yearbook* (Shanghai,1931)，259-262.

31. Kiang Wen-han, "Secularization of Christian Colleges," *Chinese Recorder,* 67.5:305 (May 1937).

32. John Israel, *Student Nationalism*,186.

33. Liu T'ing-fang, "Re-adjustments of Christian Education Work in China Today in View of the Changing Social and Intellectual Conditions," *Chinese Recorder,* 61.8:485-491(August 1930).

34. Stuart, convocation address, September 5,1932, AC:JLS.

35. Olga Lang, *Chinese Family and Society* (New Haven, Yale University Press, 1946), 318-519, 其中写道："看起来，教会大学的学生并不那么激进，这不仅因为他们平均比公立大学的学生更富有，而且因为他们受到意识形态的影响，让他们远离激进思潮。"但燕大的情况却并不支持这一结论。1936年成立的"燕大抗日会"的最初11名会员中，7个人是基督徒。见*CLYSM*, 6.6:8 (1932年4月1日); 张钦士,《永久忘不了的一件事》, *YTYS,* 2.9:40 (1936年6月); Yeh Ch'u-sheng, interview, Taipei, May 30,1969.

36. Margaret Speer to parents. March 28,1936, PC:MBS.

37. 谢婉莹等,《燕京大学》, *SM*, 2.2:4-5 (1921年9月15日)。

38. 刘廷芳,《基督教与中国国民性》, *SM,* 5.9:12 (1925年6月); John Leighton Stuart, "Problems of Modern Education in China," ms., n.d., c. June 1936, p.16, AC:JLS; Han Su-yin, *Mortal Flower,* 369.

39. 这些信息来自当年的《燕京新闻》, Lucius and Lillian Porter's letter to their children, and Grace Boynton's diary for 1947 and 1948.

40. *YCHW,* 1936年10月17日和1941年10月10日。

41. Chou Nien-tzu (Nancy Chou Bennett) 加入了长征，但后来却为此觉得羞愧，他认为自己决定参加长征是不成熟的表现, interview, May 5,1968, Milton, Mass。有关"一二·九"运动的细节来自Augusta

Wagner to Stuart, December 17, 1935, and Speer to parents, December 22,1935, PC:MBS.

42. Speer to parents, January 5,1936, PC:MBS.

43. Nym Wales, *Notes on the Chinese Student Movement,* mimeo. (Madison, Conn., 1959),1-13, 112-120.

44. Galt, "Yenching University," 352-353.

45. 《燕京新闻》, 1936年11月16日。

46. 《燕大月刊》创刊于1927年10月, 第一年由《燕大月刊》师生委员会负责编辑和管理。第二年, 该杂志由学生自治会接管, 直到1934年终止出版。司徒雷登为第一期写了发刊词, 希望这份刊物能把学生、教师和行政人员团结起来。燕大名人都是杂志最初年间的投稿人, 如谢婉莹、熊佛西和许地山等。文章有诗歌、杂文, 如《大学生应该做什么》, 以及有关中国的学术研究。编辑们最初也想在校外发行《燕大月刊》, 但刊物并未定期出版。最初的几年间, 它主要关注文学话题, 但1930年4月后, 它大多刊载政论文, 这也是本文研究的主要兴趣所在。本文考察了其中16篇文章。而《燕大周刊》则主要刊载学生们对校园内外时事的即时反应。像《燕大月刊》一样,《燕大周刊》也受到每年学生自治会领导选举的影响, 变动很大。在1923—1936年, 即存续的14年间, 杂志的格式、发行、编辑政策和出版的频率都有着很大的不同。我见到的第10期是在"一二·九"运动后编辑而成的。1936年后, 主要反映学生观点的出版物是《燕京新闻》。1936年末到20世纪40年代末编辑出版的《燕京新闻》就多达40余期。1949年, 它被更名为《新燕京》, 革命第一年内出版的若干期还能看得到, 1952年还出版了有关"三反运动"的更大的一期。

47. Wei Ching-meng, interview, Taipei, January 7,1969; T'an Jen-chiu, interview, Hong Kong, February 6, 1969; confidential report of John Leighton Stuart to the trustees, January 10,1939, AC:JLS, Lucius Porter to children, March 28,1948, PC:LLP.

48. Joseph R. Levenson, "Communist China in Time and Space: Roots and Rootlessness," *China Quarterly,* 39:5-6 (July-September 1969).

49. 于昆,《于经济上观察现代社会问题发生的原因》, *YTYK,* 7.1-2:77（1930年12月）: Wu *Hsü-ts'an,*《帝国主义的末路》, *YTYK,* 7.1-2: 95-

103 (1930年12月); Jen T'i,《时局前途之展望》, *YTYK,* 9.3:1-10 (1933年4月)。

50. Chang Ch'ing-yeh译,《现代知识阶级论》, *YTYK,* 8.2:73-87 (1931年6月)。

51. Mu Han,《非常时期教育》, *YTYK,* 6.10:3-4 (1936年2月9日)。

52. Ch'u Shan,《向教授们进一言》, *YTCK,* 6.10:11 (1936年2月9日); Liang Yang,《刘彻奴化教育知识》,同上，9。

53. Chün,《奴化教育知识》,同上，7-8。

54. Margaret Speer to parents, February 2,1936, PC: MBS.

55. Richard L. Jen, "Deliberate Unemployment," *Peiping Chronicle*, June 12,1936.

56. Chang Fei,《教授的悲哀》, *YTCK:* 7.3:28-30 (1936年5月16日)。

57. 梅贻宝,《纪念五四》, *YCHW,* 1947年4月28日。

58. 严景耀,《学生运动与青年修养》, *YCHW* (1947年5月12日)。

59. Wu Chen,《新五四运动》, *YCHW*, 1947年4月28日;《学生小论坛》, *YCHW*, 1947年5月5日。

60. Chou Hua, "Hu Shih and the May Fourth Movement," *YCHW*, 英译本见 *Chinese Press Review,* 608:3-4 (May 10,1948), and cited in Jerome Grieder, *Hu Shih and the Chinese Renaissance,* 307-308, 燕大学生在 *YCHW* 发表的指责令人费解。胡适早年在国立北京大学时，确实反对过学生的革命观点。后来，他作为中国驻美国大使（1938—1942）和抗战后担任北大校监时，曾积极维护中美关系，反对苏联在华的影响。见 *Foreign Relations of the United States, Far East*: *China, 1948* (Washington, D.C., 1973), VII，52. 但在20世纪40年代后期，胡适也公开批评国民党政府，利用他担任校监的权力和影响力保护示威抗议学生不受政府警察的抓捕，尽管他当时并不认同抗议示威活动。见 *Foreign Relations of the United States, Far East: China*，*1947* (Washington, D.C., 1973), VII，160, and (1948) VII, 180-181, 583-594, 665-666, 675-677.

61. 冰心（谢婉莹），《我的学生》,《关于女人》（香港，1968），61-73。

62. Stephen Becker, *Season of the Stranger* (New York，Harper and Brothers, 1951),97.

63. 谢婉莹等,《燕京大学》, *SM* 2.2：7-8 (1921年9月15日)。

64. Luella Miner, "Report of the Women's College," ms., June 11, 1921, AP:R.

65. *Alumni Directory* (Peiping，1931) II,112: Chang Fu-liang，"Agricultural Education and Country Life," *Educational Review,* 22.2:188-193 (April 1930).

66. Galt, "Yenching University," 385-386, AP; Cato Young (Yang K'ai-tao) et al. *Ching Ho: A Sociological Analysis* (Peiping, 1930), passim.

67. Stuart to Garside, February 25,1935, AC:JLS; 关于华北农村重建委员会的讨论，见Thomoson, *While China Faced West,* chap. 6.

68. *Occasional News of the College of Public Affairs,* no.1（June 1934), no. 2 (October 1935), no. 3 (April 1935), AP:R; *Quarterly News of the College of Public Affairs,* no. 2 (February 1936), 2.1(September 1936), AP:R; *Announcement of Courses,* 1936-1937: *Yenching University Bulletin,* 21.10 (December 1936), AP:D.

69. Lawrence Schneider, *Ku Chieh-kang and China's New History* (Berkeley, University of California Press,1971)，4,126-127, 147-148.

70. Ku Sung,《死》, *YTCK,* 7.4:22-26 (1936年5月30日)。

71. 《零碎的记录》, *YTCK,* 7.4:14-19 (1936年2月9日)。

72. Lin Cho-yüan,《乡建运动能救中国吗?》，*YTCK,* 7.2:9（1936年5月16日); Ch'en Hsin-feng,《关于乡建运动能否救中国》，*YTCK,* 7.3:12-14 (1936年5月23日);Wang Hou-fang,《死路一条》, *YTCK,* 7.4:10 (1936年5月30日)。

73. 燕大物理教授William Band和Claire Band离开学校在游击区和延安待了2年，出版了一些个人经历，包括学生们（包括某些燕大学生）在农村遇到的一些问题 。见William and Claire Band, *Two Years with the Chinese Communists* (New Haven, Yale University Press, 1948)。

74. *Accumulated List of Publications from the school of public Affairs of Yenching University* (Peiping, 1932), AP:R; *News Bulletin of the College of Public Affairs, Yenching University,* 5.3（June 1940), AP:R.

75. Stuart, *Fifty Years,* 79.

76. 《庆祝司徒教务长六十寿辰》, *YTYS,* 2.9:16 (1936年6月)。

77. Grace Boynton diary, June 1,1947.

78．Lutz, *China and the Christian Colleges,*170.

79. Grace Boynton diary, July 15, 1948, and October 30,1949; Lapwood, *Through the Chinese Revolution,*156; 另见燕大香港校友编撰的《燕大校友通讯》(1963年12月, 1965年1月和1967年10月), passim以及美国燕大校友会,《燕大校刊》(1973年3月)。

80. 谢婉莹等,《燕京大学》, *SM*, 2.2:8 (1921年9月15日)。

81. Galt, "Yenching University," 330-331,AP.

82. 《燕京新闻》, 1947年1月13日; Grace Boynton diary, January 2, 1947. 另见Thurston Griggs, *Americans in China：Some Chinese Views* (Washington, D.C., 1948), 10, 25-30, 38, 55; and items indexed under "Anti- American demonstrations and feelings" in *Foreign Relations of the United States,* volumes on China for 1946 and 1947.

83. Carleton Lacy, "Education for International Goodwill," *Educational Review,* 25.2:143-146 (April 1933); and "International Attitudes of Some Chinese Students," *Educational Review*, 26.1:61-84 (January 1934). 燕京大学的夏仁德在本研究中提供了帮助。

84. "Our Tragic Experiences in Petition Demonstration of March 18,1926," Yenching University, March 20,1926, PC:MBS; Margaret Speer to father, April 5, 1936, PC:MBS; *YCHW,* (1948年2月23日)。

85. *YCHW*, 1948年3月29日和1948年10月10日 。

86. *YTYK*, 8.2:6-87, 105-110 (1931年6月)。

87. *YCHW*, 1947年12月8日 。

88. 徐宝谦,《新思潮与基督教》, *SM*,1.2:1 (1920年9月1日)。

89. Chün,《奴化教育》, *YTCK*, 6.10:7-8 (1936年2月9日)。

90. "Freshman Views of Yenching at the End of the Term," ms., March 15, 1947, Yenching file, AC:UB.

91. Augusta Wagner to Stuart, December 10,1935, PC:MBS; Grace Boynton diary, April 6,1947; Lucius Porter to children, July 12,1948, PC:LLP.

92. Galt, "Yenching University," 188-189, AP; "Patriotic Week in Yenching University, November 30-December 6, 1931," ms., file on Student Life, AC;《燕大委员会》,《国难讨论大纲》, *CLYSM,* 6.3:6-9 (1931年12月1日);《燕大爱国运动拾零》, *CLYSM,* 6.4 (1932年1月1日)。

93. 吴雷川，《说青年运动》, *CLYSM*, 2.8:207-209 (1927年5月)；《与现代青年商量救国的问题》, *CLYSM*, 1.11:311-312 (1926年9月15日)。

94. Lu Chih-wei to Stuart, January 16,1936, AC:JLS; 转引自 *China and the Christian Colleges*, 343; Ralph Lapwood letter to friends, November 15, 1950, PC:RNL; interviews with Grace Boynton, April 3,1968 and Randolph Sailer, April 27,1968.

95. *YCHW*, 1947年1月13日。

96. Lucius Porter to children, November 10,1947, and December 1,1947, PC:LLP; *YCHW*, 1946年12月9日及1947年1月13日。

97. "To the Student Body of Yenching University," ms., January 1933, file on Student Life, AC.

98. Margaret Speer to parents, December 29,1935, PC:MBS.

99. Stuart, "Autobiographical Notes," 41, PC:GMB.

100. "Address by Dr. Stuart, University Assembly," ms., April 14,1936, AC:JLS.

101. Stuart, "The Problems of Modern Education in China," 8-9, AC:JLS.

102. 张钦士，《永久忘不了的一件事》, *YTYS*, 2.9:40 (1936年6月)。

103. Stuart, "The Future of Christian Colleges," *Chinese Recorder*, 48.2:76-78 (February 1937).

104. Stauffer, *China Her on Interpreter*, 92-93.

105. 刘廷芳，《基督教在中国到底是传什么？》, *CLYSM*, 6.1:11-15 (1931年10月)。

106. 徐宝谦，《我怎样下定决心离开黎川》, *CLYSM*, 11.3:144-152 (1937年5月). 一位在黎川项目工作的燕大毕业生T'ien Hsing-chih (Gerald Tien) 曾回忆，一些青年并不喜欢徐宝谦的做法，作为一个行政管理人员，他通过宗教仪式来说服青年人承担更大的责任和做出更大的努力。Interview with T'ien, Hong Kong, February 11,1969.

107. Mei Yi-pao, interview, July 16, 1968.

108. 参见陈新锋，《关于乡建运动能否救中国》, *YTCK*, 7.3:12-14 (1936年5月23日); Galt, "Yenching University," 387-394,AP。

109. 吴雷川，《基督教如何实行救国的工作》, *CLYSM*, 6.5:15-19 (1932年3月);以及吴雷川，《基督教应注意唤醒民众》, *CLYSM*, 6.8:1-7 (1932

年6月)。

110. "A Service Order for the Service of National Humiliation," tentative translation, no.18 of the Experimental *Series of Chinese Christian Liturgy*, Liu T'ing-fang, ed., Yenching University School of Religion, PC: MBS.

111. 吴雷川在纲要中体现出的思想，与"生命社"另一位早期成员吴耀宗很相近，吴耀宗曾领导新教教会中的所谓"三自运动"，20世纪40年代末期和20世纪50年代初期，这项运动帮助基督教徒来适应革命的新秩序。这两个人的背景和经历不同，他们也把这些差别带到对基督教的重新解读中来，以使其适应革命立场，这也使他们融合后的思想变得更有说服力。例如，吴耀宗很年轻，英语流利，曾在纽约协和神学院受过训练。与吴雷川不同，他看起来是一位西化了的国际主义者。作为20世纪30年代基督教青年会出版物的编辑，吴耀宗为吴雷川的《基督教与中国文化》写了序言，这本书以基督教青年会出版社第37号系列出版物出版。关于吴耀宗的详细研究有两种，一是Miriam Levering所著"Wu Yao-tsung: An Intellectual Biography, 1923—1950," honors thesis, Wellesley College,1966; 另一种是Ng Lee Ming, "Christianity and Social Change: The Case of China，1920—1950," Th.D. diss., Princeton University 1971，174-235.

112. 吴雷川，《基督教与革命》，*CLYSM*, 5.4:1-5 (1931年2月);Kiang Wen-han, *Chinese Student Movement*,127-128.

113. 吴雷川对耶稣事迹和教诲政治意义的理解在他的长文《基督教与中国文化》中有所讨论，见该书第四章。

114. 吴雷川，《基督教与国民》，1-3; 吴雷川，《基督教与中国文化》，85。

115. 吴雷川，《基督教与国民》，*CLYSM*, 5。

116. 吴雷川，《基督教与中国文化》，289-292; 有关吴雷川对共产主义看法的深入讨论，见山本澄子，《中国基督教研究》，258-265。

117. 吴雷川，《基督教与中国文化》，70-71,86, 292。

118. 赵紫宸，《耶稣为基督，评吴雷川先生〈基督教与中国文化〉》，*CLYSM*, 10.7:412-413 (1936年12月)。

119. Chao Tzu-ch'en, "Christianity and the National Crisis," *Chinese Recorder*, 68.1:5-12 (January 1937).

120. 赵紫宸, "The Future of the Church in Social and Economic Thought and

Action," *Chinese Recorder,* 69:349 (1938).

121. 赵紫宸,《系狱记》(上海,1948), 52。

122. 徐宝谦,《二十年来信教经验自述》, *CLYSM,* 8.4;183 (1934年6月)。

123. Wu Yao-tsung, "To Make Christianity Socially Dynamic," *Chinese Recorder,* 66:8 (1934), 转引自Ng, "Christianity and Social Change," 209.

124. 吴雷川,《论基督教的公义与仁爱》, *CLYSM,* 7.1:8 (1932年10月)。

第06章

/ 国际主义理想与民国政治

政治局势不断迫使燕大教育家们重新审视其办学宗旨。反基督教运动已经使学校基本丧失了传教目的，到20世纪30年代中期，燕京大学与"教育救国"之间的关系也变得不甚清晰了。20世纪初期，在燕大读书和教学是一件非常爱国的事，但20年后，这所大学几乎被中国遗忘了。司徒雷登和他的同事们一直强调的办学宗旨之一就是国际主义理想。但在抗日民族情绪不断高涨的年代，强调国际主义并非易事。最理想的情况，是日本也被包括在国际主义之内，但日本占领中国的事实，只能加强国际社会中中西友好这特殊的一面。

/ 与日本合作

比起"生命社"的其他华人成员，徐宝谦更加坚信，基督教之爱应该超越中国因抗日而产生的民族主义。20世纪30年代初期，他曾尝试与日本最著名的基督教大学——京都同志社大学建立学术交流。徐宝谦联系了有贺铁太郎，此人是他在纽约神学院读书时的室友，也是同志社大学的宗教学教授。1930年11—12月，在经过精心准备后，有贺在燕大校园里待了一个月。他用英语开设了一些课程，还在学生自治会组织的一次大会上受到了130名燕大学生的热烈欢迎。[1]

如果说中日之间的猜忌已经让有贺的1930年之行非常困难，那么，1931年9月的九一八事变就让以后的访问变得更加不可能了。但徐宝谦却继续逆抗日民族主义的浪潮而进，在他的帮助下，6名燕大基督教协会的会员即使在九一八事变之后，还和同志社大学的学生保持着联系。在他们之间的一封通信中，一位同志社大学学生表示要排除"民族主义带给人的萎靡不振"，接受"耶稣基督对人的大爱"。徐宝谦和他的学生把这封信公之于众，并提醒燕大学生，他们一方面有抵抗侵略的艰巨任务；另一方面，作为基督徒，他们也应超越民族主义，反对任何国家的军国主义，"要同情日本青年争取和平、反对军国主义的斗争"。[2]到1935年，徐宝谦还想为自己安排一次对同志社大学的回访，但当时双方的通信联系已经中断。[3]

面对来自日本方面越来越大的压力，徐宝谦的和平主义思想逐渐减弱。在江西黎川参加农村重建工作的两年间，他对"中国农民的被动和懒惰"感到失望。他很不情愿地得出结论，使中国农民具有政治意识的唯一办法，就是让他们接受军事训练和纪律约束。徐宝谦从来没有完全放弃和平主义的理想，但他开始相信，"一个国家有权为生存而战"。他对西方国家粗暴干涉中国和解委员会的行动表示不满，这一组织到1937年已经不复存在。[4]当时，"生命社"的大部分华人成员对基督教之爱及其用于日本军国主义表示了严重怀疑。没过多久，燕大的许多西方人也开始坚定地支持中国的抗日运动。[5]

徐宝谦尝试与日本和解，但比司徒雷登在1937—1941年所做的努力还小得多。确切来说，司徒雷登的动机是很复杂的。他和很多日本人保持着联系，最主要的目的是"让日本领导人注意和知道燕大，这样做是为了学校和学生们着想"。司徒雷登相信，在日本和蒋介石之间建立真正的友谊，就是对学校最好的保护。[6]他和日本官员的交往十分复杂，这也反映了日本占领中国的本质。其中一部分官员以板垣征四郎为代表，他是1938年近卫内阁中的陆军大臣，1939年曾担任驻南京日军的总参谋长，总体上看，他并不支持日本在中国继续扩张。司徒雷登在燕大1932届毕业生刘保罗的帮助下，与板垣保持着联系，他曾在中国东北当老师，被迫为日本人工作。另一部分官员以宇垣一成为代表，他是20世纪20年代的陆军大臣，近卫内阁的外务大臣。在东京，他被认为是中国政策方面的温和派。[7]司徒雷登与宇垣一成的联系是通过日本长老会传教士田川完成的，这位"慈祥的老头"认为战争是邪恶的，并希望与美国建立友谊。田川往返于中日之间，希望找到结束战争的办法。他因为这类言行，被反对派送进了集中营，一直关押到1941年4月。获释后，他又和身在上海的司徒雷登取得了联系。另外一个重要联系人是王克敏，他是司徒雷登的好朋友（二人同岁，又都出生在杭州），也是汪伪政府在华北的头目。[8]

因为和日本人保持着联系，又与蒋介石有着密切的私人关系，司徒雷登是居中斡旋的不二人选。他至少4次访问重庆，带去日本当局的信息和要求，回来后又把蒋介石的反应做了汇报。这4次访问分别发生在1939年4月、7月，1940年4月以及1941年4月。因为北京到重庆路途艰辛，每次旅行都持续数月之久。[9]司徒雷登展现了极端的两面性。他帮助学生们跑到解放区，在那些年写给董事会的报告中，他公开表示支持中国的抗战。[10]他多次谈到，希望华北和解放区连成一片；他也清楚地告诉日本人，与国民政府谈判的前提是中国要保持独立。虽然他在报告中表现出强烈的情感倾向，但司徒雷登从未放弃和解的努力，直到1941年春天，他还认为自己调停人的角色十分重要，并相信中日全面战争可以避免。

除了与学校外的日本占领军合作外，司徒雷登也利用校园内的合作力量，扩大燕大的国际主义基础。他第一次尝试"实现基督教理想主义"就是1937年邀请日本著名考古学家鸟居龙藏博士来燕大任教。在他的妻子和两个女儿的帮助下，鸟居龙藏"渐渐打破了反对日本人到我们中间的偏见，并与很多教员建立了个人友好关系"。[11]司徒雷登还利用和日本人的关系，与柏林方面建立了联系，他成功地为西方语言系争取到一笔年度资助，全系师生都非常高兴，最后一次从德国得到这笔资助是1941年秋天。此外，1937年，意大利政府也同意向燕大提供8项奖学金，以便选择8位学生前去交流。只是日益紧张的国际形势使学生们未能成行。直到1941年9月，在新学年的开学典礼上，司徒雷登仍继续强调他的国际主义信仰。[12]

面对日本在政治和领土完整方面的威胁，司徒雷登希望中国不要诉诸战争。1937年，他认为"日本国内有一大批人不理解、也不支持本国的军国主义者"。在当前的中日冲突中，依靠这些"道德力量"将是用国际主义方法解决争端的一次实验。司徒雷登非常乐观，对这一希望充满了幻想，他总结道，"中国将找到一条更加理智和非暴力的道路以实现国民性的改善，这是任何其他办法都办不到的"。他希望中国能采取高度国际主义的方法，来提高人民的生活水平，帮助"建立和平的国际秩序，把日本也囊括其中"。[13]后来的事实表明，司徒雷登的理想只不过是沉迷于希望的幻想。显然，到20世纪30年代后期，司徒雷登的想法根本得不到燕大学生们的支持。

在强烈的抗日民族热情中，司徒雷登用上述模糊词语所表达出的希望，实际上是极为幼稚的。燕大基督教协会不定期与日本学生的联系，以及校园里的鸟居龙藏一家，不过是象征性的姿态而已。20世纪30年代和20世纪40年代初期，中国关心的首要问题是国家的生死存亡。司徒雷登坚持在基督教和解的名义下与日本人合作，这种做法是可能的，因为他的身份是美国人。但燕大少数和司徒雷登想法一样的华人学生和教员与日本人合作，却被指责为"汉奸"，并在战后被驱逐出校园。战争的残酷进程，迫使"生命社"所有成员都不得不做出违心的选择。燕大的大多数人当时认为，民族主义与包括日本在内的国际主义是水火不容的。在中国的现实面前，基督教理想已经彻底粉碎。但如果有人认为中日战争并非不可避免，或第二次世界大战的代价太过巨大，那么司徒雷登的做法就看起来更有道理。司徒雷登并不是自欺欺人或者想要欺骗别人。他一方面信仰基督教，一方面又同情中国抗日的爱国主义，二者的冲突在他身上不可避免，只不过，他处理这一矛盾的方法和当时燕大的大多数人并不一样。哪一方面更加重要，这才是问题所在。[14]

/ 燕大与国民政府

与和日本人打交道一样，司徒雷登跟国民党领导人建立联系的动机，一方面出于理想主义，一方面出于政治考量。他认为国民党在中西跨文化关系中代表中国一方，与此同时，司徒雷登也很清楚，适应国民党的政治秩序对于燕大的存续是必不可少的。除此以外，蒋介石反对共产主义，其意识形态也具有吸引力。与其他燕大人不同，司徒雷登对蒋介石的宗教虔诚印象深刻，尤其是在燕大学生对基督教渐渐失去兴趣之后。

20世纪20年代，为了在中国替燕京大学争取更多支持，司徒雷登施展个人外交能力，与著名政治人物往来。带着同样的动机，他开始和国民党领导人接触。1927年之前，他担心与蒋介石结盟的苏联会对南方政权产生影响。但当蒋介石夺取国民党领导权后，迫使共产党转入地下，向西方寻求帮助并要求西方国家承认国民政府时，司徒雷登改变了对形势的判断。[15]随着革命运动在农村的减弱，国民党控制了较大的沿海城市和中原地区，1928年10月，司徒雷登到南京与前革命政府的领导人和谈。此行由刘廷芳陪同，并住在孔祥熙"宽敞的西式豪宅"内。他被介绍给"新政府的每一个重要人物"，包括孔祥熙的亲戚宋子文、蒋介石及其夫人。他们之间的关系一直保持到司徒雷登在中国的工作结束为止。他还与孙中山之子孙科建立了联系，孙科后来担任了立法院院长和燕大校务委员会委员。教育部长蒋梦麟和司法部长王宠惠向司徒雷登保证，南京对教会学校的政策是公平公正的，只要与政府合作，南京方面都不会为难。[16]

司徒雷登与国民党领导人的深厚关系让他在国共冲突中支持国民党。"一二·九"运动后，他意识到，"青年知识分子越来越支持通过暴力革命手段进行社会经济变革"。共产主义就是"现成的、最具吸引力的道路"。[17]直到那时，司徒雷登还对学生们的爱国示威运动表示支持，但他同时也带着父亲一般的严厉。在同情的背后，他相信学生们会走出激进主义，并意识到革命并非救国之路。如果拒绝承认国民党教育和改革的合法性，尤其是国民政府本身的合法性，那就令人不得不重新思考燕京大学的办学宗旨。有时，司徒雷登指出，对这一宗旨的反复考虑是令人十分疲倦的事。

司徒雷登的疲倦影响了他对政治的判断。1936年，他断言，"中国终于找到了自我"，"对于中国的政治稳定和社会重建，他比此前任何一个时期都感到乐观"。司徒雷登的希望就在蒋介石身上，"他很重视国家当前的发展"，其正直高超的领导力是无可指责的。[18] 1936年12月，发生了"西安事变"，蒋介石却被属下张学良扣押并拘禁起来，司徒雷登承认，在他看来，这就好比一个"天大的笑话"，但他的沮丧很快就消失了。几个月后，他再次赞扬蒋介石的内在力量，认为"当前的情况再好不过了"。1940年，司徒雷登说自己已经"完全变成了蒋介石的人"，"愿意为蒋介石做任何事"。[19]

20世纪30年代，司徒雷登在文章中提到蒋介石时还用了不少宗教词语。燕大学生对基督教逐渐失去了兴趣，即使像司徒雷登那样的自由主义传教士教育家也对此感到失望，但蒋介石却变成了虔诚的基督徒。从1927年蒋介石皈依基督教到20世纪30年代中期，司徒雷登的文章中从未提到蒋介石的宗教实践。但从1936年开始，当司徒雷登和傅泾波帮助南京政府争取华北军阀的支持时，蒋介石与基督教的联系就具有了新的重要意义。日本占领华北之际，很多人都严厉批评蒋介石的领导。[20] 司徒雷登的意见起初摇摆不定，但1937年他突然从模棱两可中跳了出来，反对各种批评，完全支持蒋介石这位虔诚的基督徒。他写道，"中国的命运现在颤颤巍巍地悬在天平之上"，它将更多地依靠"精神而不是物质力量"。如果蒋介石政治统一的努力能够实现，"共产主义叛乱的威胁能够去除，如果大众教育和最近出现的对中央政府的忠诚能够通过精神力量维持下去，那么日本侵略的危险就会被降到最低"。[21]

蒋介石的确是一个虔诚的人。他阅读和引用《圣经》，定期参加祷告仪式，雇用了一位私人牧师，还偶尔和包括司徒雷登在内的外国人谈论他的宗教生活。但也有情况表明，蒋介石的皈依只是演给传教士看的一场戏，那些传教士反过来则按照蒋介石的意愿影响西方国家的对华政策。这两种解释并不矛盾。蒋介石的传记经常谈到他和基督教信仰的关系，尤其是1927年他和卫理会教徒宋美龄结了婚，但并非所有传记都会提到他皈依基督教的事。有一本传记就完全忽略了蒋介石的宗教实践，而其他几部传记也没有像20世纪30年代后期的司徒雷登那样重视这段宗教经历。[22]

"西安事变"后不久，司徒雷登到南京看望蒋介石，他承认非常沮丧。他"已经被8年剿共搞得精疲力竭""再有2个星期就要实现目标了（只等河水结冰，他的部队就可以过河）""但那个孩子（指张学良将军）的愚蠢做法却把即将到手的胜利拱手于人"。蒋介石在谈到他镇压共产主义的失败时引用了耶稣关于恶魔的话："1个恶魔被从身体中驱赶出去，但留下的空间却被7个更坏的恶魔占据了。"[23]在那次访问过程中，司徒雷登还与蒋介石夫人进行了亲密的交谈："她跟我讲起了他们的婚姻生活……以前她从未向任何人提起过。"她跟蒋介石结婚就是为了"提升他的思想，使其更加现代"，她努力使他提高，但"收效甚微"，"也不确定他究竟要对日本人采取什么政策"。司徒雷登安慰她说，蒋介石"有同情心，每天都祈祷"，他希望蒋"头脑中的政策会随着局势的发展被证明是正确的"。面对整个形势，司徒雷登认为最可靠的希望就是"相信蒋会找到解决办法，也许这个办法不像他的家人、学生或激进爱国者所希望的那样直接，但这个办法可能更加符合中国人的智慧，其带来的损失也更小"。对蒋介石的过分信任影响了司徒雷登对1937年危机等政治现实的判断。用他的话说，无论蒋介石有什么缺点，他都是"一个伟大的人，他的道德、智慧和对国家的无私奉献都在不断增长"。[24]

　　1939年，司徒雷登感到蒋介石越来越受欢迎，他认为这得益于蒋介石皈依基督教所带来的"勇气、清醒头脑和无私奉献"。[25]一年后，司徒雷登再次访问重庆，并记录了他和蒋夫人之间的长篇谈话。他和蒋介石的会面被推迟了，因为委员长正在祷告。宋美龄说，在早晨学习《圣经》和祈祷的过程中，他们问自己"究竟能为基督做些什么"。她研究了丈夫不同历史时期的照片，观察"能否从他脸上看出精神世界的成长"。她得不出什么结论，因为她"担心自己急于求成，反而影响了最终的判断"。司徒雷登认为，"他的脸看上去……圆润了，整个表情显露出和蔼和力量，这都是内心活动的证明"。宋美龄问司徒雷登，他是否可以推荐一些真正优秀的中文宗教作品，她正为找不到东西给丈夫阅读而苦恼。宋美龄与燕大保持了多年联系，与刘廷芳一家关系尤近，她难道从未听说过"生命社"的出版物吗？司徒雷登知道，她是故意这样问。在此次访问报告的最后，司徒雷登这样写道：

"详细记录他们二人的私人生活是为了鼓励那些对传教事业感兴趣的人。"[26]

司徒雷登在战后对蒋介石的依赖和他对燕大学生政治逐渐失去耐心是相辅相成的。有一个时期，用司徒雷登的话说，所有具有政治意识的人都恨蒋介石。[27]受到校内学生罢课以及校外共产主义力量的影响，学校的发展前景令司徒雷登十分担忧。1946年和1947年，他担心反美运动会切断燕大与纽约的经济联系。[28] 1948年6月，司徒雷登公开批评参加反美游行的中国学生（仅昆明一地就有3万名学生参加抗议）。他指责学生们"严重破坏了中美之间的传统友谊"。他坚持认为，日本的经济重建不会威胁到中国，只会保证日本不会变成共产主义国家。像一位生气的父亲批评淘气的孩子一样，司徒雷登补充道：

> 你们当中那些痛恨美国或者参加了反美抗议的人，如果在日本问题上不同意我说的话，那就准备好面对你们行为将带来的结果。如果你心里认为我是对的，却因为其他的或不可告人的原因继续参加抗议，那我要告诉你，现在是你自我反思的时候了。如果你因为那些不可告人的秘密而愧对良心，你不仅在损害美国，而且在损害你自己的国家。[29]

司徒雷登的威胁苍白无力，他很快被人们遗忘。

司徒雷登认为自己"深爱着学生"，因此有权利提出这样严厉的批评。"如果我的一生没有能证明我对学生的爱，那就是彻底失败。"他"相信中国学生不会故意把自己引入歧途，或背叛国家对他们的信任"。[30]但学生们对于苏联的影响"十分满意"，司徒雷登对此非常生气："美国向中国提供了几亿元的经济援助，苏联却从中国偷走了几亿元。美国从来没有占领中国一寸领土，苏联却无视中苏之间的协议占领了大连和旅顺。美国送来了救援物资，苏联却连一分钱、一袋面粉都未提供。为什么美国除了抗议之外却什么也没有得到？"[31]在与华盛顿的官方通信中，司徒雷登批评苏联在外蒙古、内蒙古和东北地区的做法，"除了凭空引起猜忌外，毫无益处"。"这是一种十分奇怪的心理，但必须要认真对待，因为情况总是如此，学生们当下思考的问题很快将成为整个国家思考的问题。"[32]深厚的个人情感依旧影响着司徒雷登和众多燕大校友的关系，但20世纪40年代末那些反政治潮流的运动，却让他逐渐放弃了以往寄托在学生身上的理想主义信念。

司徒雷登在不断摸索。1948年12月17日，他和胡适进行了一次长谈。当时，胡适刚刚抵达南京，蒋介石邀请他担任新一届的政府总理。胡适拒绝了邀请，但考虑领衔蒋介石的"智囊团"。他告诉司徒雷登，"我们应该支持蒋介石"。只有蒋介石"在抵抗共产主义方面不会妥协，在国民党领导人中，他也是唯一一位不贪婪，且没有沾染中国官场恶习的官员"。胡适流着泪问司徒雷登他该怎么办。司徒雷登问，他能否像30多年前取得辉煌成功那样，再领导一次有关自由和民主的新思想运动或文学革命。胡适"遗憾地说，自从1945年抗战胜利后，他便再也没有在上述领域施展过自己的才能，而是自私地投入到自己喜欢的学术活动中"。[33]这是一个多么伤感和悲惨的剧变,华北两所名校的校长,他们曾是爱国学生们的英雄,现在却被孤立起来,与外界隔绝,即将永远地离开中国,不再回来。他们的教育救国梦已经完全破碎。

其他燕大西方教员支持国民党的领导,主要是因为担心革命运动会让他们丢掉饭碗。包贵思女士曾通过卫斯理学院的关系认识了蒋介石夫人,她说自己完全没有任何政治倾向。但这似乎并非她的本心,因为她经常要发表政治声明,尤其是20世纪40年代,她对燕大学生们反对国民党统治的抗议运动非常敏感。当共产党在华北的内战中取得优势后,她虽然不大情愿,但仍表示支持蒋介石。1948年4月,她写道:"对于引发学生运动的政治动荡,我没有一丝激动之情,在他们的群众集会上,我草草记录下发生的一切。"她的确参加了学生们的运动,并问自己:"什么时候我才会放弃冷漠,像他们那样投入自己的感情?这种冷漠是上帝对我的怜悯还是盲目地自私?我问自己,却似乎不需要答案。"包贵思在一些政治问题上的立场和司徒雷登保持一致,她声称自己"追随蒋介石",承认自己"头脑简单,只能附和司徒雷登的观点,因为他们二人合作能取得最好的结果,也能够在抗战后与共产党的斗争过程中,因未能给中国带来公平和幸福而共同接受批评"。她"相信一些值得信赖的人,如司徒雷登和马歇尔将军。即使事实证明他们的决定并非明智,也不总是成功,但我还是无法批评他们"。[34]

20世纪40年代末,博晨光夫妇在给孩子们的信中,流露出对内战中的国民党更多的精神支持。博晨光说："尽管有一些腐败问题，但我仍然是现政府的坚定支持者。"他"想不出中国还有哪个政党组织能够接管政权，并维持像现在中国大部分地区那样的和平和秩序"。1947年11月，当蒋介石在华盛顿最重要的代言人、来自明尼苏达州的美国国会众议员周以德（Walter Judd）访问中国时，博晨光说，国会里有一位"能言善辩、思维敏锐"的人，这是大好事。他同意周以德的看法，即"任何用其他政治力量代替南京政权的做法，都将使人民大众陷入无法想象的灾难中"。1948年5月，博晨光建议他的孩子们读一读胡德兰（Freda Utley）①撰写的《中国最后的机会》（*Last Chance in China*），这是当时为蒋介石辩护的畅销书，"书中详细……准确地描述了中国的现状"。

像西方许多自由主义者一样，博晨光在20世纪30年代也经历了一个对苏联感到痴迷的时期，但到20世纪40年代，他就义无反顾地开始反对共产主义。博晨光指责共产党只有一些"持续制造麻烦的负面政策"，也"未能在其所控制的区域显示出维持秩序和改善生活的能力"。他得出结论，共产主义"从根本上反对个人、反对人的价值和自由"，反对"个人主义和人类平等，也反对具有基督教信仰的人所关心的那些问题"。博晨光并未意识到

---

① 胡德兰（1898—1978）：英国女作家。1928年曾加入英国共产党，长期在莫斯科生活。1936年，她的苏联丈夫被捕后，胡德兰移居美国，并转向反对共产主义。1945年，胡德兰受美国《读者文摘》杂志派遣访问中国，并撰写了《中国最后的机会》一书。

燕大学生在批评国民党政府时使用过类似词语，对此也感到很愤怒。博晨光夫人并不希望学生们对革命充满向往，但燕大的发展前景却令她担忧。1948年11月，她写道："可怜的中国，我们不希望她再带给我们什么惊讶，她已经做了很多，突然站起来把和平带给她的人民，但我担心在最终的结局到来之前，国民党政府只关心自己能得到什么。没人能预见到我们可爱的燕京大学未来会怎样。"[35]

对于包贵思和博晨光有关国民党的评价，燕大其他西方教员并不一定认同。夏仁德夫妇就因为更加同情激进主义而闻名。伦敦会的赖朴吾夫妇也同样如此，他们是对中国共产党接管燕大表示欢迎的西方人之一。

燕大西方教员大多持渐进发展的看法，反对在任何有意义的社会重建完成之前就取代国民党的政治力量。他们不断重申，当前需要建设性和积极的意见。他们相信，任何现有秩序都可以改善。看不到通货膨胀的严重性、政府的腐败、改革主义者的缓慢步伐和国民党统治的无能，这就是他们的乐观主义。在中国生活了多年，他们仍旧带着对美国渐进式社会改革经验的乐观情绪。乐观是自由主义新教神学的基本原则，但它在中国的土壤里却扎不了根。在30多年的时间里，传教士教育家们期待有一天，"中国领导人能够更加自觉地采取措施拯救民众，而不是依靠外界的帮助"。[36] 1948年1月，博晨光写下了上面的话，但他对社会革命抱有敌意，这使他无法看到，实际上只有中国共产党才能实现这一愿望。

1946年，伊罗生（Harold Isaacs）从中国发回报道，认为很多西方人都对国民党的领导表示信任。这主要是由于蒋介石的形象，他们的支持虽然有一点过分，但也反映了其不切实际的乐观。在西方人眼中，蒋介石从战争中脱颖而出，作为"英雄般的领袖"，他的形象"既完美又模糊""为了国家统一和自信，为了富有成效地推动发展和现代化进程，他鞠躬尽瘁"。"他高高在上、无与伦比，他深谋远虑、坚韧不屈，他心地善良，是中国道德的化身"。有时候，大家也承认存在一些困难，例如"政府中普遍存在的腐败和贪赃枉法，勒索下属或随从，缺乏最基本的民主，派人搜捕自由主义者或学生，关押或杀害政治对手"等。但不管怎样，人们却认为，蒋介石不应该对这些问题负责。他的周围"是一小撮坏人……他们的卑鄙做法妨害了蒋介石的崇高目标"，但蒋介石仍是"独一无二、不可替代的领袖，他是中国主要的、也是唯一的统一力量，他在言语和行动上都支持民主，他要带领着人民沿着自由和平等的大路前进"。[37]司徒雷登和燕大的传教士教育家们都曾帮助蒋介石树立这样"既完美又模糊"的形象。

很难用一两句话来概括20世纪40年代华人教员的政治态度。很多年轻教师，主要是燕大毕业生，如严景耀（1928年入校）、赵承信（1930年入校）、翁独健（1934年入校）、高明凯（1935年入校）和侯仁之（1936年入校）等，他们更多地具有"一二·九"运动的精神。抗战结束后的数年间，他们承担起作为年轻教师的责任，但大多已经对渐进改革和国民党统治不抱希望。严景耀和他妻子雷洁琼在20世纪30年代中期曾一度与国民党政府合作，但抗战后他们却得出结论，"凡是有理想和具有崇高道德标准的人都不可能在政府内工作"。[38]年龄并不是疏远国民党的决定性因素。两位年纪较大的华人教师，顾颉刚和张东荪自20世纪20年代就因同情激进主义而闻名。1949年后，他们很快就和年轻教员们一起加入新的政治秩序中。

另一些华人教员则更加小心谨慎，尽管他们和很多著名传教士教育家一样，从未对国民党的统治抱有过信心。他们对教育在救国中的作用以及当前动荡的政治秩序表示怀疑，但他们不是通过积极反对而是愤世嫉俗和不参加活动来表达他们的疑虑。不管怎样，他们都不是激进分子。1948年，一位教师告诉包贵思，他预见未来将充满暴力与混乱，他担心红色政权将把受过教育的人变成乞丐，强迫他们穿某种特殊服装。教师当中一小部分右翼分子甚至还准备了毒药，一旦需要时就可以使用，但幸好他们没有发现必须要使用的机会。[39]赵紫宸承认，革命后，他内心深处"一直受到殉道想法的困扰"。[40]蔡一谔和梅贻宝在燕大任职期间，也对革命政策采取敌视态度，尽管他们对国民党政府的严重问题并非熟视无睹。从20世纪20年代开始，他们就承担起了燕大行政管理的职责，从流亡成都的岁月一直到社会主义革命前夕。1948年5月，蔡一谔离开燕大，到上海由美国资助的中国救灾会去领导学生食品计划，梅贻宝则在燕大被共产党接管之前离开了学校，他们二人都未能再回到校园。[41]

华人教员对燕大与西方关系的态度，与国民党统治的稳定性密切相关。司徒雷登坦率承认，只要通货膨胀、政治腐败和长期内战等令人不快的现状持续下去，美国"就会成为公认的替罪羊。人们会同时指责我们给得太多和太少，我们干涉得太多，但对温和派和反对派支持得太少，我们也没有让中国人用他们自己的方式来解决问题"。[42]1948年3月，陆志韦和张东荪认为，美国的军事和经济援助并不能帮助中国。社会学家雷洁琼和历史学家邓之诚则公开表示，援助最后变成了外部干涉，而这只会延长内战。[43]到1948年春天，已经没有华人教员为美国对国民党政府的军事和经济援助进行公开辩护了。但陆志韦仍然认为美国继续对燕大校园施加影响是有益的，因为这将有利于燕大保持更高的学术水平。陆志韦在不同的美国文化之间做了区分，例如教会可以支持燕大的办学，但美国的社会风气却只是让中国的年轻人变坏。陆志韦也注意到，支持美国的言论在学生领袖们当中并不受欢迎，但他同时也断言，中国需要基督教精神来对抗逐渐壮大的共产主义新力量。[44]

简而言之，到20世纪40年代末，燕大师生对国民党统治的态度已经悄然发生了变化。站在最右翼的是几位董事，如掌管《时代生活》周刊的鲁斯，他自1945起担任董事会成员，其父亲亨利·鲁斯（Henry W. Luce）是燕大第一位掌管财务的副校长。司徒雷登在担任校长和后来任驻华大使时期支持蒋介石，尽管有时他也激烈批评国民党的政策。燕大绝大多数西方教员和另外一部分自由主义董事则不那么支持蒋介石，如美国友好服务委员会的鲁弗斯·琼斯（Rufus Jones）。校务委员会中的一些人，虽然在历届国民政府内担任过领导工作，却都有着更加自由的倾向。例如，校务委员会中年纪最大的颜惠庆，1949年春天曾参与了与共产党最后时刻的谈判，他后来也支持了新政权。有一些教师也曾和包贵思、博晨光一样，直到革命之前仍忠诚于国民政府，但他们在新政权下生活了几个星期后，就很快改变了立场。

比其他群体态度更加模糊的就是广大华人教员，他们所接受的文科教育让他们必然忠于支持燕大的国民政府，虽然这种忠诚有时也伴着艰辛。但到20世纪40年代后期，他们都转向了共产党。站在更左翼的是大多数燕大学生，尽管不是全部。他们对当时局势的关心越来越少，大部分人对国民党统治和与西方的联系不再抱有幻想。某种程度上说，文科教育未能在国共两条政治道路之间找到一个折中的办法。

/ 哈佛燕京学社

燕大校园生活中倒是有一个机构不受动荡的国民党统治的影响，那就是"哈佛燕京学社"。燕京大学通过该学社与哈佛大学的联系，有利于提高燕大在中国的声誉。而学社的名字本身也能帮助西方学生了解燕大。哈佛燕京学社1928年根据马萨诸塞州法律成立，并存续了50多年。学社的目的与"生命社"的宗旨几乎完全一样。20世纪20年代末到40年代初，哈佛燕京学社的3位总干事（与其他研究人员不同）刘廷芳、博晨光和洪业都是"生命社"的早期成员，这也并非巧合。诺思（Eric M. North）是学社的董事，1928—1966年他在董事会工作了近40年（1954—1966年还担任董事会的副主席），他还长期担任美国圣经协会的会长。对上述人员来说，宗教与学术总是结合在一起。

燕大对学社的支持有多种原因。一是对学术研究的尊重，这是中国从近代以前遗留下来的传统。二是相信教育以及作为高等教育一部分的学术研究可以救国。支持哈佛燕京学社的另一个原因，是燕大相信学术可以帮助师生们跨越民族主义的障碍，这在中西文化之间不算难事，毕竟燕大从一开始就与美国有着联系，但中日之间的障碍就更加难以逾越。社会主义革命后，哈佛燕京学社也未能超越意识形态和政治制度的差异。20世纪30年代末，一些学者和学社紧密合作，如陆志韦、聂崇岐、侯仁之、翁独健、齐思和等人，但20世纪50年代初，当学校面临革命思想的严峻挑战，行政管理陷入混乱时，他们却都变成了学校里的积极反对者。

司徒雷登早年在中国所写的文章中称自己是一名学者。但在燕大，他却把自己当作其他人从事学术研究的助手。包贵思女士曾依据她在燕大的经历，撰写了一部未出版的长篇小说《泉水之源》，她在文中描述，司徒雷登的工作并不是建立一所学校，而是一所研究机构，即哈佛燕京学社。在小说当中，司徒雷登因此得到的荣誉，比他创建世界著名大学和不带任何偏见地探索知识都要高得多。当革命迫使学社中断与美国的联系时，包贵思不免对逝去的过往感到惋惜，"那时候，无论中国人还是西方人都具有双向思维，不同种族和文化之间尚有交流，但这样的局面很快消失，在我们这个时代将不会重现。随之而去的，还有斯顿（司徒雷登在小说中的化名）的研究机构，其原本的梦想是推动世界各国相互理解和世界和平"。[45]当然，燕大其他教员并不赞同包贵思对学术研究的推崇，他们甚至质疑学术的终极价值。[46]然而，哈佛燕京学社却成了模范，建立了一套现仍在使用的学术研究体系，并最终影响了西方人对东亚的认识和了解。它也代表了一种专业学术机构多元化的国际主义精神，在全世界范围内，这种精神仍在各个领域的学术研究中蓬勃兴盛。

从20世纪20年代初开始，司徒雷登就开始和霍尔资产公司的董事们接触，但并未马上获得实质的经济资助。1925年，哈佛商学院研究生院院长、哈佛大学资金募集委员会主席顿汉（Wallace B. Donham）也非常积极地想从霍尔公司得到这笔资金（顿汉在后来的1928—1954年担任哈佛燕京学社董事，1934—1954年担任董事会主席）。霍尔公司的董事亚瑟·戴维斯（Arthur Davis）告诉顿汉霍尔地产公司在资金使用上的规定，并敦促他和当时尚在纽约的司徒雷登联系。1926年，顿汉带着戴维斯的建议，与司徒雷登进行了数小时的长谈，并提议出资建立一个研究机构，同时在燕大和哈佛设立中心，其目的是"推进中国文化领域的研究、教学和出版"，其任务是"以美国的学术兴趣和学术批判方法来鼓励中国的东方研究"。这项任务的完成将依靠"哈佛大学的西方学者和相关教育资源的帮助"，该机构的另一个目的是"为传播和继承中国文化培养中国学者和学生"。[47]

霍尔董事会被这项提议深深打动，同意资助其要求的6万美元，学社也得以成立（在成立最初的数年间，其名称为"哈佛北京学社"）。司徒雷登受到这一良好开局的鼓舞，继续敦促霍尔公司增加资助，1928年，燕大得到了150万美元的捐款。其中100万美元直接用于燕大的各项开销，另外50万美元则由哈佛燕京学社董事会掌握，用来推动燕大的中国研究。1928年的提议和谈判也让中国其他基督教大学以类似的方式获得了少量资助：岭南大学，70万美元；金陵大学，30万美元；华西协和大学，20万美元；齐鲁大学，15万美元；福建协和大学，5万美元。[48]

哈佛燕京学社通过两种途径向燕大提供资金，一是资助燕大国学研究所的研究项目，一是资助本科课程。1927—1951年，哈佛燕京学社在北京出版半年刊《燕京学报》，仅在抗日战争期间短暂中断过。同时出版了一系列研究专著。这些系列专著的出版形式五花八门，学社内外的学者都可以读到。[49]在中文系容庚和历史系顾颉刚的领导下，哈佛燕京学社在考古调查方面也发挥了先驱作用。1930年，在洪业的指导下，学社开始编纂哈佛燕京学社汉学引得。这些目录指向经典文献中的重要篇章，其使用的检索方法，是根据字形和笔画为每一个汉字编排一个数字。到1946年，洪业已经主持编纂了64部主要古籍的引得，从那时起，它们就是汉学研究不可或缺的工具。[50]

哈佛燕京学社的另一个重要项目，就是邀请对东亚感兴趣的年轻西方学者到燕大和北京，用一年左右的时间来积累研究经验，提高语言水平。他们当中有著名的西方汉学家李约瑟（Joscfh G. Needham）、顾立雅（Harlee Glessner Creel）、魏鲁南（James R.Ware）、贾德纳（Charles S.Gardner）、柯立夫（Francis W. Cleaves）、柯睿格（Edward A. Kracke）、海陶玮（James R. Hightower）、毕乃德（Knight Biggerstaff）、卜德（Derk Bodd）、泰勒（George Tayler）、芮沃寿（Arthur Wright）、狄百瑞（Theodole de Baty）、拉铁摩尔（Owen Lattimore）、史克门（Laurence C.S.Sickman）等。[51]

　　1940年，长期担任哈佛燕京学社执行干事的洪业，建议学社率先在中国授予博士学位，但持续的抗战和后来的内战使这个想法化为泡影。[52]学社资金的另一项用途是修建汉学研究的大型图书馆。燕大图书馆早年主要收藏英文书，保存在数个木匣中。1925年，中西文图书的总数还不到1万册。1929年，中文藏书的数量增加到14万册，1933年更增加到220411册，西文书为36744册。[53]到1940年，燕大图书馆收藏了大多数清代文献和多达20021册的地方志。为了减弱校园内普遍存在的反日情绪，在鸟居龙藏的领导下，1940年2月，哈佛燕京学社编纂了发表在175部日文期刊上的"东方研究索引"。与此同时，图书馆的日文书也增加到1854部。[54]

　　燕大校园中的激情和活力也同样存在于哈佛燕京学社。从20世纪20年代末开始，学社的年度报告中就列满了学术研究活动和出版物，既有已经举行和出版的，也有未来计划中的。通常，学社中的全职学者要在校内开设两门课，尤其是参与本科教育。

　　哈佛燕京学社的很多学者都是著名汉学家，作为重要历史人物，他们都被收录在霍华德·布曼（Howard K.Boorman）编撰的《民国名人辞典》（*Biological Dictionary of Republic of China*）中。[55]第一位是陈垣，1928—1930年曾担任哈佛燕京学社的首任社长，后来的辅仁大学校长，1952年后该校更名为北京师范大学。陈垣的研究包括，对含犹太人在内的在华宗教团体的历史考察，尤其是早期耶稣会，他还在《四库全书》和重要佛教典籍的编目工作中发挥了先驱作用。第二位是容庚，他接替陈垣担任学社社长和《燕京学报》编辑，他以在中国青铜器、书法和早期绘画方面的研究而著名。[56]其他名人还有前面提到的历史学家和民俗学家顾颉刚，以编纂汉学引得而闻名的洪业。[57]另一个跟哈佛燕京学社有关的人物是许地山，他是燕大校友（1921年毕业）和"生命社"成员，以道教和佛教哲学以及鸦片战争（1839—1842）方面的研究著称，但最著名的还是其小说创作。[58]近邻清华大学哲学教授冯友兰也应该列入这份名人名单，因为他20世纪20年代中期曾在燕大执教，并在哈佛燕京学社担任了几年讲师。他擅长的领域是中国哲学史。除此以外，还有其他知名人士。

这份中国知名学者和作家的名单很长，其中有些人并非哈佛燕京学社的雇员，只是短期和学社有所交往，或通过中文系与学社保持着间接联系。布曼的词典也收录了这些人的名字：钱穆、钱玄同、周作人、闻一多、朱自清、张尔田、白寿彝和三位燕大校友，即剧作家熊佛西、诗人谢婉莹和俞平伯。[59]尽管与学社的联系形式不尽相同，但他们都为哈佛燕京学社带来了极大的声誉。

在本科教育方面，用司徒雷登的话说，学社鼓励学生们"克服阅读和书写文言文的不足"，"使他们与本国的文学遗产更加接近"。[60]洪业说，燕大开设的中国研究课程"有意要鼓励一些年轻人去回望中国历史，重新发现和保护其文化遗产中的永恒价值，那是与其当代价值完全不同的东西"。[61]但是，做一个现代人和置身于中国历史之间，二者是矛盾的。那些倾向从事现代职业的人，比如说科学研究，很少关注中国历史和哈佛燕京学社想要达到的目的。不仅如此，司徒雷登认为，那些以中国研究为专业的本科生，对其他非中国研究领域知之甚少，很难被国外甚至燕大自己的研究生专业录取，因为世界各地的学术要求都很高。但也有一些学生例外，他们能很好地把两方面结合起来。如邓嗣禹，他曾在1936—1937年在哈佛燕京学社做研究员，1932年他曾撰写了一篇本科论文《中国考试制度史》，这是一项学术性很强的研究，马上就得以出版发行。[62]另外一些燕大本科毕业生在西方国家成为著名的汉学家，不过，他们只以英文出版物闻名学术界。例如，在美国大学和学院里，即使是从事中国研究的本科生对邓嗣禹及其燕大校友的著作也十分熟悉，比如，房兆楹（1928年入校）、施友忠（1930年入校）、郑德坤（1931年入校）、杨庆堃（1933年入校）、费孝通（1933年入校，获硕士学位）、瞿同祖（1934年入校）、刘子健（1941年入校）、徐中约（1946年入校）和余英时（1951年离校）。

哈佛燕京学社还资助出版了《史学年报》和《文学年报》，两份刊物分别由历史系和中文系的学生和老师负责编辑。另外一项试图把现代和传统结合起来的宏大计划，就是开设语言学本科专业。这项计划由陆志韦领导，20世纪30年代，他曾参与过一些语言研究。与陆志韦一起合作的，有研究汉语词法学的容庚和王静宇、高明凯两位年轻教师，他们分别研究语音学和语法，而陆志韦则主要研究方言和语言心理学。这项计划成功与否不得而知，但这是哈佛燕京学社尝试创新的又一个例证。[63]

哈佛燕京学社在哈佛大学的进展要比在燕大落后一些，但对于美国的东亚研究来说，其重要历史意义自不待言。在20世纪30年代中期之前，美国任何一所知名大学中都没有类似的研究机构，这与同时期的欧洲大学形成了鲜明反差。哈佛燕京学社的目的，就是从哈佛大学开始来弥补这一差距。学社邀请了法国著名汉学家伯希和出任首位社长。1928—1929年，伯希和在哈佛大学讲学，当年，他和洪业及博晨光一起确定了研究和教学方向。但实际上，直到1934年叶理绥（Serge Eisseeff）到来之后，哈佛燕京学社才具备了雏形。日本学家叶理绥是伯希和的年轻同事（他是第一位毕业于东京帝国大学的西方人），也接受过传统中国研究的训练。直到1957年，叶理绥一直担任哈佛燕京学社社长，他同时也在远东语言系任教。在叶理绥的领导下，学社获得了大踏步的发展。1937年，哈佛燕京学社成立了远东语言系，这在美国开创了先例；在裘开明的领导下，哈佛燕京图书馆开始兴建，起初图书馆只有哈佛大学的有限藏书，但40多年间，它已经在西方世界发展成拥有大多数东亚文献的藏书机构；1936年，《哈佛亚洲研究学刊》（*Harvard Journal of Asiatic Studies*）创刊，同时还有一系列专著出版。在学社的帮助下，到20世纪40年代末，哈佛大学已经发展成美国亚洲研究的领军机构。

1950年，中美之间的联系被切断后，哈佛燕京学社被迫中止了对中国大陆研究项目和机构的资助，特别是燕京大学，并把注意力转向日本、韩国、中国台湾和中国香港的姊妹学校。东亚研究在东亚地区"发展壮大"起来，为了便于管理，学社的新主任赖孝和（Edwin O. Reischauer，美国驻日大使夫妇之子）为每一个地区成立了一个协调委员会。1954—1968年，在访问学者项目支持下，150多名来自东亚的学者在哈佛大学从事研究工作，他们大多数都在哈佛游学一年多；对东亚研究感兴趣的亚洲研究生也得到了奖学金；哈佛燕京图书馆扩大了资料收藏的范围，把当代东亚文献也囊括其中；学社的出版物也继续蓬勃发展。数年间，除了刊物，哈佛燕京学社的系列专著、《蒙古抄本集刊》以及语言教材和工具书都相继出版。[64]司徒雷登及其同事最初的办学目的，即"促进中美之间的跨文化理解"，在哈佛燕京学社的历史发展中得以继续发扬光大。

注释

1. 　徐宝谦，《二十年来信教经验自述》*CLYSM*, 8.4:81 (1934年6月); interview with Ariga Tetsutarō，December 13，1974, Kyoto, Japan. Ariga 的个人档案包括他与燕大教员的通信，他给日本外务省的报告，以及一些他访问燕大校园的照片。
2. 　"A page fram an International Correspondence," 和《给中国基督教青年同志们的一封公开信》*CLYSM*, 6.6:5-8 (1932年4月)。6位燕大学生

在信上签字，他们是Kuan Sung-shan, Yeh Ch'u-sheng, Ch'en Kuan-sheng, T'an Hui-ying, Yeh Te-kuan, and Chang Kuan-lien.

3. Stuart to Garside, December 31, 1934, and February 20,1935, AC:JLS.

4. Hsü Pao-ch'ien, "Pacifism and Nationalism," a letter to Mrs. Hipps, June 10,1937, *Chinese Recorder,* 67.10:617 (October 1937). 徐宝谦在文中讨论了中国基督教"教会"的暴力问题，见 "A Religion of Love Spread by Force" in Roy J. McCorkel, ed., *Voices from the Younger Churches* (New York,1939), 3-20, 收入Jessie G. Lutz, ed., *Christian Missions in China: Evangelists of What?* (Boston, D.C. Heath,1965), 60-66.

5. 基督教与国难的关系是20世纪30年代《真理与生命》杂志讨论最广泛的问题之一。见*CLYSM,* 6.2:1-5, 6.3:1-5, 6.5:15-19和7.4:1-4. 又见 Kiang Wen-han, *The Chinese Student Movement,* 132-133. 燕大西方教员在一个流传于他们中间的传单里表达了反日情绪，他们戏谑地称这篇文章为"不花钱的假日娱乐，却又能让你发出咆哮"的一个，其标题是《我们被日本人吓坏了！》n.d., c. 1940. PC:GMB。其中收录的句子如"日本发言人在预计日军将在长沙战役中取胜时表现出了一种日式的平衡；开战以来，日本启示录中四骑士就在中国横冲直撞；日本专家认为日本与中国的战斗超出了纯粹的兄弟情义；他是日本反共的铁杆；神似日本人的汪精卫；诺门坎战役后日本的侵略欲望有所下降，那次战役中日方击落了382架苏军战机；为汪精卫讲话鼓掌的全是日本人"。

6. Brank Fulton, "Notes on Dr. Stuart's Life" (personal interviews conducted in 1940 and 1941 and corrected by Stuart), 30-32, PC:GMB. 有关司徒雷登在战争中利用"治外法权"的问题在John Carter Vincent, *The Extraterritorial System in China: Final Phase,* Harvard East Asian Monographs, no. 30 (Cambridge, Harvard University Press,1970), 35-37.

7. Fulton, "Notes on Dr. Stuart's Life," 31-32, PC:GMB.

8. Stuart memorandum to the trustees, February 23,1939, AC:JLS.

9. Stuart's correspondence to B. A. Garside and his confidential memoranda to the trustees, May 7, July 15, July 30, 1939, and April 8,1940, and April 28, 1941, AC:JLS.

10. Stuart's lengthy confidential reports to the trustees, January 10, February 21,July 3, and November 8,1939; January 18, July 6, August 29, September 28, October 19, November 9, and 26,1940; February 18, April 3, 28, and June 21,1941,AC.JLS. See also Stuart to Cordell Hull, Secretary of State, February 22,1939, and Stuart to Garside, August 17, 1939, AC:JLS.其中有司徒雷登对美国外交政策的建议以及与罗斯福总统的谈话纲要。

11. Stuart, "Autobiographical Notes," 30, PC：GMB; Stuart, Fifty Years,134.

12. Stuart address to university assembly, September 11, 1941, AC:JLS.

13. Stuart, "China Enters the Nationalist Era," *Christian Century*, 54:111 (January 27,1937).

14. See Noam Chomsky's essay on A. J. Muste's interpretations of the war with Japan in *American Power and the New Mandarins* (New York,1967）,159-220.

15. Fulton, "Notes on Dr. Stuart's Life," 22, PC:GMB.

16. Stuart memorandum to the trustees, October 25,1928, AC:JLS.

17. Stuart memorandum to the trustees, January 28,1937, 7, AC:JLS.

18. Stuart, "China Enters the Nationalist Era," *Christian Century*, 54:109-111 (1937).

19. Stuart to Hutchinson, December 18,1937, AC: JLS; John Leighton Stuart, "General Chiang Kai-shek—An Appreciation," *Democracy*, 1.2:55-56 (May 15, 1937); and Fulton, "Notes on Dr. Stuart's Life," 30, PC:GMB.

20. Thomson, *While China Faced West*, 23-25.

21. Stuart, "China Enters the Nationalist Era," 111.

22. Among the biographies consulted were: Hollington K. Tong, *Chiang Kai- sbek: Soldier and Statesman* (London,1938),186-189；General and Madame Chiang Kai-shek, *General Chiang Kai-shek: The Account of the Fortnight in Sian When the Fate of China Hung in the Balance,* with a foreward by John Leighton Stuart (New York,1938), *v-viii,* 40-45,169; Chang Hsin-hai, *Chiang Kai-shek：Asia's Man of Destiny* (Garden City,1944),185-186, 223-224; Sven Anders Hedin, *Chiang Kai-shek: Marshal of China* (New York,1940), 80-91. 20世纪30年代末和40年代初，中国急切地想争取美国援助，蒋介石公开谈论他

的宗教信仰。例如 "My Religious Faith," April 16,1958; "Message to the Christians in America," February 20,1939; "Appreciation of the Y.M.C.A.," July 28,1939; "Spiritual Ramparts and Weapons," March 12, 1940, as compiled in English by the Chinese Ministry of Information, *The Collected Wartime Messages of Generalissimo Chiang Kai-shek, 1937—1945,* 2 vol. (New York,1945). 他的宗教生活记录在一本日记中，据说，1936年12月，他在西安被绑架时就带着这本日记。后来，它以《西安半月记》（南京，1937）为题出版了。这本小册子中，蒋介石把自己描绘成一个虔诚的基督徒。其中一章是只有五页的*I Bear My Witness*, 1937年在美以美会出版社出版。这一节是蒋介石从西安被释放后送到美以美会的证词。文风简洁明了，它说蒋介石皈依基督教多年，"一直在研读《圣经》"。

23. Stuart memo to the trustees, January 28,1937, 4, AC:JLS. 司徒雷登报告说参加了一个晚会，其中有蒋介石、蒋夫人和其他亲戚。用司徒雷登的话说，在聚会上，马歇尔"为晚会带来了生气"。

24. 同上，6-7。

25. Stuart memo to the trustees, July 30,1939, AC：JLS.

26. Stuart, "The Religious Life of General and Madame Chiang Kai-shek," ms., May 17,1940, AC:JLS.

27. *Foreign Relations of the United States, 1948, Far East: China* (Washington, D.C.,1973), VII，674.

28. Robert McMullen to Stuart, January 6,1947, Stuart file, AC:UB.

29. *United States Relations with China* (Washington, D.C.,1949), 870.

30. Ibid., 871.

31. Grace Boynton diary, June 1948, PC:GMB.

32. Stuart to Secretary of State, June 29,1948; *Foreign Relations of the United States, 1948, China,* VII, 329.

33. Stuart to Secretary of State, December 21，1948; *Foreign Relations of the United States,1948, China*，VII, 675, 676; *Untied States Relations with China,* 898-899.

34. Grace Boynton diary, January 8,1947, April 10，and September (date unclear) 1948, PC: GMB.

35. Lucius Porter to children, November 10,11,1947, and January 6, May 31,and November 20,1948, PC:LLP.

36. Ibid., November 17,1947, and September 27,1948.

37. Harold R. Isaacs, *No Peace for Asia* (New York, Macmillan,1947), 47.

38. 有关中国知识分子对国民党领导的看法，见Otto van der Sprenkel ed., *New China: Three Voices* (London,1950)；另见 Robert Gullain and Michael Lindsay; Derk Bodde, *Peking Diary* (New York, Fawcett,1950)；Robert J. Lifton, *Thought Reform and the Psychology of Totalism: A Study of "Brainwashing" in China* (New York; W. W. Norton,1963); and the various reports in *Foreign Relations of the United States, Far East: China*, for the years 1946,1947, and 1948. The quote on Yen and Lei is from Lucius Porter to children, November 10, 1947, PC:LLP.

39. Grace Boynton diary, November 22 and December 9,1948.

40. Chao Tzu-ch'en, "Red Peiping after Six Months," *Christian Century,* 66.2:1066 (September 14,1949).

41. Edwards, *Yenching University, viii-ix*; Grace Boynton diary, March 27, 1949; Ts'ai to author, April 26,1973.

42. 陆志韦, *YCHW,* 1947年12月8日。陆志韦和张东荪有关谈判和美国援助的讨论，见*YCHW,* 1948年3月1日。

43. 这些观点陆志韦、邓之诚和吴晗也表达过，见*YCHW,* 1948年3月1日。

44. *YCHW,* 1947年12月8日。

45. Grace Boynton, "Source of Springs," ms., 1965, 112. 包贵思小说的复本保存在哈佛大学霍顿图书馆。

46. 著名人士对学术研究价值的观点既幽默又充满怀疑，见Rhoda Thomas, comp., *International Thesaurus of Quotations* (New York, 1970), 337, 560-562.

47. Edwards, *Yenching University,* 174. 有关哈佛燕京学社的研究，见Edwards, 171-177, 274-277，and Howard Galt, "Yenching University," 265-276, AP.

48. Edwards, *Yenching University,*176.

49. Annual Report for the Harvard-Yenching Institute,1940-1941,7, AP:HYI.

50. *Harvard-Yenching Institute: Purposes and Programs,1928—1968* (Cambridge,

Harvard-Yenching Institute, 1968), 4. 有关洪业索引研究的方法，见他的"Indexing Chinese Books," *Chinese Social and Political Science Review,* 15 1:48-61 (April 1931).

51. *Yenching University Directory, 1930—1931* (October 30,1930) 12.14:23; Glen W. Baxter to me, April 25,1972.

52. William Hung, "Suggestions for a Harvard-Yenching Institute Five Year Plan for Graduate Teaching and Research at Yenching University," ms., February 10,1940, AP:HYI.洪业的报告概括了设立博士专业的困难，专业设置很难同时满足教育部的要求又受到西方学术界的尊重。他写道："中国研究中的博士要求有两个问题，除了要掌握研究领域的科学外，还要表现出良好的书法技能和写作能力。不能对不起'博士'这个古代的荣誉称谓。否则，他就认为学生们是洋博士。一个问题是科学学科的研究成果应该移植到中国来，二是一些技能专业下的文学和艺术学科，学习这些对于当前的中国学生来说很难转到美国大学去继续学习，而对于美国学生来说又没有学习的必要。"同上，7。

53. 吴雷川，《燕京大学图书馆开馆》(北平，1933)，4。

54. Annual reports of the Harvard-Yenching Institute, 1939-1940, 6-7, and 1940-1941,10, AP:HYI.

55. 这份学者名录以及下一段中的另外一份来自1927—1937年不同的燕大通讯录。AP:D.

56. 容庚并未收录在Boorman所著的人物传记词典中，但由于他在*Catalog of the Chinese Collection, Hoover Institution* (Stanford, Stanford University Press,1969)中的长长的汉学研究目录让他在中国研究方面十分有名，VII, 595-596。

57. Boorman的词典也没有收录洪业，这让洪业本人很失望。在和作者的访谈中，洪业指出，有些人在他生活的那个时代并没有受到欢迎，如耶稣、苏格拉底和孔子等。除了中文著作索引系列之外，洪业学术著作的部分目录出版在*Harvard Journal of Asiatic Studies,* 24:7-16 (1962-1963)。

58. 许地山是《真理与生命》杂志的积极撰稿人。他发表了一系列有关中国反基督教历史的论文，题目是《反基督教的中国》，见*CLYSM,* 2.1, 2.3, 2.4, 2.5, 2.6, 2.7, 2.8, 2.9 (1927)。

59. 有关Po的文章见 *Chinese Collection*, X, 81.

60. Stuart's report to the Harvard-Yenching Institute,1940-1941, 3, AP:HYI.

61. Hung, "Suggestions," 6.

62. 除了对考试制度的研究之外，邓嗣禹还出版了很多有关中国历史其他话题的研究。其中最为著名的有与Knight Biggerstaff 合著的*An Annotated Bibliography of Selected Chinese Reference Works with Knight Biggerstaff* (Cambridge, Harvard University Press, 1950,1971); 与费正清合作的 *China's Response to the West* (Cambridge, Harvard University Press, 1960); and *The Taiping Rebellion and the Western Powers* (New York, Oxford,1971）.

63. Annual Reports of the Harvard-Yenching Institute, 1939—1940, 2-3, and 1940-1941,3, AP:HYI. 陆志韦的学术出版物目录见*Yen-ching hsüeh-pao*和Annual Report, 1940—1941,6, AP:HYI, and the *Chinese Collection, Hoover Institution*, IX,169.

64. *Harvard-Yenching Institute: Purposes and Programs, 1928—1968*, 7-11; Glen W. Baxter to me, April 25,1972.

第07章

/ 革命政治与燕大的国际主义

　　那是平淡无奇的一天（1948年12月13日，星期一），天色灰蒙蒙的。虽然学生和老师们把守着校门，但大门还是被打开了，一群拎着大包小包的难民持续不断地涌入校园……星期三晚上，我们得知共产党的军队就在校门之外，大家意识到，形势终于要发生变化了……（第二天）博晨光在燕大西门24小时值班，在那里，他可以通过电话与校园各处联系……他命令打开大门，发现外面是一位十分年轻的干部，随行的还有两名卫兵。那位干部并未带武器，但那两名警卫却全副武装。不过，他们问的第一个问题缓和了气氛："燕大在冲突中遭受损失了吗？"没有。他们接着问："燕大需要什么东西吗？"

星期四，校监（吴雷川）对大家说，我们"解放"了。他告诫我们，大家现在经历的变化比革命时期或中国历史上的衰落王朝时期还要大。12月17日，贝公楼举行了一场会议。我们的"解放者"派了一位政治干部向全校师生讲话。报告厅里挤满了人，有门童和门卫那样的仆人和工人，也有学生和我们老师……很明显，那位讲话的人十分拘束（他曾在保定府的美国教会中学里读书）。他大概并未完成中学的课程，现在却向饱读诗书的大学生和他们博学多识的老师训起话来！他大汗淋漓，开始结结巴巴……但很快又恢复了自信，为我们描述了一幅未来的美好图景，为了鼓舞人心他还谈了谈我们新主人的德政。他赢得了真诚的掌声，但听众们没有我想象得那么激动。那位年轻人鞠了一个躬，两名卫兵跟着他一同离去。[1]

就像包贵思女士日记中所记述的那样，燕大由此开始了从旧秩序向新秩序的过渡。

/ 政治背景

社会主义革命受到了校园里燕大师生的热烈欢迎。对大多数人来说，这不是苦难的结束而是新希望的开始。社会主义革命承诺要建设新中国，不是一点一滴而是大胆彻底地建设。中国共产党接管燕大一个月后，赵紫宸注意到，全校师生都高兴地面对他们"被解放"的现实，他认为，"中国每一个有思想的基督徒面对国民党即将到来的全面溃败，都应该深深地感谢上帝"[2]。几个月后，校长陆志韦认为，"对我们大多数已经觉醒的中国人来说，社会主义革命不是黑暗时刻，而是新的黎明"。在给董事会的信中，他略带讽刺地写道："我们并未感到沮丧，希望你们会原谅，因为旧政府的外交政策未能把我们送到中国人民所希望的地方去。"[3]

新民主主义与苏联的影响

如果说革命为燕大的爱国师生带来了希望，它也同样带来了不安和焦虑。他们很快意识到，中国的外交政策将急剧地倒向苏联，这将给校园生活带来深远的影响。困扰他们的问题是，变化究竟有多大？作为研究机构的燕京大学，尽管已经做了很多巨大改变，还能继续独立存在下去吗？回顾历史，关闭学校似乎是既定的革命政策，但在当时的燕大教员们看来，情况却并非如此。为了了解他们的处境，这里有必要交代一下自燕大被接管之日起所实行的毛泽东"新民主主义"政策，以及1949—1952年苏联的影响。

1940年1月，毛泽东撰写了一篇长文，题为《新民主主义论》。当时，他正在思考日本投降后以及与国民党内战结束后中国的未来。毫无疑问，社会主义制度是共产主义革命的终极目标，但在实现它之前，中国要经历一个民主阶段，即"新民主主义"时期。这个阶段会持续多久尚不能确定，但据说毛泽东认为会到1949年，这个阶段会持续一段时间。[4]毛泽东写道："这种新民主主义共和国，一方面和旧形式的、欧美式的、资产阶级专政的、资本主义的共和国相区别，那是旧民主主义的共和国，那种共和国已经过时了；另一方面，也和苏联式的、无产阶级专政的、社会主义的共和国相区别。"[5]这篇文章认为，在新民主主义时期，中国应该跟苏联结盟，而那些"帝国主义在中国直接办理的文化机关和一些无耻的中国代理人"都将无藏身之地。但文章也认为，"凡属我们今天用得着的东西，都应该吸收。不但是当前的社会主义文化和新民主主义文化，还有外国的古代文化，例如各资本主义国家启蒙时代的文化"。这种吸收，就像吃东西一样，"把它分解为精华和糟粕两部分，然后弃其糟粕，吸收其精华，才能对我们的身体有益，决不能生吞活剥地毫无批判地吸收"。他的建议是，危险并不在于保留燕京大学这样的文化机构，而在于从国外吸纳的政策最终可能会毁掉这些机构。[6]毫无疑问，这篇文章预示着巨大变革即将发生。但燕大的管理者却信心十足，他们认为自己并不是无耻的代理人，并希望在新秩序下燕大能有一个容身之地。

随着共产党从北向南的胜利，"新民主主义"政策也开始施行。1949年6月30日，毛泽东写了一篇题为《论人民民主专政》的文章，以纪念中国共产党成立28周年。他在文章中用"一边倒"这个词来归纳总结中国的对外政策，这几乎终结了新政权与美国建立外交关系的可能性，直到1949年6月之前，毛泽东还曾在美国干涉国共内战期间的不同场合，提到这一可能性。[7]"一边倒"，意思是"中国人不是倒向帝国主义一边，就是倒向社会主义一边，绝无例外。骑墙是不行的，第三条道路是没有的"[8]。另一个有助于理解"新民主主义"政策的文件是1949年9月29日通过的《中国人民政治协商会议共同纲领》。其中的第3条规定"取消帝国主义国家在中国的一切特权"；第11条规定新政权"首先是联合苏联"；第18、41和45条强调了国家为人民服务的宗旨。这些文件再一次预示，燕京大学将迎来组织机构的重大改组。但哪个文件也没有规定燕大一定要被关闭。[9]

到1949年夏天，华北境内的所有英文报纸已经全部停刊。只有中文报纸和当地电台广播还在刊登和播出新闻，它们重复着官方的立场，批评美国试图扶持日本的"马歇尔计划"、继续在联合国支持国民党政府以及与韩国、中国台湾和菲律宾讨论签订"太平洋安保协定"（有关谈判在司徒雷登离开中国之前就已经开始了）。[10]1949年8月，华盛顿出版了白皮书，公开表明了美国对中国的侵略意图，中文媒体对此表达了愤怒。1949年8月23日，124名燕大教职员工宣布与司徒雷登划清界限，并发表了谴责美国国务院文件的声明。[11]一位燕大毕业生参加了1949年的反美运动浪潮，据她估计，北京主要报纸在谈到国际法时，90%以上的内容都援引自苏联。[12]

1950年，反对西方的声音进一步加强，中国与苏联的关系也走得更近。1月，美国驻京领事馆西部被接管，所有外交人员被迫搬迁。这些行动使形势紧张起来，特别是3个月前美国驻沈阳总领事沃德（Angus Ward）和一些愤怒的西方人，已经因违反外交公约而被逮捕。[13]2月，毛泽东和周恩来结束了在莫斯科的访问回到北京，他们带回了有效期为30年的《中苏友好同盟互助条约》。2—3月，中苏还签订了一些经济协定，包括苏联将中东铁路、旅顺港和在大连的财产归还中国；向中国提供高达3亿美元的长期贷款。双方还签订了电报、电话和邮政协议，开展在航空、石油和有色金属资源方面的合作，特别是在新疆地区。[14]

但有一个问题尚未解答，在1950年2月毛泽东从莫斯科回来时，苏联的影响和"新民主主义"政策是否已经决定了要关闭燕京大学？有什么理由让燕大教员们相信，燕大会在新秩序下存活？人们马上注意到，《中苏友好条约》本质上是防御性的，并且指向日本。在这方面，它其实与1945年苏联与国民党政府签订的《中苏条约》惊人地相似。必须承认，条约中的新因素是美国可能以"直接或间接的侵略"配合日本，但担忧主要还是聚焦在日本。通过承诺经济援助，苏联已经可以对中国施加一些影响力。但是，这些援助规模太小，不过相当于每人每年给一毛钱而已，对于中国整个经济建设任务来说只是杯水车薪。一位学者发现，"如果用钱来衡量，苏联的援助仅相当于20世纪50年代中国全国投资的2%，在苏联的对外援助当中，中国仅得到了八分之一，比波兰和东德还要少，仅比面积小得多的蒙古多一点儿"[15]。为了发展重工业而主要倚靠苏联援助的情况直到1953年才出现。[16]

在2月条约签署之前，一些观察家就表示怀疑，苏联"是否像共产主义者所声称的那样，是中国真正的导师和朋友"？法国

《世界报》（*Le Monde*）的顾莲（Robert Guillian）曾在1949年和1950年撰文称，如果说苏联的影响力很大，那是因为马克思主义者"首先要解决蒋介石所回避的问题"，只有他们才能在"面对混乱时保持清晰的原则"，另一个原因就是苏联是第一个跟中国建立平等外交关系的大国。但顾莲也相信，"苏联不会为中国带来巨大发展"，而毛泽东也不是斯大林的附庸。[17]20世纪30年代末曾在燕大教书的林迈可（Michael Lindsay）在抗战中曾与共产党合作了4年，并在1949年返回中国，他认为中国支持苏联是因为"苏联的理论符合中国国情"。[18]这些经验丰富的观察家强烈反对毛泽东将变成远东铁托的观点。不过，他们也认为中国不会像东欧国家那样变成苏联的卫星国，史华慈（Benjamin Schwarz）认为，斯大林本人也不希望把中国变成卫星国。如果铁托主义促使斯大林对东欧国家采取镇压政策，也将使他在"中国问题上变得更加谨慎，并具有前所未有的耐心和忍受力"。[19]简而言之，如果用东欧的政治与社会主义革命初期苏联对中国的影响进行类比，那将带来极大的误导。

不管怎样，燕大教员们并不认为1949年和1950年苏联的影响以及"新民主主义"政策，就必然意味着燕大的终结。认为他们的分析是幻想的人，要么是事后诸葛亮，要么就是对当时的政治和国际形势进行了仔细的研究。社会主义革命后20年间中国外交上的重大事件，如中苏交恶和20世纪70年代华盛顿和北京之间的突然和解，都不禁让人怀疑中国在国际上只是按意识形态和苏联的影响来行事。

朝鲜战争

朝鲜战争——而不是1948年12月学校被接管——才是一个重要的分水岭，其标志着燕大开始走向终结。战争是1950年6月爆发的，但直到当年11月麦克阿瑟将军命令美军越过三八线（10月7日）以及中美军队在朝鲜靠近中朝边境处发生交火后，战争才对燕大产生了致命影响。1950年10月之前，新政权不断向燕大保证，学校会继续办下去，但11月之后，就再也没有类似的承诺了。陆志韦牢记着那些诺言，1950年6月28日（即朝鲜战争爆发3天后）他还乐观地认为，司徒雷登可能会重返燕大来任教。[20] 9月5日，他甚至通知包贵思女士，她的再入境许可被延长至12月15日，并由学校保存（但实际上，她的再入境许可直到11月才被提上审议日程）。直到1950年10月28日，陆志韦才第一次向董事会提到国际形势的复杂性。[21]

抗美援朝，让与燕大有关的所有西方人都紧张起来。它为与燕大有关的所有西方人敲响了警钟。不过，他们更愿意相信，这只是一场宣传运动，是对当时麦克阿瑟将军言行中所表露出来的进攻威胁的合理回应。国共之间的内战尚未结束，而1950年6月，美国派出第七舰队到台湾海峡，以及麦克阿瑟和美国国会对蒋介石的大力支持，在燕大师生们看来，这些都是来自国外的干涉。台海对峙是燕大反美抗议运动和中文媒体的主要焦点。美国在10月领导的军事行动旨在推翻朝鲜政府，而对于中国的新政权来说，朝鲜是一个缓冲区。进攻朝鲜则被看作是对华敌对行动的升级，这也是日本过去占领中国的步骤之一，先占朝鲜，进而中国东北，然后是华北。[22]

把燕大的终结和朝鲜战争联系起来，还有更明显的行政和财政原因。1950年9月1日，即战争爆发2个多月后，教育部长马叙伦要求陆志韦校长重组燕大校务委员会，作为学校和政府之间的沟通机构。到10月19日，燕大从政府得到了34000美元，用以筹建新的工程学院，这表明燕大的独立地位并未受到损害（从20世纪30年代中期开始，国民政府每年也向燕大拨款）。稍后的10月28日，周恩来还当面向陆志韦保证，燕大可以接受来自国外的资助，就如同"强盗的泉水也同样可以用来灌溉"。[23]燕大董事会似乎并不在乎周恩来对他们的批评，1951年1月2日，就在大部分美国媒体把中国描绘成美国国家安全和生活方式的敌人后，董事会还批准了84476美元的预算，供截止到1951年6月30日的这个学期使用，并想把钱全部汇到北京。[24]

终止燕大与西方财政联系的，既非中国共产党政权，抑或董事会，而是美国政府。12月17日，华盛顿冻结了中国共产党在美国的财产，并宣布，任何组织在没有特别许可的情况下，向中国汇款均属非法。董事会立即申请特别许可，但未能成功。1月3日，燕大教员们召开特别会议讨论学校的状况，大多数人都支持学校国有化。1951年1月25日，董事会投票决定继续向燕大提供资金。[25] 2月12日，教育部长马叙伦出席了一个有多人参加的会议，燕京大学正式被教育部接管。[26]如果燕大教员们没有在1951年1月决定学校国有化，燕大也会因缺乏资金而不得不关门。

在此，我无意弱化早在朝鲜战争之前，革命领导层中就已存在的反美情绪所起的作用，而只是要强调，正是在公开对抗中国的朝鲜战争中，在美国军事行动的背景下，燕京大学才被关闭。

权力转移

正像燕大此前的历史一样，国家层面的权力转移，在学校主要表现为行政管理层的变化。这些变化大致分为三个阶段，起点分别是，1948年12月新民主主义革命在燕大周边地区的胜利，1949年10月1日中华人民共和国的成立以及1950年11月抗美援朝的爆发。此外，这些变化表现为，校园权力从西方人转移到中国人手中，从（以纽约董事会为代表的）教会转移到北京的教育部。

在中华人民共和国成立后的第一年，政府在学校组织机构指导意见中模糊地说，保护一切公私学校，鼓励机构中的所有人员留在原来的岗位，保护外国人的生命和财产。[27]其目的是争取知识分子，在巩固新政权过程中争取他们的支持。大多数燕大教员都准备合作。他们相信新政权将为他们提供有意义的工作机会。1949年4月，校长陆志韦意识到，新局面要求新的意识形态，而应该调整旧模式以适应当前的需要。燕京大学已不再是与"政府机构"并行的"全国基督教教育机构"的一部分了。[28]令人惊讶的是，董事会居然同意了陆志韦的判断。[29]1949年夏天之前，燕大教员在社会学系严景耀和历史系翁独健的领导下，开展了自己的学习运动。[30]这也得益于新领导层并未对知识分子进行迫害，而解放军中的干部和士兵也树立了良好的榜样。[31]

学校被接管后，校务委员会比董事会更快地失去了存在的价值。一个原因是纽约董事会的财政支持不可或缺。在整整两年的时间里，燕大仍然主要依靠美国的资金来运作。校务委员会的解散也反映了陆志韦对他们的不满。1949年2月，陆志韦得到了革命领导人和董事会的支持，他掌握了很大的行政权力。1949年2月，在共产党解放上海的3个月前，校务委员会在那里召开了最后一次会议，司徒雷登列席了会议。[32]陆志韦指出，为什么有些校务委员会委员被"当作不受欢迎的人，如果不是战犯的话"，他要求董事会承认："你们和我们都很清楚，校务委员会从来没有完成他们该做的事。"[33]一年多来，陆志韦一直在容忍校务委员会委员们的不当作法，直到政府要求他重建一个新的管理委员会。1951年2月，燕大的国有化，使陆志韦避免了与校务委员会委员发生冲突的尴尬局面。陆志韦对校务委员会的不满可能有一点不当，因为有明显的证据表明，委员会中至少有三位长期任职的著名成员也支持和陆志韦类似的改革方式，他们是颜惠庆、全绍文和周诒春。[34]

在权力转移的第一阶段，教师构成的变化并不大。1949年10月之前，只有两位马克思主义学者加入教员队伍中，一位是历史系的翦伯赞，一位是经济系的沈志远。翦伯赞于20世纪30年代中期加入中国共产党，1949年以《燕京学报》编辑和历史系执行系主任的身份在燕大工作。[35]沈志远从苏联留学归来，在革命前曾任教于暨南大学。他参与很多出版和政治活动，几乎没有时间待在校园里。他对学校事务的影响似乎很小。[36] 1949年也有一些教师进入燕大工作，但这并不代表革命对校园事务的影响越来越大。

权力转移第一阶段的高潮，是9名燕大教员被邀请参加了1949年9月21日召开的中国人民政治协商会议，其所通过的《共同纲领》为新政权奠定了行政管理的基础。被邀请的人除翦伯赞和沈志远外，还有宗教学院的赵紫宸、哲学系的张东荪、社会学系的严景耀和雷洁琼、从杭州大学新调来的教育学系教授林汉达、新来的音乐老师马思聪和特邀代表陆志韦。此外，两位燕大校友，社会学系的赵承信和历史系的翁独健也被邀请列席了会议。据陆志韦记载，燕大被邀请参加会议的人比中国其他任何教育机构都要多。[37]校务委员会委员颜惠庆则是大会当选的政协委员。[38]

权力转移的第二阶段从1949年10月中华人民共和国成立开始。该阶段持续了一年之久，政府通过如下几种方式直接影响教育政策的制定：新成立的教育部增加了它的相关活动；校园里出现了新的革命团体组织；学校开始参加由政府组织的政治学习运动。燕大行政管理者在服从政府指导方面都是经验丰富的老手，在他们的报告或通信中，找不到他们在与政府合作方面遇到困难的记录。从组织机构上讲，教育部隶属于周恩来领导的政务院，由郭沫若领衔的文化教育委员会直接管理，其在燕大的代表就是翦伯赞。[39]新任教育部长马叙伦是曾在国立北京大学任教的哲学家，他直接跟陆志韦校长接触沟通，但对燕大真正有利的是，韦悫担任了教育部副部长，他是岭南大学毕业生，1927年曾担任教育部长，是陆志韦的老同学[40]（1927年，韦悫曾主持燕大在国民政府的登记注册）。教育部发出指令，要求学校开展政治学习运动，并总体上批准了燕大的课程设置。它也同意燕大和纽约的董事会继续保持联系，并敦促陆志韦组建新的校务委员会。从燕大的角度看，教育部最显著的作用就是向学校的行政领导保证，燕大在新民主政权的高等教育体系内是有一席之地的。

在一系列新成立的重要组织当中，有中共燕大支部、教工会和新民主主义青年团。政权交替之前，燕大校内并未发现有共产党员，但很明显，一些极少数人实际上就是党员。但著名人士杨汝佶却是一个例外。他从1931年起就在燕大工作，最初是办公室职员，后来是校长办公室助理。杨汝佶很快在学校事务中崭露头角，认识他的西方教员都记得，他曾在向新政治秩序过渡，以及后来西方人离开燕大的过程中努力安抚他们。[41]1949年6月，即燕大被接管6个月后，一份张贴在外的公告显示，全校只有2个女学生是共产党员，10个女学生正在申请入党，而男学生的情况是上述数字的两倍。在"下层职工"中有3位党员和3位入党申请人，而在高层教职员工中则没有党员或入党申请人。[42]

随着新政权的成立，越来越多的人要求入党，一时形成了校园内的风气。11月，燕大支部正式成立，2个月后，以林寿晋①为书记的总支部成立，我们对于林寿晋的身份并不十分清楚。1950年2月，燕大党支部报告，全校已经有党员73人。[43]党支部在成立的最初几个月中忙于政治教育工作，但它在政治运动中显然只起辅助作用。支部会议的一次公开报告显示，它把更多时间花费在自我批评、指出反对形式主义的必要、与学生自治会密切合作和关心学生需求方面，而不是领导政治运动。[44]

另一个体现校园变化的重要团体就是教工会，这个统筹全局的组织在行政事务管理上逐渐取代了校长办公室。教工会正式成立于1950年1月，即燕大被接管一年多之后。第一任主席是无党派人士严景耀，但其执行委员会的成员却大部分是党支部成员。[45]不到一个月，教工会就把校园内的所有领取工资的人都囊括其中，包括职工、教师、行政人员、办公室职员、秘书、会计、技术人员、图书馆员、维修人员、清洁人员、园艺工人和发电站工人等。据赖朴吾回忆，教工会把员工们的思想意识提高到一个新的高度。在燕大被接管之前，他的仆人老任（不从学校拿工资）在学校政策制定方面没有任何发言权。但加入教工会之后，他和其他工人开始学习识字，参加讨论，并渐渐接受了他们就是革命先锋队的观点。[46]

---

① 林寿晋（1929—1988）：广东海康县人，考古学家。1946年考入燕京大学，1951年转入历史系师从邓之诚，曾协助翦伯赞编写《中国史纲》。1952年院系调整后，在北京大学历史系考古专业学习。1954年入中国科学院考古研究所工作，曾参与黄河流域的田野考古工作。1974年移居香港，在香港中文大学历史系任教。——译者

为了帮助管理学校的行政事务，教工会开始组织学习小组、捐款活动和卫生宣传，并逐渐在更大的运动中发挥支持作用，如著名的抗美援朝运动。[47] 1952年冬到1953年春，在"反浪费、反贪污、反官僚主义"的"三反运动"中，教工会对校园生活的影响达到了顶峰。教工会的活动要求全体会员都要参加，尽管这在当时的代价极大。赖朴吾估计，要选举出19人的教工会执行委员会，大概需要4000小时的审议工作。在最后的投票中，工会会员与19名候选人一起出席，他们在同意的名字前打钩，在不同意的名字上画叉，以此来做出自己的选择。出席会议的所有教工会代表最终都当选了，绝大部分人的得票率超过了90%。[48]

　　尽管共产党和教工会的影响在日益加深，但董事会仍然在向燕大汇款，直到1950年12月美国发布禁令。一些捐赠人对校务委员会很不满，指责他们说："你们培养了一些中国人，却让他们杀死了美国人。"但董事会秘书麦克穆伦（Robert McMullen）却安慰陆志韦，他们将尽一切可能来保持燕大的财政独立性，而且他们有很多资金，必要时可以利用。董事会也注意到，来自外部的压力已经严重影响到燕大的"教育和基督教办学宗旨"。但他们相信陆志韦校长，并且承认"学术自由应该从世界形势的角度来衡量"。[49]

　　第三个帮助燕大向新秩序过渡的组织就是共产主义青年团。1949年秋，该组织开始在燕大校园积极地招募团员。青年团的历史渊源可以追溯到20世纪20年代，它是共产党的重要团体，1946年后，当青年团与更广泛的新民主主义政策联系在一起时，它发挥了非常特殊的作用。1949年4月，青年团在北京召开全国大会，通过了宪章和工作纲领，并开始大力招收新团员。青年团在燕大的招募活动与政治教育运动同时开展。10月，据青年团燕大支部报告，其团员共25人，到11月运动高潮时，团员已经激增到200多人。[50]

1949年秋，与这3个新团体的成立相伴随的，是政治学习运动。新课程被引入燕大，每个星期，学生和教师们都一起参加2个小时的"大课"，然后是以不同院系为单位的小组讨论，一位学生担任讨论的主持，教师们一般都要参加。所有学生在第1个学期都要学习历史马克思主义和社会发展课程，第2个学期则要上新民主主义理论课，每门课都是3小时、3个学分。除此以外，所有文科生还要上6小时的政治经济学课程，其内容与现有的国际关系与对外贸易课程有交叉。理科生因为有更多的实际操作学习，不用上这门课。1949—1950学年的第二学期，教师们自己组织起来上课，以便更好地准备对学生们的教学。据夏仁德估计，备课、上课和讨论要占去学生和老师们每周10—12小时的时间。[51]这些高强度的政治学习课程主要由校内的人负责讲授。一些本来就是燕大毕业生的燕大教师，如严景耀、高明凯、赵承信等，就主要负责向大家解释一些概念，如政治教育与专业教育的关系、大众和工人阶级的观点、阶级斗争、苏联社会主义和中国新民主主义革命之间的区别等。[52]

考虑到政府主导的政治学习已经在全国范围的学校内展开，燕大学生们偶尔提到对斯大林和苏联的仰慕也就不足为奇了。很明显，目前还没有对向燕大这样的大学进行特别的攻击和批判。通常，教师和行政人员都被当作是整个运动的支持者。刚刚建立起来的革命意识似乎要渗透到生活的各个领域，但政治学习并非意味着取代业务学习。[53]批判运动中的主要敌人都被贴上了封建主义、帝国主义和资本主义的标签，其力量都在校园之外。陆志韦校长实际上热情地支持政治学习运动，他甚至不同寻常地——他本可以像在其他场合一样保持沉默——向纽约的董事会解释这场运动。他认为，燕大"还不能教育那些社会上的恶棍"，只有政治学习才能让学生们在革命的新社会中"改变他们的生活方式"。陆志韦希望："在传统基督教不能成功的领域，新民主主义也许会把我们带到一处最佳地带，让我们看到人间的耶稣。"他指出，那些认为政治教育影响了他们工作的教师，并不都是在旧政权下完成了学业的人。他向董事会保证说，学术自由目前还不是问题，而政治学习运动，不论花多少时间，都只用了学校预算的1%还不到。[54]

很明显，"新民主主义"政策并非意味着无止境的政治宣传，也并非必然预示着燕大在新设计的高等教育系统中行将终结。抗美援朝运动之前的1950—1951学年，政治学习的广度和深度都有所下降，只有新生和文科二年级学生还必须参加。教育部发布的指导意见敦促其他所有学生关心教室和实验室的学习。[55]此外，尽管学生们对新政治秩序给予了广泛支持，但燕大被接管两年后，他们所选的课程很大程度上还继续着民国时期的模式。（下面的括号里是1936年的数据）1950年秋天，新闻学系的课程占全部课程的8.8%（8%），这是燕大最著名的院系之一，经济学课程占11.5%（12.3%）。中文课的选课比例有所下降，为2.4%（3.3%），西方语言课程则有所增加，达10.3%（6.1%）。历史系的选课比例也有所减少，为2.3%（5.8%），社会学课程的比例则锐减到2.9%（9.8%）。宗教学院的课程人数与以往持平，为2.4%（2.5%）。人数最多的课程是工程学（机械、化学和民用工程），占了全部课程的20%，为增加课程部分的一大半。[56]毫无疑问，与过去相比，课程内容发生了变化。例如，1936年的西方语言文学系还有很多文学课程，但1950年就只强调语言学习了。社会科学课程加入了新材料，吸收了马克思主义分析的内容。但即便如此，课程与原来相比还是有很大的延续性。

燕大发生变化的第三个也是最后一个阶段开始于1950年11月的抗美援朝运动。最主要的变化就是教育部代替了美国的董事会。由于中国没有真正意义上的私人赞助，燕大只能依靠政府来维持。11月，美国加强了对国民党政府的支持，而中美两国媒体报道的则全部是双方军队在朝鲜的战斗。中美开战，双方继续合作的希望彻底破灭。抗美援朝与其他政治运动加起来又持续了两年多。这些运动的共同主题来源于"崇美"和"畏美"两种情绪。朝鲜战争把爱国主义情感提升到了前所未有的高度。[57]

运动期间，私人和个人自由受到很大限制，这首先表现为全体教职员工都挤进了现有的学校住房。在此之前，住房只提供给副教授及以上职称的教员。这一措施意味着极大的个人牺牲，它带来的是嘈杂、混乱、愤怒和近距离的肢体接触，陆志韦认为，这都是再教育的一部分。[58]教师们第一次参加了1951年的"五一"大游行。他们在大街上奔跑，想跟上通过天安门检阅台的队伍，象征性地与前些年自己"高高在上的政治地位"划清界限。

直到抗美援朝运动结束之后，燕大教师们才真正卷入土地革命中。20世纪40年代末和50年代初，共产党巩固了在农村地区的政权，学生和知识分子被邀请参加工作组到农村去开展土地革命。他们的工作包括，把贫农组织起来与富农和地主斗争，最后在全体村民中重新分配土地和村里的其他资源。这些知识分子用自己的教育技能，为土地改革做出了贡献。工作组的经历在教育他们了解农村生活和新政治领导体制方面发挥了作用。1951年4月，侯仁之参加了华南地区的工作组，5月，陆志韦去四川待了6个星期。其他人也相继在夏天和秋天参加了工作组。[59]知识分子用他们的技能为中国政府服务，这正是燕京大学长期以来的理想，但燕大被接管后，服务的概念就必须在革命政策的框架下来实现。[60]

随着1951年2月"三反"运动的开展，燕大最终被关闭的结局只是一个时间问题。在院系层面组织的小组讨论上，每个人都被要求分析自己在浪费、贪污和官僚主义方面的思想和行为，开展自我批评并承认错误。运动的高潮是召开群众斗争大会。[61]在整个运动中，教师们并不知道这一切要持续多久。这是燕大有史以来第一次不再为失去的学习时间做任何补偿。从1951年秋天起，人们就开始谈论与其他学校合并的可能性，但燕大以及教师个人在合并中的角色究竟如何尚不确定。即使在国有化过程中，作为一所大学，燕大也被允许保留独立的身份。但1952年2月之后，与燕大是否还会存在相比，身份问题就变得微不足道了。

改造的问题

在讨论中国人和西方人对革命的不同反应时，人们马上会想起"同路人"一词，这个词被更多地用来谈论苏联，尤其是在20世纪30年代，但在西方，它却是一个贬义词。西方国家那些希望在中国革命中看到积极一面的人会感到有些压力，如果他们在声明中不激烈批判共产主义的话。在革命的背景下，连"和解"这样的词有时都带着贬义。意识形态偏见的代价非常之高。一些研究中国政权交替时期在华传教士教育家的人，都不愿意严肃地看待过渡的这几年。[62]但只有克服了这些语义上的困难，公开面对知识分子对革命表示同情的问题，我们才能理解燕京大学在新政治秩序下的历史。

"同路人"某种程度上是在对西方社会幻想破灭过程中出现的。作为一个概念，它包括那些参加革命以及在远处支持革命的人，但不包括已经是马克思主义者和共产党员的人。高德（David Caute）在对这一议题的综合研究中认为，这种幻灭是思想启蒙的附属物。用高德的话说，那些西方社会高举着"自由、平等、博爱"的旗帜，却未能实现这些理想。曾经发挥过积极作用的"自由放任"原则和有意识的自私自利导致了贫穷、失业以及财富和机会的不平等，这是无法原谅的。自由意味着剥削，把工人当作生产财富的工具。一些国家在国内唱着自由的高调，却把殖民地人民踩在脚下……教育、知识和文化都还是少数人的特权，而艺术则被环境扭曲，背离了生活。[63]

19世纪末期，人们对生活的看法是，"人并不比奴隶自由多少，他在甲板上向东爬去，但船却向西航行"，受到这一观点的困扰，"同路人"们希望再次燃起启蒙主义的乐观情绪。[64]

想要研究燕京大学对革命的调整适应，我们马上就碰到了材料上的问题。在强迫之下所写出的文献难免要遭到质疑，但我们也不应该把它们抛到一边。文献中所表露出的态度，尽管已经被重复多次，也还是被当时的观察者们不断强调。传教士教育家们的记录可以在他们的日记、书信和公开出版物中找到。校长陆志韦与董事会之间留下了大量通信。华人教员的私人著述则少之又少，因为国民党统治末年和新政权成立以来的小心谨慎，让他们保持了沉默。燕大学生们的私人著述就更加有限了。有关中国方面的材料，我们只有传教士所记录下来的对话。此外，还有一些报纸上的新闻报道，但与当时中国大多数媒体一样，这些报道都十分模式化，紧跟已经确立的政治路线。最后，教员和学生们还留下了一些"坦白书"。很明显，这些材料受到了在新秩序下求生欲望的影响，尽管如此，它们还是应该被严肃看待。材料所使用的语言不同，但其提出的问题与30年前"生命社"提出的很相似。这些问题本身很鼓舞人心，尽管它们的答案并非如此。[65]

中国革命中的改造问题与苏联革命中的改造问题有很大差别。苏联和非苏联的知识分子都遭到了猛烈批判，因为盲目乐观，人们热情地支持布尔什维克革命，但这样一来，用高德的话说："迫害和恐怖年代加深了那些非御用知识分子的绝望。在最黑暗的时刻，他们听到同行在批判自己，听到那些和他们有同样理想的外国人在批判自己，但他们只要看到国家有难就不怕坐牢和牺牲。"[66]但在中国，尽管知识分子的自由受到一些压制，却还没有发展到苏联那么残酷的程度。[67]知识分子所失去的自由，比我们在西方所称的牺牲还要小一些。在燕大，即使是最西化的中国人，在接受启蒙思想方面也相对有限，其受启蒙思想的影响也相对较晚。正如我们看到的那样，他们被基督教吸引，很大程度上是因为服务和自我牺牲精神，这些内容与儒家文化（以及佛教和道教）定义个人与社会关系的前提假设都有一定共鸣。新政权建立后反对个人主义的斗争，不过是类似议题的一个变种而已。诚然，那些损失对于他们来说都是真真切切的，但中国在经历了一个多世纪的屈辱后，重新获得了国家尊严，又令他们的反抗情绪软化下来。他们的热情反映出对西方社会的幻灭，而这幻想是他们在早年与西方接触时形成的，政权更迭后，由于苏联模式在中国的成功，他们的幻灭可能变得更加明显。他们对中国革命的希望将在多大程度上破灭，这是要留待观察的。尽管有思想运动、劳动改造营、领袖崇拜和无休止的宣传，但尚未有清楚迹象表明，中国革命之神将像苏联那样遭遇失败。[68]判断成败的标准在古今中外的历史上都有很大不同。

任何对燕京大学适应新政权的评价都必然是尝试性的。然而，能够确定的是，燕大被接管后，有多少人选择离开或留下。离开的人大概有两类。第一类是共产党政权在全国部分地区建立，但尚未得到巩固之前就已经离开的人。这类人包括：少数当时住在燕大校园的中西教员们；更多的人，主要是校友，当时正在国外学习或生活；还有一部分校友在共产党胜利之前就随国民党政府撤退的，他们主要居住在中国香港、中国台湾和美国。这还不包括在政权更迭之前的权力真空时期就离开校园，回到南方与家人团聚的几百名学生。这些学生无论身在中国何处，都很快与新政权合作。[69]还有一些燕大人从国外返回中国工作，如著名的吴文藻（社会学系）和冰心（文学系），他们当时正在东京的中国大使馆。1949年11月，燕大校友会纽约分会和其他21个文化团体及学生组织发表声明，他们愿意回国为新政权工作，这些组织共代表着3600名华人。[70]1949年居住在国外的燕大校友中有多少人决定回国，具体数字尚不清楚。

1948年12月，究竟有多少燕大华人教师和学生住在国外，精确的数字已经很难确定。一份"1945年5月美国和加拿大燕大校友名录"包含了267人，其中58位并非华人。[71]由美国燕大校友会编纂的《1972年年鉴》则收录了400名华人，但其中并未显示他们隶属于学校的哪个院系，名单上的有些人也并非校友，而是通过婚姻、血缘和友谊等方式与燕大校友联系在一起。[72]1967年，香港燕大校友会也出版了一份名录，包含有240多人，但他们的院系信息同样不甚清楚。[73]1969年，中国台湾地区也曾试图搜集燕大校友名录，但并未成功，一位校友估计，当时台湾岛上大约居住着60多位燕大华人校友。[74]其他的校友群体则居住在世界各地的大城市里。[75]

另一项估计认为，1917—1949年，有3000多名学生从燕大毕业。这些人当中，大概有四分之三在1949年还健在。在活着的人中，又大概有600人选择留在国外或逃离革命，根据这样的计算，选择留下和离开中国的人数比例为3∶1。但我们不能仅仅根据这个计算就得出结论，说留下来的人对他们的处境十分满意。考虑到当时通信和交通联系都已中断，要离开燕大的华人教员也看不到赚钱谋生的方法，我们可以说，他们几乎没有选择的余地。矛盾思想某种程度上确实存在，但它并不只存在于留下的人中。那些已经离开燕大的校友同样陷于矛盾的思想中，他们觉得自己已经与中国革命的梦想完全隔绝了。[76]

第二类人是在政权更迭后才离开燕大的人。其中包括一大部分教师，很多都是西方人，他们在随后的两年内陆续离开了中国。但在离开之前，他们也曾努力去适应新环境。在他们看来，直到1951年2月学校国有化时，燕大都还保持着一定程度的独立性。

但到那时为止，绝大多数的燕大华人师生已经以这样或那样的方式进行了改造，以适应新环境。1952年9月，他们与燕大的关联彻底停止，被调到其他地方工作。1952年之后，如果他们想离开中国，还能离开吗？这一问题的答案尚不清楚。[77]

/ 学生们

一个不能回避的结论是，大多数燕大学生热情地支持革命，迎接革命给他们生活带来的巨大变化。[78]当他们感到无助，对中国的无能感到颜面扫地时，对中央政府也就产生了蔑视的心理。但政权交替后，新政府已经在各个方面接管了全中国，解决了国内腐败和国际威胁两个难题，大多数学生都高兴地支持新政府。

表达全新爱国热情的第一个机会就是燕大被接管的时候，他们热烈欢迎解放军并走到战士们中间。[79]1个月后的1949年1月，28名燕大歌唱团的学生与赖朴吾一同接受解放军代表邀请，参加他们在北京西郊15英里一座钢铁厂的宣传活动。在工人面前与解放军宣传队交流、歌唱、跳舞、表演戏剧让学生们有点害羞。用赖朴吾的话说，战士们唱歌"声音洪亮却没有旋律"，跳舞"技巧高超"，表演戏剧仿佛"在对观众讲话"。学生们的歌声听起来有些"心不在焉"，他们"舞姿优美但却有些僵硬"，他们的戏剧似乎"没有充分准备和排练"。燕大学生们为此感到十分羞愧，他们在演出之后花了几小时来自我批评。燕京大学礼尚往来地也发出了邀请，1个星期之后，解放军战士在贝公楼用真火药举行了一场盛大表演，炸碎了13扇窗户。[80]

革命也并非总是顺利地过去，或者达到学生们热情的希望高度。1949年1月，一个年轻干部出现在校园里，敦促学生们做好准备，为随时可能到来的解放北京出一把力。这位干部答应让学生们在维持秩序、保护财产和向城市居民解释新政策方面提供帮助。但北京的解放却被推迟了，学生们"摩拳擦掌地等了1个月"，机会才最终来临。而他们的工作变成了只是解释政策而已。工作区域不是城市东郊，而是北京西门外燕大校园附近的"贫民区"。然而，500名学生兴高采烈地加入了行动，他们冒着20华氏度的严寒天气，睡在北京师范大学没有暖气的教室里。他们表演宣传剧、唱歌、发表演讲，晚上则要自我批评并准备第二天的活动。[81]

1949年春，大概有80名燕大学生加入了共产党解放南方的行动。在离开学校之前，两名女学生"目光炯炯有神，她们穿着不大合身的制服，干劲十足，显得十分高兴"，她们停下来和包贵思女士道别。第二天，整个校园都变成了一个巨大的告别会，大家有说有唱，到处是笑声和泪水。[82]在秋季学期，为了纪念十月革命，中苏友好协会在燕京大学成立了分会。12月21日，会长陆志韦和650名师生员工作为分会会员，一起庆祝了斯大林的生日。[83]1950年1月寒假期间，燕大学生开始以志愿者小组的形式，参加土改运动。不久，社会科学专业的200多名学生，也被要求到全国尚未开展土地改革的地方去帮助工作组。有一次，学生们在一个村子里住了35天，直到那里的土地改革全部结束。陆志韦校长对学生们参加土改持完全赞同的态度，他同意帮助学生们补上缺席的课程。[84] 1950年2月17日，燕大学生们还参加了《中苏友好条约》签订的庆祝会。

在密集的政治活动持续了一年半之后，学生们被告知要专注学业。当1950年9月他们返回校园时，政治学习处于一年中最低的水平。但这相对的平静很快就被朝鲜战争的爆发打破了。中国在10月参战，11月就引发了一场爱国热情的大爆发。11月的第二个星期，学校停课，师生和教职员工开始集中学习朝鲜战事。在随后的一周内，他们深入校园周围的村落，用戏剧、歌唱、跳舞、个人采访、公开演讲、宣传画和文学作品等形式向普通人进行宣传。大家给前线的中朝战士们写信，并寄去一包包的卫生用品。在此期间，整个校园里充满了紧张气氛。据范天祥回忆，那是燕大被接管两年来，他第一次因对西方人的敌视态度而无法去上课。1950年11月28日，美国驻联合国特使沃伦·奥斯丁（Warren Austin）在联合国大会发言时，把燕京大学视为中美友谊的象征，这很快引起了燕大校园内的一波抗议浪潮。第二天，北京驻联合国代表伍修权，从北京的角度对中美友谊和战争进行了阐述。他的讲话稿在燕大校园里广为流传。[85]

当政府号召大家志愿参军到朝鲜前线去战斗时，据赖朴吾回忆，大多数燕大学生积极响应。但挑选的过程极其严格。理科生、大四学生、体弱多病者、家中独子或父母不同意的都不在考虑之列。在经过复杂的面试之后，只有12个学生最终被接受。作为全校的英雄，燕大为他们举办了隆重的欢送会。抗美援朝运动开始后，校园里的政治热情一直高涨，直到1952年9月燕大结束为止。[86]

　　就像学校被接管之前，掌握英语是燕大国际主义的标志一样，学校被接管之后，拒绝使用英语也成了表达革命爱国热情的一条必由之路。民国年间，英语的广泛使用反映出人们对国家缺少自信。20世纪30年代中期，司徒雷登承认，英语是"有魔力的工具""只要是用英语写成的东西，学生们就愿意学"。但学校并未采取任何措施来改变燕大是学习英语的首选之地这一事实。[87]然而革命让燕大人对使用英语时所流露出的西方思维产生了怀疑。1949年，整个燕大校园英语口语和写作方面最有天赋的中国人赵紫宸说，他痛恨英语。夏仁德夫人说，在燕大被接管后不到一年的时间，学校里已经听不到有人说英语，除了那些数量正在逐渐减少的外国教师的课堂上。那时，人们在公开的会议上也不说英语，全校的集会也不再用中英双语来主持。告示板上的所有通知和寄往中国的所有信件，都只用中文来书写。教师们开始用中文为没有教科书的课程编写教材。[88]这种语言使用倾向与前面提到的选修英语课的人数增加没有必然冲突，因为新成立的教育部鼓励燕大继续教授英语，以满足对外语专家的需求。直到1951年末，燕大才开始正式教授俄语。[89]

　　衣着样式的改变也反映了人们意识到自己现在"是一个中国人"。20世纪40年代末严重的通货膨胀，把学生们衣橱里的衣服减少到最低限度，但政权交替之后，他们的选择更少了。对女学生来说，烫发和留长发已经不见了，取得代之的是像男孩子一样的直短发。西式连衣裙已经让位于长裙或者中式小褂，通常都是黑色的。男学生则把长裤、毛衣和美式短袖军装换成了战前的长衫和西式套装。女性的装束以舒服和轻便为主，很少能看到有人穿丝质长裙和高跟鞋。衣服多的学生已经找不到市场来出售那些西式服装了。[90]

体育锻炼也成了校园新的精神风貌。从20世纪初开始，中国基督教青年会就在城市里培养人们对体育锻炼的喜爱。在燕京大学，体育系和博晨光做了很多努力，让学生们参加体育锻炼和竞技运动。在日本侵华期间，体育锻炼与抗日联系在一起，据估计，90%的燕大学生都自愿参加一些体育运动。[91]燕大的革命领导人每天早上在广播中介绍体育锻炼的方法，某种程度上说，这是燕大长期以来的传统不断累积的结果。但人们喜欢参与的体育活动却是全新的。到1951年夏天，学生们采取了"50＋1＋8"的锻炼方式，即每周学习50个小时，每天锻炼1个小时，每天睡眠8个小时。在未名湖或学校附近的颐和园里，游泳受到了前所未有的欢迎。1952年，学生们还得到了带薪集体休假，作为学校强调户外运动的新举措。[92]

大多数燕大学生热情地参与政治学习，但爱国热情并非意味着与革命保持完全一致。1950年第一期和第二期《新燕京》上刊登了8位学生的个人陈述，他们都注意到了班级同学的个人背景。那些来自上层家庭的学生承认，他们对社会发展的认识有所增加，并摆脱了悲观、主观和反革命思想。他们还提到，自己已经从个人英雄主义和高于人民大众的感觉中解脱出来。通常在这些陈述最后，作者会表决心，要进一步与个人主义做斗争，把自己奉献给为人民服务的事业。[93]

　　1949年11月，对学生们态度的调查，证明这种反思是很成功的。问卷由10个问题组成，共调查了1000名学生。有800名学生给出了回馈，答案发表在《新燕京》杂志上。第一个问题讲述了一位前医学专业学生的立场，他觉得应该要为人民服务，但反对因此影响自己忙碌的学业。14%的人同意他的看法，7%的人不确定，76%的人则表示反对。第四个问题是，一位学生认识到学习马列思想的益处，但他不愿意参加小组讨论，认为那是浪费时间。11%的人认同他的看法，9%不确定，74%的人反对。问题六所采取的立场是为知识分子不愿意从事体力劳动进行辩护。毕竟，毛泽东和刘少奇所从事的脑力劳动难道不是比他们的体力劳动更多一些吗？36.2%的人同意这一观点，12.7%的人不确定，而44.6%的人不同意。问题九向被调查者提问，有人想找时间去美国看看，这种观点是否正确？只有4.7%的人同意，12.5%的人不确定，78%的人则认为不对。对于第六个问题，有一大群人表示认同，这说明学生们还可以自由表达自己的观点。让人惊讶的是，在燕大被接管后不到一年的时间，去美国的想法已经完全消失了。[94]尽管有些学生保留了自己的意见，但不可否认，政治教育运动已经产生了效果。

　　政治教育大多以小组讨论的形式进行。[95]

　　起初，基督教国际主义为校园生活的各个领域都提供了动力。但与20世纪30年代初期试图削弱反日民族主义相比，基督教国际主义在政权交替后的3年内试图阻止反宗教和反西方民族主义的努力就不那么成功了。1949年10月，学生们在彩排年度基督教演出亨德尔（Handel）的《弥赛亚》（*Meesiah*）时，还仍然可以因唱歌而受到嘉奖。但唱诗班里的激进分子要求乐队指挥范天祥，在前半个小时内演唱歌颂毛泽东的歌曲。这一要求未获允许，他们便自己演练爱国歌曲，并把时间安排在演出彩排之前，希望其他人对彩排丧失信心并退出表演，但同样未能成功。燕大被接管后，这出著名的清唱剧对某些人来说有了不同的意义。1948年12月，赖朴吾在听到这出剧后感到很震惊，因为"从农民中汲取力量、土生土长的人民军队刚刚来到校园，他们与用英语唱着欧洲清唱剧、受过良好教育并已经西化了的学生"之间的反差实在太大了。1928年，范天祥第一次在中国指挥歌剧表演，1950年12月，他在抗美援朝运动的热潮中最后一次指挥了这部歌剧。在当时的形势下继续演出已经非常不易。1951年圣诞节，60位唱诗班歌手再次表演了《弥赛亚》这出清唱剧，观众有1300多人。这是20多年来，这部剧首次用中文来演唱。[96]

燕大基督教协会在政权交替时有大概200名会员，是全体学生的五分之一。其中一位成员说，协会经历了很大的起伏动荡，"它试图以基督教的视角来看待急剧变化的形势"。[97] 1951年7月，学习小组主持了一个长达两星期的会议，主题为基督教和爱国主义。150人参加了讨论，会议由刚刚毕业的宗教学院学生和"耶稣家"成员共同主持，"耶稣家"是中国的一个小团体，他们过集体生活，并主张放弃私有财产。这个完全由中国人构成的组织住在100多个社区里，主要分布在山东省，他们志愿组成医疗队，为参加淮河建设工程的民众提供服务。这个小团体很快就引起了燕大基督徒的注意，因为它建议在新政治秩序下实行基督教的理想主义。这个团体的代表曾多次被邀请到燕大校园，用赖朴吾的话说，他们让人对基督教的未来充满希望。[98]

面对统一意识形态的强烈要求，要同时做到基督教的国际主义和爱国忠诚变得越发困难，因为宗教自由正在逐渐减少。基督教皈依者感到沮丧，他们被歧视，也被禁止参加青年团体和入党。[99]许多基督徒在政治问题上表明了立场，这意味着他们要与传教士的工作划清界限。毫无疑问，他们在选择上述立场时面临很大压力。但在抗美援朝运动之前，他们至少都保持了沉默。基督教协会的领导人之一、英国贵格会①的贝卢斯（Lucy Burtt）在燕大被接管后的最初几个月中意识到，这种压力与共产党的政策"完全和无条件的一致"。但年轻人必须"以有创意的行动"向前发展。那些阅历丰富的人看到了当前变革的"弱点及可能存在的危险"，但他们仍然继续前行，希望能在当前的社会动荡中发现"上帝给我们的教诲"。在中国的环境下，要想搞清楚基督教信仰的真实情况，永远都是一个挑战。[100]

一位学生告诉包贵思，她不再相信上帝了，而是找到了新的崇拜偶像——中国人民。另一位颇有影响力的基督徒学生张庆宇

---

① 贵格会：基督教的一个教派。——译者

公开表示接受共产主义信仰。[101]赖朴吾的一位基督教朋友因其激进的宗教信仰，在1948年不得不转入地下。他发现自己很难驳倒革命干部，更难以面对生活的挑战。他承认："作为一个基督徒，我多年以来相信人应该牺牲自己，为他人奉献自己，忘记个人的荣誉和面子……为全人类服务。"但这些干部"比我更加全心全意地奉献，比我取得了更大的成绩，他们的生活充满了更多的活力、热情、团队合作和清晰的计划"。他要在基督教中寻找的"目的、动力、快乐、合作和奉献"，在革命精神里全都有。此外，他还补充道，他知道自己"把全部精力投入到对中国人民有益的工作中，这些工作直接有效、立竿见影"，并对此感到满意。[102]这些陈述并非代表着燕大基督教协会的全体成员。显然，那些与当前政治立场不同的人都保持了沉默。

"生命社"华人成员在早年宗教实践中对服务和自我牺牲的强调，为我们理解基督徒热情地接纳革命提供了一点帮助。这些主题仅仅部分地反映了燕大在革命前所处的环境和背景，但随着政权交替，它们又被赋予了新的含义。在夏仁德看来，许多燕大基督徒对革命的态度，可以被视为群众性宗教活动。他说他看到了"转变……人们忏悔过去所犯下的罪行，现在却得到了解脱和思想的启蒙解放"。那些"罪"就是阶级利益和偏见，它妨碍更多的学生转向新生。新的转化者不会让罪犯"得到一点喘息的机会，也不允许他们对新生活有一丝怀疑"，但在罪犯转化之后，也同样会原谅他们。此外，还有其他一些实践活动，如破除咬指甲等坏习惯。夏仁德注意到，有很多人流露出怀疑的态度，对要转化到什么程度感到疑惑，但他也注意到，有的人在转化之后则感到头脑清醒，能很好地保持身心平衡。接受新信仰的人质问那些不接受的人，还有什么能给国家带来同样的结果？[103]

/ 西方教员

政权交替可以说是燕大西方教员的转折点。在此之前，他们曾在军阀混战和日本占领时期经历了政治混乱，但都成功渡过了难关。即使在最坏的情况下，如被囚禁在日本集中营里受苦受难时，这些西方人（和他们的中国同事们）都坚信，日本必将战败。但燕大被接管后，西方教员们的结论是，共产党将在这里一直待下去。燕大教师从来没有想过要恢复战前的状况，倒是美国自相矛盾的政策总是带着这个幻想。隧道的尽头并未点亮希望之光，摆在面前的可能性只有一种，那就是适应新秩序，并在其中活下来。

如果说燕大的西方教员对中美关系还有什么不同的想法和相互矛盾的认识，那就是他们现在不再对事物只有一种固定的看法。所有的想法和问题中都带着疑惑。一些人重温宗教教义，大家记得有些人很晚不睡，用宗教信仰来解释他们自己的经历。在燕大被接管前夕，只有被教会任命的教员还留在学校代表着西方。

据司徒雷登回忆，他回到美国后为很多人说了好话，因为他内心对国共两党的个人感情也充满了矛盾。国民党里有不少他多年的老朋友，但自从国民党执政以来，"它纵容各级官僚贪污腐化、懒惰低效，大搞裙带关系和派系斗争，总而言之，所有这些罪恶，国民党推翻的那个腐败官僚政府都曾具备"。面对共产党的进攻，国民党的防御一溃千里，对此，司徒雷登悲伤地写道，"国民党政府得到了美国的物资援助，我们对其政府原则和目标都曾深信不疑"。与此形成强烈对比的是，共产党"却完全没有个人贪念"，"他们的干部和下级往往住在一起，艰苦朴素、吃苦耐劳、纪律严明、思想统一"。因此，共产党看起来"正在几百万党员中开展充满活力的运动，而他们所具有的品质正是中国所需要的"。这也正是"基督教教会和其他文化力量在少得可怜的一小撮人中努力宣传的品质"。但几乎带着同样强烈的情感，司徒雷登对于共产党"为了绝对控制人的思想采取镇压措施"以及"不尊重个人权利"的做法表示了愤怒。他"一想到基督教运动、燕京大学以及中美之间硕果累累的文化关系所遭受的不可避免的结果，就感到不寒而栗"。[104]

1949年6月南京解放之后，司徒雷登还在美国驻华大使的职位上留任了1个多月，观察共产党的意图。如果他们不愿意和美国讨论建立外交关系，"那我们也应该相应地制定自己的政策"[105]。1949年8月，他离开了中国，内心的思想斗争以支持国民党而告终，新华社在社论《别了，司徒雷登》里对他进行了尖锐的批评。司徒雷登代表着自由主义者对革命的看法，在多数情况下，他认同革命的目标，但却拒绝他们的手段。在抗日战争临近尾声时，燕大的西方人群体以同一种声音说话。但以国共内战为开端的冷战却使大家的分歧越来越大。司徒雷登和很多人一样，用西方的自由、价值和权利等观念来批判革命。赖朴吾自己就经历了思想革新的严峻考验，革命批判个人主义，但他仍然为之辩护。[106]

政权交替后，燕大的西方人群体开始逐渐分化。6位长期在燕大工作的教员和司徒雷登一样对共产主义感到恐惧，他们在解放之前的1948年12月就离开了校园。[107]其他西方人在随后的4年中也陆续离开了中国。到1951年夏天，由于反美态度十分强烈，华北的新教教会学校除了2—3所外，全部都撤离了中国。燕大的西方教员也减少到只有5人。长老会成员迪恩（Sam Dean）在1952年夏天也离开了中国，人们本以为他在工程方面的实践技能可以让他有机会留在中国，但他最终选择了离开。[108] 1952年8月，赖朴吾一家最后离开了中国。对于这些西方人来说，在朝鲜战争之前，主要的问题是如何改造并适应。朝鲜战争爆发后，主要的问题则成了如何"逃命"。

新政权建立后，原来那些不愿意参与政治争论的人也开始发现，他们的工作和生活都与政治发生了联系。做财务工作的范天祥一改过去传教士教育家们对国民党政府的同情态度，谴责"蒋介石是和平的绊脚石，如果蒋介石早早就被清除掉，这一切都可以避免"。[109]范天祥很快发现，早年希望的破灭，正是由传教士自己和美国政府造成的，"他们的罪恶……现在正给我们带来麻烦"。他认为，"执政党完全有权把外国人清除出去，如果他们想这样做的话""尤其是那些支持美国政府在过去数年所走道路的人"。[110]

朝鲜战争又一次成了转折点。1950年9月，范天祥音乐史课上的学生第一次指责他的思想意识形态问题。据他回忆，他抓住机会问同学们，马克思对于音乐教学是如何论述的，对此学生们无法作答，于是12名学生选修了课程。但在抗美援朝运动开始两周后的11月，课程就宣告停止。据范天祥自述，12月，美国开始对华禁运后不久，周恩来就亲自向他保证，他可以安全离开。但手续却迟迟未办好，在此之前，整个校园里到处都张贴着批判他和妻子米尔德里德的大字报，但他们幸运地躲过了在公诉大会上的羞辱。范天祥承认，那些指控是有一些道理的。第一条就是收听《美国之音》的广播。当政府下令，外国人必须将收音机交给北京公安局时，范天祥十分配合（几个月后，在离开中国之前，他得到了两倍于原来收音机价格的补偿）。第二条是他安慰华人教员说，美军不会越过朝鲜的三八线。第三条是1950年圣诞节时，他用司徒雷登从华盛顿汇来的钱购买苹果和糖果等礼物送给中国学生，企图收买人心。第四条是他购买了数百件中国艺术品和乐器。范天祥被允许带着这些物品离开中国，他并没有卖掉它们，在此后的20多年里，他在向美国宗教、教育和民间机构演讲时，用这些东西来展示中国。[111]

在解放之际，范天祥看到燕京大学在新政治秩序下仍然发挥着"服务社会"的作用。革命对考验基督教的爱提供了前所未有的机会。但两年后，面对严重的反美情绪，范天祥认为，燕大的角色不过是代表着"社会工作中还残存的一点国际主义基督教精神"而已。[112]

博晨光转而支持新政权的速度快得惊人，因为就在几个月之前，他还表示支持国民党政府。1948年燕大被接管让他想起了以前的政权交替，想起了军阀混战的年代，想起了1927年国民党的胜利——"当时人们多么欢迎他们啊！——还有日军的'小坦克'隆隆开过燕大校门的那一天"，以及"抗战胜利日后，燕大复校的时刻"。博晨光带着他那标志性的乐观写道，"我们看着眼前的一切，静静地等待下一次变革。我们坚信，教育工作和基督教精神会经久不衰，并最终战胜这些冲突和仇恨"。他对与新领导人相处和接受新的生活理论有信心，并已经准备好"在基督教生活中经历一次新的冒险之旅"。他觉得自己参与了世界范围内对人性中平和与善良的伟大考验。[113]

博晨光夫妇希望美国彻底切断和蒋介石的联系，不要跟随国民党撤退到广东或台湾。他们两人描述，新领导干部在"革命运动中是十分讲道理的，很多严厉的人禁止做的事，他们却都允许"。他们夫妇认为，学生们对政府的热情支持"真的很鼓舞人心"。现在领导人更关心中国人民，关心他们的福祉和建设，而不是任何国际关系，当这一点愈发清楚时，博晨光夫妇认为苏联的影响会减少一点。在1949年7月他们二人离开中国之前，博晨光夫妇回忆起在中国41年的生活，那真是"很奇特，充满了很多不确定因素，让人感到疑惑"，但最终的结果却"非常有趣、快乐和富有成果"。[114]

新中国成立前包贵思害怕革命领袖会成为民主的敌人。1948年共产主义即将胜利的前景，让她感到自己的作用越来越小，宗教热情也愈发淡漠。以前，每当对自己和传教事业反复出现疑虑时，司徒雷登可以为她排忧解难。但1948年10月司徒雷登最后一次访问校园试图帮助她时，包贵思却强烈感受到，"燕大的前途已经十分黯淡了"。她回忆说，当时希望北平还能保持原样不动，但不做任何改变对人民来说则意味着饥饿。有人提醒她，"旧约全书中的亚述帝国突然降临，把一切陈腐扫除得一干二净，因此，现在的腐朽也一定会被涤荡"。她认为"涤荡"是不可避免的，而且还会以某种能使人获益的方式进行。但新政权会给她一个立锥之地吗？她正逐渐老去，体力也日渐衰退。她担心遭受"恐怖和苦难"，但更害怕"与燕大失去联系"。[115]

在燕大行政领导的催促下，她在学校被接管之前就从海淀村里的小房子搬进了学校宿舍。但1949年夏天，她又搬回了村里的住所，进行自我改造。她拒绝了那些年轻西方同事关于如何应付革命的慷慨建议，说那是"教老奶奶干幼稚的事"，她为住所里的俭朴而由衷感到自豪。那里没有自来水和中央暖气，也没有电。她第一次有机会直面革命是1949年夏秋之际，一位叫"王同志"的解放军军官占据了她小房子的一部分。她曾听到传言，说军队里有不合时宜的行为，为此十分苦恼，但她更受不了军队里那"恐怖嘈杂"的音乐。有一次，她把自己珍藏的维克多·赫伯特（Victor Herbert）的唱片拿给他们放，她情愿一遍又一遍地听"kiss me，kiss me again"，也不想听到"中国歌剧史巅峰之作"里的铙钹声和尖叫声。年轻同志们在院子里围着热水缸洗澡时的奔放惹怒了她女性的本能，但最后，她还是高兴地"帮解放军们一起清理院子"。他们不征求同意就用她的香皂，但她看着院子里到处晾着男人的衣服以及在8月骄阳下被汗水打湿的黄褐色长裤，却报以慈母般的微笑。那时候，电台广播把美国描绘成帝国主义敌人，孩子和大人们也就都这样说。一天晚上，她走在村子里，听到一个成年人充满恶意的声音，"那是美国人"，但让她感到宽慰的是，一个孩子的声音在旁边响起："哦，那是我们的包老师。"[116]

包贵思真诚地参加政治学习，她阅读毛泽东、列宁和斯大林的讲话以及很多其他的"苏联材料"，并提醒自己说："像我这样讨厌政治和小组讨论的人必须对二者多加注意。"她意识到，检讨是"让中国人放弃执着于面子的最佳方式，而基督教人本主义理想其实已经和它斗争了多年"。这些检讨让她想起了20世纪30年代以来燕大基督教协会曾采用过的"牛津分组方法"。她对新政权的支持绝不是没有根据的。她偷偷阅读乔治·奥威尔（George Orwell）的《动物农场》（*Animal Farm*），感到自己像个"淘气的学童……在品尝着逃学带来的乐趣"。她也为颓废的基督教被毛泽东和斯大林等偶像替代而感到惋惜。[117]

包贵思转而支持新政权很大程度上得益于她20多年的老朋友杨刚（扬缤）^①的帮助，她曾在燕京大学学习英国文学，1931年毕业，20世纪40年代因在天津《大公报》担任主笔而小有名气，后来曾在外交部担任周恩来的助手。20世纪30年代中期，包贵思曾照顾杨刚唯一的女儿"包子"^②，当时杨刚正为共产党做地下工作，她是包贵思唯一出版的一部小说的主人公原型。[118]1944年，美国外交人员把杨刚当作与中国知识分子联系的重要人物，谢伟思（John Service）认为她在中国知识分子中享有很高声望，并重点强调，她不是共产党员。杨刚当时以她的观点著称，认为美国建设性的帮助和影响将有助于中国的政治发展，其结果是各冲突党派将以民主方式联合起来。[119]1949年3月，包贵思见到杨刚时，她身着蓝色棉衣，清瘦憔悴，不断受到咽痛的困扰。包贵思记得她们上一次见面是在两年前的剑桥拉德克里夫学院（Redcliff College）^③，杨刚正依靠助学金在那里学习，她当时身着西式服装，打扮非常时髦，烫了头，还涂了口红。包贵思本能的反应是问她，自己能为她女儿做什么事，因为她常常提起女儿。但革命把这个问题又反问过来。美国人很快意

---

① 杨刚（1905—1957）：女，出生于江西萍乡。左翼作家联盟发起人之一。1928—1932年就读于燕京大学，1944—1948年任《大公报》驻美国特派员，回国后任天津《大公报》副总编辑、外交部政策研究室主任秘书、周恩来总理办公室秘书等职。曾发表文学作品多部。——译者

② 指郑光迪（1934—），杨刚独女。曾留学苏联，1982年任交通部副部长。——译者

③ 拉德克里夫学院：位于美国波士顿附近的剑桥市，是哈佛大学所办的女子学院。——译者

识到，现在有权力给予帮助的是中国人，"我帮助别人的日子已经一去不返了"。[120]

在燕大被接管后的一年多内，她们又多次见面。包贵思已经感觉到政治上的寒冷，但杨刚却给了她很大帮助，安慰她不要离开中国。1950年1月，她们最后一次见面，在严景耀和雷洁琼家里吃晚饭，一直长谈到深夜。大家最后认为，"传教士和共产党员之间是有很多共同点的"。杨刚坐在床上，抽着烟，那是她的嗜好，对面的包贵思坐在长椅上，拿着她的"嗜好"——热水杯。她们同意不再把宝贵时间浪费在争论上，但冲突总是难免。有一次，包贵思对"强制性的纪律和控制"颇有微词，杨刚针锋相对地说："嗯，我觉得华尔街在纪律和控制方面很有一些好办法。"包贵思问，她回到美国后该向美国人民讲些什么，这位干部说，要做的事只有一件，那就是扇他们的嘴巴。那位传教士则回答道，她在新英格兰的亲戚们都是保守的共和党，他们可能不知道"扇嘴巴"究竟要表达什么意思。

包贵思对杨刚极为俭朴的生活印象深刻——她睡在宿舍里，一天工作12小时，只吃粮食和蔬菜，只有一件换洗的内衣，没有个人财产，也从来不带钱。但她却拒绝了包贵思的馈赠，一条毛毯，一碗由肉丁、可可和牛奶做的热汤（她说，我是中国人，我只喝热水）以及一个当作早饭的煮鸡蛋，对此，包贵思非常生气。意识形态本不至于把人际关系影响到如此地步。不过，包贵思也承认："美国传教士们应该高兴才对，毕竟对我们的特殊保护和我们享有的特权最终没有让我们受到批判。"那位干部回应说："这很令人感动，因为大家都是真诚的，但究竟有多少传教士会这样想呢？"一个月后，杨刚返回了北京，喉咙依然疼痛。几个星期后，包贵思由于眼疾也返回了美国，从此再也没有杨刚的消息。[121]

几个月的治疗使眼病得以痊愈，1950年11月，包贵思又登上了"麦迪逊总统号"（*President Madison*）汽轮返回中国，预计在12月某时于天津登岸。但朝鲜战争影响了行程。12月，当船在香港停靠时，燕大校友和朋友们跟她介绍了北京的反美运动。她的沮丧显而易见，与革命的短暂接触让她曾抱有一丝希望，尽管这希望很容易破碎。她痛苦地记得："那些跟司徒雷登学习过专业知识的燕大人却在公开演讲中指责他是间谍，是中国人民的敌人。"不是一个人这样做，而是所有人都这样做！"我们多么希望中国的知识分子能拒绝被压制！"她写道，"也许在最后，中国人天生的个人主义能发挥作用，但目前为止，我们没有遇到和听到中国台湾以外的地方有任何一个人反抗"。她的情绪波动很大。"所以，中国台湾是最后的希望吗？"她承认，因思想被奴役的压力大增，是她2月离开中国以后的事情，但现在情形已经很清楚了，"那些受过基督教和民主熏陶培养的人，没有一个站出来反抗！"包贵思把他们的意志力和杨刚做了比较，那就好比"一个是湿漉漉的纸，一个是亮闪闪的钢"。[122]

和过去一样，包贵思试图通过宗教信仰来摆脱烦恼。但似乎就在她短暂返回美国期间，她的担忧明显增加了一些新内容。让她感到绝望的是，"斩草除根""世界形势""穿军装的人的严肃表情（那是在日本即将返回朝鲜前线的美国士兵）"以及"我教了30多年的中国人心中的敌人"等这些内容。由于不能再回到中国，她在日本神户学院教了几个月的书，在那里她感受到美国对中国卷入战争的愤怒。她在日记里记录了一段广播，却没有做任何评论，广播里说，为了避免在西雅图、底特律或上海作战，就必须在朝鲜站稳脚跟。眼疾再次迫使她离开传教和教育的第一线，回到美国，一直到1970年去世。[123]

夏仁德夫妇在1949年和1950年的大部分信件中表达了对新政权的支持。其中也有一些怀疑，但不是怨恨。他们认为，"让外国人在旁边站一会儿，做什么事都要申请批准"，这是对的，因为以前中国人也遇到了同样的遭遇。新闻管制，虽然有点令人生气，但却是教育的有效手段，与世界各地狂热宗教组织的出版社没有什么不同。1949年，当美国新闻记者被驱逐后，夏仁德敦促他们以及美国的自由主义者们要理性对待"被冷落一旁"的事实。但是，他们对早年共产党政策的策略性有所了解，认为从长期来看，这些政策还将有重大变化。[124]

1950年夏天，夏仁德夫妇被迫离开了中国。回到美国后，他劝告董事会不要终止对燕大的财政资助。1950年11月，随着中美两国军队在朝鲜爆发冲突，学校里原本支持美国的人也减少了他们对燕大的支持。普林斯顿大学（夏仁德的母校）校园基金委员会已经得到了一笔捐款，但他们正在调查一份报告，说燕大学生正在生产手雷，在得出结论之前，捐款暂未汇出。夏仁德拒绝与煽动排华情绪的人同流合污。他敦促董事会继续支持，直到有足够的理由相信"华人教员们也放弃了他们的信仰和理想"。他警告说，这些证据"不会很快或很容易得到。减少参加政治活动不是我们希望用在美国基督徒同伴身上的办法"。后来，当燕大董事会与其他中国教会学校董事会组成联合委员会，打算在中国台湾再办一所新学校时，夏仁德表示反对。他并未参与相关工作，因为他认为那里"到处都受到政治的影响"。[125]

在著名的传教士教育家中，最后离开燕京大学的是伦敦会的赖朴吾夫妇。他们的《历经中国革命》（*Through Chinese Revolution*，伦敦，1954）一书详细叙述了燕大被接管后的情况。这本书非常有价值，因为赖朴吾在1952年夏天离开中国之前非常积极地参加改造。20世纪30年代，赖朴吾夫妇在蒋介石的"新生活运动"中表现得十分配合，直到他们的朋友路易·艾黎（Rewi Alley）指出，"它根本不解决腐败问题""正是这场运动本身所体现的表里不一为腐败提供了温床"。[126]他们在燕大任教始于1936年。1939—1942年由于国民政府支持的工业合作计划而中断了三年，另外一次是1945—1948年，他们当时在伦敦，因此又中断了三年。但1948年8月他们就回到了燕京大学，希望全身心地投入那里的教学。

尽管赖朴吾夫妇并非没有注意到严酷的现实，但他们对革命大体上还是持赞同态度。他们认为，"批判迪恩，说他是美国间谍，这是无端指责"。在"三反"运动中，他们以同样坦诚的态度认为，陆志韦、赵紫宸和张东荪实际上成了替罪羊。但更加频繁的，是他们对共产党领导的怀疑。他们也注意到了不断进行的自我批评检讨会和英格兰学生基督徒运动中的牛津小组讨论方法有相似之处。[127]但对宗教自由的限制，更多被看作充满偏见和没有经验的官员所犯的错误。他们认为，革命"总是包含残酷的因素""除非人民群众长期被压制的情感和欲望得到释放，否则革命不会成功"。在经历了思想改造的艰苦岁月后，赖朴吾仍然认为，"革命的敌人会利用这些错误和过分之举"，但"革命的朋友们却会觉得这些错误与巨大的美好背景格格不入，那些美好是人们被解放时就已经获得的"。[128]

对于那些想要改变国际主义信仰，转而支持革命的人，赖朴吾的经历就是最能说明问题的例证。这是一个大胆的举动，但三年后，他们亲密的中国朋友劝他们离开。由于担心迪恩的遭遇会在自己身上重演，赖朴吾夫妇同意了。1956年，赖朴吾和夏仁德双双受邀，以国家客人的身份访问中国。夏仁德当时未能成行，于是赖朴吾独自一人重返中国，他在1964年又再次访华。夏仁德则在1973年访问了中国。他们都会见了在燕大最后岁月里发挥了重要作用的那些人。[129]

1949年8月离开中国后，司徒雷登越来越倾向于对革命采取强硬立场。相应地，他作为燕大校长的标志性身份也很快消失。蒋介石，这位基督徒，则在中国输掉了战争和执政的合法性。在他离开中国之前的6月的某一天，仍然是外交官的司徒雷登显然把他对共产党领导的反对意见放在了一边，利用自己驻华大使的身份，试图与毛泽东联系，开始对中美关系重新定位。但华盛顿拒绝了这一做法，司徒雷登内心还处于斗争中，只好退回到反共的立场，在夏仁德看来，这是"对燕大和美国自由主义的一次沉重打击"。[130]司徒雷登离开中国后不久，他革命开始前的那些朋友们便开始谴责他，公开声称他是他们的敌人。司徒雷登感到自己遭到了背叛和欺骗。1949年11月，他给中国基督教高等教育联合委员会的弗格森（Mary Ferguson）写信称，"你很清楚，起初，在共产党夺取政权之前，我自己在某种程度上也被中国共产党的领导人迷惑了。很久之后，我才完全意识到其信仰中占主导作用的布尔什维克主义，必然带有攻击性和残酷性"。[131]后来在1956年，司徒雷登仍然不认为中国大陆已经无可挽回地失去了。他写道："谁能说共产主义政权会在中国持续下去？"共产主义意识形态"与中国的政治哲学并不相容"，共产主义实践"则充满暴力，漠视人权，施行压迫"。他甚至开始相信"中国敌视其他国家的权力和利益，甚至发展到要侵略周边国家和与联合国开战的地步"。他相信"终有一天，苏联的这个卫星国会发现自己的轨道，不得不脱离束缚"。[132] 1957年11月，司徒雷登同意在中国台湾创办东海大学，在中国香港创办崇基学院，"为东亚和东南亚地区人民的思想和心灵而战，在此过程中，上述学校将发挥重要作用"。[133]从历史来看，司徒雷登对中国政府行为的描述是错误的。到1949年夏天离开中国的时候，他对中国的看法高度情绪化，并带有不确定性，这些都根植于西方的冷战思维。

无论西方人多么愿意改造自己，中国的发展，尤其是朝鲜战争期间的局势，使他们不得不放弃融入革命的希望。过去，他们曾反驳过传教士同事狭隘的民族主义观念，那些人把基督教等同于美国的文化和政治。现在，当民族主义迫使其中国同事们接受革命意识形态，批判与西方的联系时，他们也同样感到十分愤怒。在新政权建立最初的几年内，他们反对把改造等同于过俭朴的生活。传教士的热情依然在发光发热，但它并不排斥自我检讨。那些年，每一次民族主义的大爆发，从1922年的反基督教运动，到1935年的"一二·九"运动，再到1948年学校被接管，他们都以标志性的灵活态度来应对。排外运动的爆发会暂时挫伤他们的自信心，但通常又会很快恢复过来。在革命到来之际，他们仍然相信基督教国际主义可以历经革命而不衰。但抗美援朝和"三反"运动使他们丧失了信心。结果就是，有时候过去的希望会变得虚幻而苦涩。他们返回了家乡。在以革命热情为标志的爱国氛围中，他们不再受到欢迎。在中国国内不断增长的痛苦中诞生了另一种本土主义，他们的希望也受到其威胁。

/ 华人教员

　　革命迫使华人教员面临比学生和西方教员更加痛苦的选择。由于年龄的原因，学生们和旧政权并没有太多联系，而西方人还有回家的选择。燕大的华人领导层此前曾面对过排外民族主义的压力，但过去都只是一场运动，现在要面对的则是一个长期执掌政权的政治组织。自由的基督教国际主义精神逐渐被革命的社会主义所取代，后者是被苏联和大众文化培养起来的，其新的关注点就是忠于国家，而不是忠于美国或燕京大学。这对燕大的影响是极其深远的。

　　评价华人教员们的政治感受同样十分困难。为了呼应其他经历了政权更迭的西方教员，夏仁德就这一问题向董事会发表了长篇大论。他说，一些支持美国的人希望基督教在华教会学校"能培养出以美国视角看待世界局势的男女学生"。但实际上燕大培养的，是"一群有着深厚爱国感情的中国人，他们若觉得什么事情是自己的责任，就会急切地渴望为之牺牲；对于放弃自己的爱国主义来换取美国支持的教育，他们是非常敏感的"。在美国对华实行禁运之前，夏仁德就建议华人教员们制定自己的组织制度。[134]他认为，大多数华人教员相信中国选择了自己的政治发展道路，与共产党合作，可以做出积极的贡献。他们没有"积极破坏的想法，不像我们对待政府那样"。不仅如此，他们还对美国煽动他们这类人反抗政府表示愤慨，反对美国在评价中国时的两种倾向，要么把她当成敌人，要么把她当成潜在的朋友来反对苏联。夏仁德指出，人们有权保持沉默，陆志韦就缄口不言，而不是利用机会来表白自己。要知道，6年前，陆志韦和赵紫宸几乎死在日本人的监狱里，而不是发誓要跟美国断绝友谊。[135]

参加1951—1952年冬春之际"三反"运动的111名华人教员，绝大多数都在几周之内向讨论小组提交了自我检讨，并被组织接受。他们的检讨表现出不同程度的自我批评，但其共同点都是声称要断绝同美国的联系。物理系主任兼研究生院副院长褚尚林上交了一份检讨，说自己太爱面子，有自我保护性的个人主义，学究气太浓，这让他成了别人的工具。他还有成为著名物理学家的个人野心，为了讨好别人，表现出无原则的热情，这些都是旧社会自我保护的方法。在学生们的压力下，他狠狠地批评了自己，说在原来的自我批评中，"他对承认的错误并没有真正改正，没有完全意识到个人野心的危害，对美国资本主义方式盲目崇拜"。现在，他要"战胜自私的'我'和外国偶像，把过去令人感到羞耻的旧生活方式连根铲除，重新开始"，他要"成为人民的教师"。[136]社会学系的赵承信承认，他也有想当国际学者的想法，把中国政治经济信息搜集起来，发到国外——他现在认识到，这是"为了个人名望和利益背叛祖国的行为"，现在感到十分后悔、十分痛心。这以后不久，褚、赵二人就被选为高校联合委员会的执行委员。化学系的蔡镏生（1928年入校）自我批评说，他提交了论文想在美国发表，还鼓励学生到那里留学，"这是敌友不分的具体表现，这些行为相当于把羊送入虎口"。其他教师把因学术成就而获得的金钥匙和奖牌都上交了，这些东西"拖了他们的后腿"，"让他们沉迷于个人利益、学术声望和职务，除了让他们彻底变成美国的工具和奴隶外没有任何作用"。有些教师甚至自我批评说，他们把手表送到美国修理也是错误的。[137]

1952年3月，有两个小组较为突出，他们的自我批评未获通过，其问题被拿到更大规模的群众会议上讨论。第一个小组是一些年长的教员，他们都担任过中层领导职务，也曾反对过共产党。其中包括如下人员，哈佛燕京学社的聂崇岐、历史系的齐思和、心理系的沈乃璋和政治学系的陈芳芝，他们被指控1951年底曾从美国订购"反革命"书籍。[138]第二组更加重要，有张东荪、赵紫宸和陆志韦3人，他们分别在2月29日、3月10日和11日遭到了公开批判。到夏天结束时，仍有10个人的检讨未被接纳。

政权交替后，与其他人相比，只有赵紫宸和陆志韦身上还体现着"生命社"的精神，"生命社"塑造了燕大校园内中西关系的发展模式。陆志韦在"生命社"的角色无法和赵紫宸相比，但他们二人都代表着燕大的国际主义理想。他们都成长于非基督教家庭，但在少年时代就皈依基督教并赴海外留学。他们都是文化的调和者，是传教士教育家们在华的合作者。他们在思想改造中的经历尖锐地反映出，已经西化的中国人在民族主义革命热潮中所面临的两难境地。只要赵紫宸还担任宗教学院院长，陆志韦还担任校长，人们就会说，作为一所学校，燕大还活着。但当他们二人遭到公开批判并被免去职务时，燕京大学在中西关系中的作用实际上已经结束了。

在燕大被接管后的3年半中，他们两人的思想改造经历，与前文所述的燕大整体改造几乎是一致的。在前两个阶段，即从学校被接管到抗美援朝运动，赵紫宸和陆志韦并未反对新民主主义政策，即使有也非常微弱。不仅如此，他们还确信，无论变化多大，燕大都会在新政权下有一个立足之地。当然，抗美援朝运动后的1951年2月，当燕大国有化变成公立学校之后，他们的希望大大减弱，但即使在当时，二人都拒绝保持沉默。新民主主义政策对像燕大这样的私立学校的影响，在1951年国有化时停止了，朝鲜战争大概是导致转折的事件。在某些人看来，这个结果十分明显，尤其是燕大教员们被迫在春天参加时间冗长的土地改革，五一大游行时被迫在北京的街道上奔跑，或者秋天当人们第一次听到"三反"运动时。不论精确的时间在何时，到1951年秋天，燕京大学很快将不复存在，已经是显而易见的了。

1951年11月，教育部召开了一次会议，通过了调整中国工科院校的方案。根据方案，燕大受到影响的院系将并入清华大学，这样一来，清华将成为华北地区最主要的工科学校。不久以后，把燕大、清华和其他学校的人文科学、社会科学和自然科学院系合并为新北京大学的方案出炉（1952年4月公布），北大将成为华北地区最主要的综合性大学。在各项调整中，燕大校园将成为新的北京大学校址，但燕京大学的名称将不再使用。[139]这些主要调整完成后，中国高等院校的数量从1950年的65所之多减少到7所。教会学校和私立学校的名称全部废止。很明显，"三反"运动中的思想改造已经使广大师生们为这些变化做好了准备。自愿或不自愿地赞同政治立场的人，都不可能提出任何反对。

赵紫宸和陆志韦在运动中的角色发生了逆转，跟他们此前在校园生活中的角色大相径庭。之前，他们都支持各种运动，甚至在"三反"运动初期也起到了表率作用，但很快他们就成了被攻击的目标。此前，新民主主义政策与"生命社"的信仰并非不可调和，但在"三反"运动中，试图把二者结合起来的努力却成了一场游戏，无论他们说什么，都会被用来反对他们自己，直到他们在同事和学生们眼中变得一文不值。有些人认为，燕大被关闭是命中注定的事，赵紫宸和陆志韦的遭遇不过是这一结局的过程而已。但他们二人却不这么看。

20世纪30年代，吴雷川想创立一套革命理论，赵紫宸曾对其进行了严厉的批评。充满讽刺意味的是，20世纪40年代末，赵紫宸自己创立了一套跟吴雷川差不多的理论。甚至在燕大校园被解放的几个星期前，赵紫宸还表示支持革命。他反对废除宗教学院，期待着1948年11月的接管能起到"净化"作用，还说到要重新确定发展方向。他当时写道："我觉得现在正是理解马克思主义的时候，甚至还要看看基督教与马克思主义某些观点之间的联系。"[140]不久以后，赵紫宸提到要创立一个与"中国文化和马克思主观能动性"相关的本土神学，这是一个"三角关系"并需要"大胆的思维"。他批评中国的教会，"缺乏反抗精神……缺乏创新思维，缺乏原创性的东西"。[141]

人们感觉到，赵紫宸早年对革命的认同，反映出他对自己和教会曾经过于依赖外国帮助表示一定的悔恨。他认为，革命是"人类对基督教的挑战"，而不是"上帝对软弱教会的审判"。[142]人们批判基督教长期以来"与帝国主义和资本主义联系在一起，培养了不负责任的自由主义，对革命不冷不热，一方面对革命冷漠，一方面又搞宗教的偶像崇拜"，面对这些指责，赵紫宸和他宗教学院的同事们并未予以反驳。他承认，"教会在唱高调，试图在一些虚假的理想上建立空中楼阁"，从而"助长了个人主义，他们躲在脱离实际的舒适角落自己享乐"。赵紫宸对教会过去的失败很愤怒，公开批判"蒋、孔、宋三家"（都是跟燕大关系密切的名人），认为他们都是"基督教信仰的犹大"。[143]

燕大被接管两年后，赵紫宸仍然在为革命辩护，认为改造是合理的。1950年12月，当中美在朝鲜战争中的对抗进入高潮时，他也支持反美运动。[144]一年之后，"三反"运动开始时，他在师生大会上用很严厉的语调批判燕大的过去。他指责司徒雷登"是美国密探，反苏、反共、反对中国革命，是中国人民的死敌。他是糖衣毒药，口蜜腹剑"。司徒雷登作为"美国在华传统友谊的象征"，把很多中国人都吸引了过去。通过教育和宗教，他散布爱美国、崇拜美国的毒药"。写到他自己时，赵紫宸说，"我已经老了，但我相信，如果一个老人想改造自己的思想，他是能够做到的。我可不想被落下。虽然不能像野马那样飞奔，但我却可以像骆驼那样一步步走向革新"[145]。

赵紫宸的检讨充满了绝望。"三反"运动开始时，他一定已经看到，燕大以及他毕生追求的基督教国际主义都行将终结。作为领导人，他一定很害怕自己将无处容身。他不想离开中国，也不想保持沉默。1952年3月，赵紫宸在燕大全校师生面前受到公开批判。但当时反对西方影响的运动不过是一件政治工具，以便整个校园做好燕大必将被关闭的准备。他的"罪名"包括与世界宗教协会联系，1951年7月，在该协会的执行委员会认定朝鲜是战争中的侵略者后，他辞去了委员会副主席一职。[146]燕大的华人教员对人文科学和与西方的联系尚残存一丝依赖，对赵紫宸过去与西方人联系的批判，就是摧毁这种心理的方法之一。赵紫宸不断写检讨，希望能被接受，但却总是遭到拒绝。官方暂停了他作为牧师的特权，取消了他在英国教会华北教区的办公室，还让主教团剥夺了他的神职。到1952年9月，赵紫宸仍然未能通过燕大委员会的审查。[147]

即使经历了这样彻底的公开批斗，赵紫宸仍然拒绝保持沉默，还继续为新政权辩护。当西方国家的批评者指责中国教会与政府的论调完全一样时，赵紫宸回应道："共产党毛主席领导下的政府，其做法和政策与最高伦理及基督教的教诲并不冲突。"在被问到是否缺少自由时，赵紫宸1956年回答说，他和教会比以往任何时候都享有更多的自由，过去在燕大的时候才不自由，那时，他拿着美国人给的工资，代表美国人主持一个学院，它根本就不适合中国，他担任的职位也是美国人赞助的，条件是要他捍卫信仰。他认为，现在"完全不同了，我吃中国人民的饭，吃自己家里的饭。……我现在不用为了保住自己的教职而被迫挂羊头卖狗肉了。现在，我和所有华人基督徒一样，完全拥有宗教信仰的自由"。为了反驳指责，赵紫宸又说："一个人的个人自由，一小撮人的自由，名义上的自由，都是微不足道的。自由必须从下到上，必须是所有人的自由。"[148]

赵紫宸的遭遇可能会被用来证明，有些人即使追随中国革命也无济于事。我们可能永远也不会知道赵紫宸的想法究竟如何，除非可以和他在中国以外的某地讨论这个问题。[149]思想改造看起来也像一场宗教实践，考虑到赵紫宸在少年时代就有着深深的爱国情感，他把改造看成是应该和必须的。改造所付出的代价大概被认同为对革命成功的回报了。某种程度上说，赵紫宸在"三反"运动中的遭遇，是40多年前他皈依基督教经历的一个翻版。

政权交替之际，陆志韦已经考虑到纽约资金被切断的可能性。毫无疑问，他更希望看到美国的资助能持续下去，但并未表现得过分紧张。他向董事会指出，被关在日本监狱里的几个月中，他每天仅靠10盎司的小麦度日。他相信，新政府将保证每天至少22盎司的供应。[150]陆志韦对少数几位在燕大被接管前就离开的同事提出了批评，他不禁想到，"在危难时刻"，一个人最后是否回到了美国就能够证明他是不是胆小。陆志韦很担心，这些回去的人可能会劝说董事会在国共战线以南或者中国台湾建立一个流亡燕大。[151]

政权交替之前，陆志韦很少公开谈到宗教问题。但现在，他为宗教公开辩护的次数却明显增加了。革命能够帮助净化信仰，有助于人们放弃"教会和教会学校是文明对抗野蛮的最后堡垒"这一观点。基督教的爱要发挥新的作用，那就是在革命中国与美国的意识形态冲突中担当调停者，或是融合剂。但燕大要想为解决冲突做出贡献，西方文化就必须继续在校园里出现。通过教会所任命的教师，国际主义友谊的精神就可以保持，用陆志韦的话说，这就是"燕大所代表精神的最好证明"。在更私人的场合，陆志韦承认，他非常需要这些西方人的支持。那些人也反过来一致赞扬他领导学校度过艰难岁月的能力。[152]

陆志韦承认，"美国的资助"确实帮助燕大在适应新政权过程中保持了相对独立性。他的职责就是确保这些外国资助"用于恰当的用途，至少没有违背资金设立的初衷"，同时他还要"对中国人民和中国政府负责"。1950年夏末，他拒绝签署声明，谴责美国在中国台湾的侵略行径，他"有点担心"，这样做可能会不必要地损害外来资金的流入。随着朝鲜战争的爆发以及中国的参战，陆志韦的中间立场无法继续维持下去。[153]美国对中国实行禁运后，陆志韦同意，唯一的解决办法就是燕大国有化，但即使是在当时，校园的爱国热情也未能迫使他采取反美立场。1951年2月，陆志韦承认"美帝国主义文化侵略"的危险，但他并不痛恨美国，"因为我从来没有恨过任何人或任何阶级"。学者素养的熏陶让他不能对某人大喊大叫，陆志韦承认，在政治观点上他还是落后的，并愿意承认"司徒雷登与反革命力量合作"这一事实，但他坚持认为："平心而论，30年前，司徒雷登完全不是与美国国务院同流合污的密探。"具有讽刺意味的是事情还远未到此结束。陆志韦想起20世纪30年代的一件事，那时，他作为执行校监，开除了一位女子学院的院长，原因仅仅是她惹怒了自己。但他很快又迫于压力，接受她回来工作。现在，他突然意识到自己十分失败，因为向压力屈服说明，他当时受到美国女权主义思想的影响是多么严重。[154]

董事会非常关心宗教自由问题，这是容易理解的。他们不断向燕大施压，要求在这个问题上得到保证，而陆志韦和其他领导也准备向他们说明情况，让其放心。但事态的发展却转向了完全相反的方向。政权交替的一年以后，陆志韦仍然宽慰董事会说，宗教自由"是我们存在的基本条件"。但他认为，这些宏观概念并不能为解决具体问题提供指导性原则。很难划出一条宗教自由的清晰界限。陆志韦怀疑，下面的情况可能永远不会出现，即"我们所有传教士教育家都指向某一点或某个决定，然后说'那就是界限'"。在政治事件的压力下，那条界限变得愈发模糊不清。陆志韦写道："我们在旧军阀政权下能够容忍的，在新政权下也应该可以承受。"他倾向于既批评那些不愿意改造的人，也批评那些强迫别人改造的人。困难在于"我们自己，或者说在于作为个体基督徒的我自己"。如果燕大人不能改造好，那不是"外部压力的原因，而是缺乏信仰和自我批评的结果，这实际上是伴随我们所有人一生的问题"。[155]

学术自由的问题也同样很难说清。陆志韦很快接受了政府的批判。教师们很难理解（陆志韦认为，华人教师比外国教师更难理解），学术研究不再是逃避政治生活的方式了。人们不可能"保持中立或超然物外""也不可能把自己藏在柜子或小房间里"。这种观点"符合旧社会学者的绅士标准……他们已经感受到来自各方面的压力"。[156]燕大所理解的那种学术自由，如果在1951年2月学校国有化后仍然是问题，人们也很难公开表达对这一问题的看法。不管怎样，1950年10月，陆志韦与董事会的联系彻底中断。

1951年9月"三反"运动开始时,陆志韦领导了燕京大学对司徒雷登的批判活动,正如北大、清华和南开大学的校长领导了对各自前校长(胡适、梅贻琦和张伯苓,他们自20世纪20年代初就是高等院校文科教育领域的亲密朋友)的批判一样。[157] 1952年1月1日后,毛泽东号召干部们要"大张旗鼓、雷厉风行地,开展一个大规模的反对贪污、反对浪费、反对官僚主义的斗争",陆志韦即成了主要批判目标。[158]

2月,"节约检查委员会"举办了一个大型展览,展示燕京大学在美国文化帝国主义中的作用。其中被列为陆志韦罪状的,是范天祥日记中的几条记录,其中显示,陆志韦接到了纽约董事会的消息,说他们完全理解燕大的状况(1949年3月13日);范天祥在日记里遗憾地表示,陆志韦只能在教育领域而不是政治领域让美国人民受益(1949年7月17日)。日记还显示,陆志韦给司徒雷登发了一封电报,表达对他弟弟突然去世的哀悼(1949年12月2日);他还说,中国会允许朝鲜继续南北分治(1950年11月11日)以及燕大仍然会保持私立性质等。[159]实际上,范天祥日记中的这些记录,未能显示美国文化帝国主义对中国的干预。

公开展览传递了巨变的信号,但似乎没有人知道这场运动将如何结束以及何时结束。由于前途未卜,人们十分害怕,在巨大压力下,也很快丧失了对他人的信任。新民主主义政策的各种保证都不复存在。很多学生和老师开始把矛头指向陆志韦,大批判热火朝天地开始了。西方文学系助教吴兴华在批判开始时说,他对爱国者、学者和行政领导陆志韦原本怀有很高的敬意。但1950

年11月，当陆志韦告诉他，中国在朝鲜反击美军的行动定将遭到失败时，他对陆志韦的敬意荡然无存。中国人民志愿军的伟大胜利把美军赶回朝鲜南部，这让陆志韦的判断完全落空，也让吴兴华改变了"惧怕美国的想法"。现在，吴兴华承认，陆志韦"一直在执行帝国主义侵略政策，鼓吹所谓的国际主义精神、中美友谊和人本主义……总而言之，就是铁托路线"。对于这些观点，吴兴华高喊："同志们，这是什么样的立场？这样的人还有一点良心吗？还是爱国的中国人吗？"吴兴华的夸张毫无顾忌。"我们痛恨帝国主义分子，但我们更痛恨那些丧失立场、跪下来为敌人舔靴子的中国人。"[160]突然出现的排外爱国主义，沉重打击了那些最近才转化过来的人。

对陆志韦的有些指责显然是没有依据的，例如：新中国成立前陆志韦曾告诉梅贻宝把燕大迁到南方；他曾对新民主主义政策进行过疯狂的攻击；他把1949年被董事会任命为校长看作是极大的荣誉；他反对更加进步的教员，如严景耀、雷洁琼、赵承信和高明凯等，依靠"反革命小集团"来阻碍改造；他还反对政府对课程改革的指导。[161]

最令人痛心的是，陆志韦的女儿、燕大生物系研究生陆耀华也批判了他。像吴兴华一样，陆耀华一定也面临着极大的压力。她批判陆志韦的方式在燕大里也很常见。她的行为是表达感情的一种极端方式，燕大学生们感到很震撼，觉得应该做些事来弥补过去和传教士有过来往的罪孽。她对陆志韦的指控，反映了长期以来，尤其是朝鲜战争后，其家庭内部有关改造是否困难的争论。但它进一步证明，陆志韦此前有关基督教信仰、学术自由、爱国主义和革命的表述都是真诚的。但1950年已经过关的改造，在1952年又变得不够了。任何有关与美国合作的建议现在都被当作是卖国行为。在政权交替的最初几年内，陆耀华认为父亲是进步分子，并对他与革命领导人保持密切关系感到骄傲。但朝鲜战争又一次成了分水岭。陆志韦建议全家应该去乡下躲一躲，这让她对祖国的力量产生了怀疑。她批评说，他的问题让她"对美国感到更加恐惧""对《人民日报》的评论也产生了疑问"。

陆耀华曾帮父亲撰写了第一份个人检讨，陆志韦1952年2月将其公布于众。在那次会议上，她是记录员，看着与会者向主席台上交了"900多份检讨"，她坚信这次集会过于偏左了。但是第二天有关父亲的更多消息却让她丧失了信心。她本以为父亲傲骨铮铮，很有民族气节，但现在才发现他是"帝国主义的走狗""是一个对共产党没有政治同情心的基督徒"。以前，对父亲的爱压倒了思想上的谜团，但现在她要宣布："即使对父亲的爱是真诚的，但与人民大众中的爱相比，它也毫无意义。"他的爱"不是爱而是欺骗。……为什么你要骗我，要反抗人民？"中国人民志愿军在朝鲜"忍饥挨饿，付出了巨大牺牲，承受了巨大痛苦"。现在，陆耀华决定，要"像前线的志愿军战士一样"，向父亲展开激烈的斗争。"毒害了那么多青年，让他们看不清未来的政治……没有哪个中国人会原谅你。"她在发言中最后说道，绝不允许"美帝国主义的影响在中国的土地上、在首都周围、在毛主席身边苟延残喘"。[163]

在女儿的批判后，陆志韦于3月11日又做了一次自我检讨，他的悔悟和服从也已经到了尽头。他现在承认，他曾"心甘情愿掉进司徒雷登的圈套，害了一大批学生"，并"消极攻击"新民主主义政策，同时还试图"保留燕大的旧传统"。他以前的立场是"亲美、反共和反人民"的，"下意识里害怕美国人会回来，因此希望把燕大完整地交还回去"。他感谢人民大众帮助他"打开铁门……看到了思想中的阴暗面"。"人民群众痛恨我是对的。我认罪，我希望痛改前非、重新做人。"[164]他的精神崩溃了。冷战思维也同样在中国深深地扎下了根。

在"三反"运动之前，陆志韦选择公开表达自己对改造的看法，但最后一次批判大会后，他选择了沉默，这和赵紫宸形成了鲜明对比。所有在"三反"运动中受到强烈影响的人，如陆志韦、赵紫宸和张伯苓，还仍然被允许与家人住在一起，也还能按时领到工资。他们没有被监禁，但有一段时期，被群众疏远了。赖朴吾夫妇小心谨慎，避免去见陆志韦，尽管他们的儿子彼得在夏天时曾隔着院子栅栏和陆志韦交谈过几次。夏天结束时，陆志韦被安排到中国科学院做研究人员。[165]

1952年秋，燕大的华人教员们被告知等待华北高校重组的具体通知。9月，教员们的再分配工作开始了。大家传阅的名单反映了教育部的想法，每个人都有2—3天的时间考虑。没有人拒绝合作，尽管有些被分配到偏远地区如东北的人，表达了不想去的愿望。大约有一半人被迫离开了校园，而另一半人则被允许留下来，在新的教育系统中找到了他们的位置。[166]

令人感到奇怪的是，成立于37年前，甚至比燕大历史更长的宗教学院被允许继续独立存在，尽管其资金已经完全由政府提供。赵紫宸，这位在所有燕大教员中改造检讨时间最长的人，被免除了院长一职，但他还可以教书。宗教学院搬到了原北大校园的一所宿舍楼里，几年后，它和其他11所神学院合并，并更名为"燕京协和神学院"。[167]

注释

1. Boynton diary, December 20 and 23,1948.
2. Chao, "Days of Rejoicing in China," *Christian Century,* 66.9:265 (March 2,1949), written January *27,*1949).
3. Lu to McMullen, April 5,1949, Lu Chih-wei file, AC:UB.
4. Otto van der Sprenkel，ed., *New China: Three Views* (New York, John Day, 1951),48.
5. Mao Tse-tung, *On New Democracy* (Peking, 1954), 21. 文章另见*Selected Works of Mao Tse-tung* (Peking,1969), IV, 339-384, and *Mao Tse-tung hsüan-chi* (Peking,1964), 665-704.
6. Mao, *On New Democracy,* 44-55, 56, 75.
7. 1949年6月15日，毛泽东说，"我们愿意与任何外国政府讨论在平等互惠和互相尊重领土完整及主权原则上建立外交关系一事。"这一声明明显是针对美国的。*Selected Works,* IV, 408. 类似的声明在同年4月也曾发表过，见*Selected Works,* IV, 397-400. 另见John Leighton Stuart diary, June 26 and 28,1949, and Seymour Topping, *Journey Between Two Chinas* (New York, Harper and Row, 1972), 83-37.
8. Mao, *Selected Works,* IV, 415.
9. Article 59 of the Common Program explicitly "protects law-abiding foreign nationals." 见Albert P. Blaustein, *Fundamental Legal Documents*

of Communist China (South Hackensack, N.J., F. B. Rothman,1962), 53.

10. Stuart diary, February 11,1949. 在担任驻华大使最后的几年中，司徒雷登在美国对共产党的政策上采取了模棱两可的态度。见Stuart, *Fifty Years,* 236, and Topping, *Journey Beween Two Chinas*，83-89. 但是他在1948年的外交报告中却对共产主义进行了全面抨击。*Foreign Relations of the United States,1948, Far East: China.,* VII,164-165, 167-168, 472- 473, 522-523, and 635-636. 1948年12月28日，他带着敌意写道："有没有可能在朝鲜建立一个区域，在那里，我们的外交进攻能让苏联失去平衡，其产生的结果不仅能影响到中国共产党，而且能影响到整个亚洲。我们认识到可能卷入的奉献和劣势。但是，我们相信，不失时机地通过在联合国框架内实行积极行动以重夺在亚洲的主动权是非常重要的，极端情况下以使用武力作为支持。"同上，695。

11. 《人民日报》，1949年8月23日。燕大教师抗议后不久，北京协和医学院的Loucks博士访美归来，他向燕大的西方教员报告了白皮书在美国被迅速而广泛地理解为支持共产主义。见Boynton to Charlotte Boynton, September 19,1949, PC:GMB (HL). 其他对白皮书的批判，见Mao, *Selected Works,* IV, 425-432, 433-439, and 441-445.

12. Chen, Wen-hui C., *Chinese Communist Anti-Americanism and the Resist America Aid-Korea Campaign* (Maxwell Air Force Base, Alabama,1955), 5.

13. Tsou Tang, *America's Failure in China, 1941—1950* (Chicago, University of Chicago Press,1963), 516-519, 强调了毛泽东的固执，但其论述清楚地表明，1949年中美关系是如何强烈地受到美国国内和外交政策的影响。

14. 有关1950年中苏关系文件的全集，见 van der Sprenkel, *New China,* appendix. 另见 Robert North, *Moscow and the Chinese Communists* (Stanford, Stanford University Press,1953), 266-269.

15. Dick Wilson, *Anatomy of China: An Introduction to One Quarter of Mankind* (New York, New American Library,1966), 218.

16. See Chen Tien-fang (Ch'eng T'ien-fang), *A History of Sino-Russian Relations* (Washington, D.C., Public Affairs Press,1951)，317-318;

People's Republic of China: An Economic Assessment (Washington, D.C., Joint Economic Committee, Congress of the United States, 1972), 344-345.

17. Van der Sprenkel, *New China,* 74, 79, 114-115.

18. Ibid., 140-142.

19. Benjamin Schwartz, *Communism and China : Ideology in Flux* (Cambridge, Harvard University Press, 1968), 37, 55, and 85. 据Seymour Topping研究，毛泽东在1962年八届十中全会上谈到了在谈判条约时要"斗争"。据说，斯大林在艰苦谈判两个月后签署了条约，他对毛泽东的信任是"1950年冬天'抗美援朝运动'才开始的。斯大林当时相信我们不是南斯拉夫，不是托派分子"。见Topping, *Journey Between Two Chinas,* 89.

20. Lu to McMullen, June 28, September 1, October 12 and 28, 1950, Lu Chih-wei file，AC:UB.

21. Lu to Boynton, September 5 and October 28, 1950, PC:GMB; Lu to McMullen, October 28, 1950, AC:UB.

22. 当时北京广泛流传着两篇文章，一是1950年11月18日伍修权在联合国安理会上的讲话，一是1950年11月5日发表的《怎样认识美国》。两篇文章都收录于《伟大的抗美援朝运动》（北京，1954）一书，分别见47—65页和674—684页。伍修权的发言也刊登在1950年11月29日的《纽约时报》上和 *United Nations Security Council Official Records* (New York, 1951)，527th meeting, November 28, 1950, 2-26. 有关中国对朝鲜战争的权威看法，见 Allen Whiting，*China Crosses the Yalu: The Decision to Enter the Korean War* (New York, Columbia University Press, 1954).

23. Wiant to H. B. Seaman, October 19, 1950, Wiant file, AC:UB; Lu to McMullen, October 28, 1950, Lu file, AC:UB.

24. Minute, Board of trustees, January 2, 1951 AP: BT.

25. Ralph Lapwood to friends, January 3, 1951, PC:RNL; Wiant to McMullen, January 5, 1951，and H. B. Seaman to Wiant, January 25, 1951, Wiant file, AC:UB.

26. *New China News Agency,* February 12, 1951. 辅仁大学是天主教教会

在北京创办的另一所主要的教会学校，在燕大国有化四个月之前的1950年10月12日国有化。政府采取行动的原因之一，是掌控学校的美国董事会拒绝放弃宗教教育，拒绝做出任何宗教上的变通。辅仁大学的情况与燕大的中西行政管理者形成了鲜明的对比。*China Monthly Review*, 96-97 (November 1950), and 130-131 (December 1950); Richard C. Bush, Jr. *Religion in Communist China* (Nashville, Abingdon Press, Tennessee, 1970)，72-73, 75.

27. "Proclamation of the Chinese People's Liberation Army," April 25,1949, *Selected Works,* IV, 397-400.

28. Lu to McMullen, April 5,1959, Lu Chih-wei file, AC:UB.

29. Minute, Board of Trustees, May 9,1950, AP:BT.

30. Boynton diary, July 25, 1949; and van der Sprenkel, *New China,* 15.

31. Van der Sprenkel, *New China,* 3-14, 64-70.

32. Minute, Board of Managers, February 13,1949, AP:BM.

33. Lu to McMullen, April 13,1950, Lu Chih-wei file, AC:UB.

34. 颜惠庆是1949年3月代总统李宗仁派往北京和后来的石家庄进行"和平谈判"的四位代表之一，与毛泽东和周恩来会谈。他1950年去世。Stuart, *Fifty Years,* 221-222; and Perleberg, *Who's Who in Modern China,* 240-250. 全绍文是第一个在1949年12月《华人基督徒致董事会》的信上签字的人，也是革命后"三反"运动的发起人。见Wallace Merwin and Francis P. Jones, eds., *Documents of the Three Self Movement* (New York, National Council of Churches,1963),14-18. 周诒春1949年离开内地去香港，但维持着与燕大领导的联系。当新政府要求陆志韦改革校务委员会时，他愿意考虑周诒春作为与旧委员会的承接。Lu to McMullen, October 12,1950, Lu Chih-wei file, AC:UB.

35. 有关翦伯赞和沈志远的情况，见*Who's Who in Communist China* (Hong Kong,1969), I,142, and II, 559. 尽管翦伯赞在最初的几年间享有很高的政治地位，但他后来被"反动小集团"称为装扮学校的"花瓶"。燕大国有化后，他成为《燕大学报》的编辑和历史系主任，当时齐思和因参加土改而暂时离职。翦伯赞后来在1954—1966年担任北京大学历史系主任，直到1966年12月"文化大革命"期间，他被当成"反动学术权威"进行批评。沈志远参加了很多当地的政治活动，实

376 / 燕京大学与中西关系，1916—1952

Yenching University and
Sino-Western Relations, 1916—1952

际上只在燕大校园里待了几个月。后来的1957年，他也被打成右派，其人大代表资格也被剥夺。

36. *HYC*, 1952年4月14日。

37. Lu to McMullen, November 1,1949, Lu Chih-wei file, AC:UB.

38. Perleberg, *Who's Who in Modern China,* 298.

39. Chung Shih, *Higher Education in Communist China* (Hong Kong Union Research Institute,1953)，17; *Who's Who in Modern China,* 327-332.

40. Lu to McMullen, November 1,1949, Lu Chih-wei file, AC:UB.

41. Wiant to me, May 17,1973; Randolph Sailer, an "interim report" on a visit to China, May 15,1973.

42. Louise Sailer to Yenching Women's College Committee, July 13,1949, Sailer file, AC.UB.

43. 分支委员会的其他成员是Chang Shih-lung, Hsieh Tao-yüan, 和Yüan Ming; *HYC*，1949年10月14日及1950年2月15日。The pre-October figures are from Louise Sailer to Yenching Women's College Committee, July 1949, Sailer file, AC:UB.

44. *HYC,* 1959年10月14日。

45. 同上，1950年2月15日和22日。

46. Lapwood, *Through the Chinese Revolution,* 107-108.

47. *HYC,* 1949年10月7日和1950年1月9日。

48. Lapwood, *Through the Chinese Revolution,* 109-113.

49. McMullen to Lu, February 7,1950, Lu Chih-wei file, AC:UB; Minute, Board of Trustees，May 8,1950, AP:BT.

50. *HYC,* 1949年10月21日和1949年12月7日。有关青年团的概况论述，见James P. Harrison, *The Long March to Power: A History of the Chinese Communist Party, 1921—1972* (New York，Praeger, 1972)，262-263, 404-405.

51. Kenneth Ch'en to Elisseeff, February 15,1949, Yenching file; Lu to McMullen, November 1, 1949，Lu Chih-wei file; Louise Sailer to Yenching Women's College Committee, April 4,1950, and Randolph Sailer to McMullen, November 13,1950, Sailer file, AC:UB.

52. 这些观点在《新青年》的不同期中都有表述，例如高明凯1949年11月28日和严景耀1949年12月14日及28日的文章。

53. 高明凯，《政治学习、业务学习》，*HYC*, 1949年11月28日。

54. Lu to McMullen, November 1,1949, and June 28,1950, Lu Chih-wei file, AC:UB.

55. Lu to McMullen, June 28, 1950, Lu Chih-wei file, and Randolph Sailer to McMullen, November 13, 1950, Sailer file, AC:UB.

56. "Yenching University; Incomplete Report on Student Earollment," September 21,1950, ms., PC:GMB;《北平私立燕京大学一览》(1937),185.

57. Hsiao Feng, "What Did the US Open Yenching University For," *Ta-kung pao* (Hong Kong), April 22,1952, as translated in *Current Background*, published by the American Consulate in Hong Kong, no. 182, p. 20; Theodore T. H. Ch'en, *Thought Reform of the Chinese Intellectuals* (Hong Kong, University of Hong Kong Press,1960), chaps. 7 and 8. 在陈的研究中，美国卷入朝鲜战争作为反美情绪爆发的一个因子只得到了微弱的关注。但他引用了大量思想革命的文献，揭示出战争已经占据了人们头脑的中心。西方国家利用宗教来扩展其在华文化影响力的观点并不新鲜，但朝鲜战争爆发后，这一观点又被急切地表达出来。见《中国基督教在新中国建设中努力的途径的宣言》（1950年9月22日）以及1950年12月29日郭沫若给政务院的报告，载《伟大的抗美援朝运动》（北京，1954），第700、797—798页。另见Lapwood to friends, April 21,May 2, and 10,1951, PC:RNL; and Lapwood, *Through the Chinese Revolution*, 96-98, 135-138.

58. Lu to McMullen, June 28,1950, Lu Chih.wei file, AC:UB.

59. Lapwood to friends, July 31,1951,PC:RNL. 燕大教员的特殊技能也是政府需要的。建筑学家梁思成、地理学家和城市规划师侯仁之、水利工程师黄维德以及中国航空术语标准化专家戴文赛等。见Lapwood, *Through the Chinese Revolution*, 98.

60. 大概30年前，陈独秀在把基督教当作传播服务与牺牲精神的途径之一后，提出了一个问题，即"为谁牺牲？又去爱谁?"，见《新青年》1922年3月22日；另见张《国内二十年来之宗教思潮》，190—193。陈独秀的问题未能引起大多数燕大教育家的重视，但它在革命接管后引起了新的注意。见 Lo Cheng-ching,《看旧燕京为谁服务》, *HYC*, 1952年4月14日。

61. Lapwood, *Through the Chinese Revolution*, 165. 运动的强度很大，以至于赖朴吾所在的数学系在4天时间内，召开了累积长达26小时的会议。另见Lapwood to friends, March 16, 20, and June 29, 1952, PC:RNL.

62. 纽约亚洲基督教高等教育联合会出版了一些在华基督教教会大学的历史，其中艾德敷《燕京大学》一书对1949年后华人教员的宣言和行动多有研究。其他的研究涉及华人方面的内容较少。例如，Roderick Scott, *Fukien Christian University* (1954), 102-123; W. B. Nance, *Soochow University* (1956), 133-134; Charles Hodge Corbett, *Shantung Christian University* (1955), 263-264; Mrs. Lawrence Thurston and Ruth M. Chester, *Ginling College* (1955), 143-146; and Mary Lamberton, *St. John's University, Shanghai* (1955), 249- 250. 有关教会学校综合性的学术研究有Jessie Lutz, *China and the Christian Colleges, 1850—1950*, 444-484, 对1949年之后的情况也有详细讨论。

63. 年轻的英语教师Langdon Gilkey 在珍珠港事件前抵达燕大，但被日本人抓进监狱，其生动的狱中生活叙述，见*Shantung Compound: The Story of Men and Women under Pressure* (New York, Harper and Row, 1966).

64. David Caute, *The Fellow-Travellers*: *A Postscript to the Enlightenment* (New York, Macmillan, 1973), 6.

65. 同上，251。有关思想革命的两个杰出研究是Theodore H. E. Ch'en, *Thought Reform of the Chinese Intellectuals* (Hong Kong, 1960), 其主要依靠的是20世纪50年代中国期刊上发表的忏悔书。另一个是Robert J. Lifton, *Thought Reform and the Psychology of Totalism: A Study of "Brainwashing" in China* (New York, 1961), 该研究主要依靠Lifton对逃往香港的中西教员进行的采访。Albert Biderman建议把美国对中国思想革命的广泛反对同朝鲜战争里对美军战俘的思想改造结合起来研究。Biderman, *March to Calumny: the Story of the American POWs in the Korean War* (New York, Macmillan, 1963), 141.

66. Caute, *Fellow-Travellers*, 13.

67. 见Bao and Rudolph Chelminski, *Prisoners of Mao* (New York, Coward, McCann, and Geoghegan,1973). 另一个内部故事来自两个美国人，见Adele and Allyn Rickett, *Prisoners of Liberation* (New York, Cameron,1957).

68. 美国学者不受冷战影响赞扬中国革命的中国研究文集是Michael Oksenberg, ed., *China's Developmental Experience* (New York, Academy of Political Science, 1973)，该书以20世纪所面临的重大问题为背景，甚至提出了美国应该学习中国的问题。尤其是Oksenberg, Tsou, Sidel, Munro, Li, and Pfeffer.

69. Minute, Board of Managers, February 13,1949, AP:BM.

70. Boynton to Charlotte Boynton, October 28,1949, and January 4,1950, PC:GMB (HL). 有关冰心和吴文藻后来的情况，见Yang Ch'ing-k'un's report in *Shih-chih chien-pao*,10 (April 1,1972).

71. 该文件的名字为 "Alumni," AC。

72. 1972年的名单包括那些在美国以外已经成为其他校友会成员的校友，见《燕大校刊》(中英文版) (Palo Alto, Calif. March 1973), 70-77。更早的名单也是由美国燕大校友会在1968年出版的，其中有大约280位居住在美国的燕大校友。

73. 《燕大校友通讯》(香港, 1967), 21。这份名单是1968年出版的单独通讯录，提供了校友毕业的年份、地址和电话。

74. Interview with Yeh Ch'u-sheng, June 18,1969, Taipei. 有关燕大校友在台湾的活动，特别是司徒雷登纪念基金会的活动，见《燕大校友通讯》(1968), 63。

75. 《燕大校友通讯》(1963), 68-82, (1965), 53-37, 和 (1967), 23-25.

76. T'an Jen-chiu, interview, February 6,1969.

77. 1949年，马思聪加入燕大音乐教师队伍，"文化大革命"后，离开了中国。见*Who's Who in Communist China,* II, 504-505. 另见*New York Times*, April 13 and May 28,1967.

78. Stuart to McMullen, June 24,1947, and March 9,1949, Stuart file, AC:UB; Grace Boynton diary，April 10,1948, and January 21,1949; Randolph Sailer to McMullen, October 24, 1950, Sailer file, AC:UB; Lapwood to friends，February 29,1952, PC:RNL; Lapwood, *Through the Chinese*

Revolution, 167-171.

79. Lucy Burtt to friends, January 10, 1949, Yenching file, AC:UB; Grace Boynton to Charlotte Boynton, December 23,1948, PC:GMB (HL); Lapwood, *Through the Chinese Revolution,* 43-54. 两部很受欢迎的讲述其他大学接管后情况的著作，一是Stephen Becker, *The Season of the Stranger* (New York, 1954), chaps.17 to 25, 书中对革命表达了同情；另一部是Maria Yen (Yen Kuei-lai), *The Umbrella Garden: A Picture of Student Life in Red China* (New York, Macmillan,1954), chaps. 2 and 3.

80. Lapwood, *Through the Chinese Revolution,* 49-50; Lucius Porter letters, January 9,1949, PC:LLP; Grace Boynton diary, January 8, 1949.

81. Lapwood, *Through the Chinese Revolution,* 48-49; Boynton diary, February 6,1949.

82. Boynton diary, March 3,1949.

83. 有关中苏友好同盟的新闻，见*HYC,* 1949年10月7日，1949年12月14日和28日，以及1950年2月22日。

84. Huang Kuan,《土改通讯》，*HYC:* 1950年2月22日；有关大学生参加土改的情况，见*HYC,* 1950年1月25日、2月8日和15日；以及Lapwood, *Through the Chinese Revolution,*139.

85. Bliss Wiant to Henry B. Seaman, November 17,1950, Wiant file, AC:UB; interview with Wiant, November 16, 1972;Lapwood to friends, December 16, 1950, PC;RNL.

86. 赖朴吾报告说，爱国热情十分高涨，几乎没有人收听《美国之音》的广播。收听这种广播就是不爱国，就如同战争年代英国人收听希特勒的广播一样。见Lapwood to friends, December 16,1950, October 31 1951, and August 16,1952, PC:RNL; and Lapwood, *Through the Chinese Revolution,*156, 175-183.

87. John Leighton Stuart, "The Problems of Modern Education in China," n.d., c. June 1936, ms.,14, AC：JLS.

88. Louise Sailer to Yenching Women's College Committee, April 4,1950, Sailer file, AC:UB. 到1951年10月，赖朴吾和同事之间已经全部使用中文，尽管他们的英文也很好。用中文写教科书的工作也在努力进行。Ralph Lapwood to friends, no. 51-B3, n.d., c. October 1951, PC :RNL.

89. Lapwood to friends, May 5, 1952, PC:RNL; Grace Boynton noted in her diary that the Russian teacher in January 1950 was ridiculed by students, January 8,1950.

90. Louise Sailer to Yenching Women's College Committee, April 4,1950, Sailer file, AC:UB; Grace Boynton diary, June 30,1949; *HYC,* November 28,1949.

91. Stuart report to the trustees, October 9,1939, AC:JLS.

92. Lapwood, *Through the Chinese Revolution,* 66-70.

93. 《总结政治学习》, *HYC,* 1949年12月28日和1950年1月4日。*HYC,* 1950年1月4日、11日、15日和18日, 其中有学生的思想总结。

94. *HYC,* November 28 and December 7,1949.

95. Lapwood, *Through the Chinese Revolution,* 147; Grace Boynton diary, November 6 and 25,1949.

96. Grace Boynton diary, October 31,1949; interview with Bliss Wiant, November 16,1972; Lapwood, *Through the Chinese Revolution,* 47,200.

97. Lucy Burtt to friends, January 10,1949, Yenching file, AC:UB.

98. Ralph Lapwood translates Yeh-su chia as the Jesus Homes, Lapwood to friends, July 31, 1951,PC:RNL. 有关"耶稣家"的其他讨论, 见 Yamamot。山本澄子,《中国基督教研究》82-94; Richard Bush, *Religion in Communist China,* 200; 和一份亲历者的详细记录是 D. Vaughan Rees, *The "Jesus Family" in Communist China* (London, Paternoster Press, 1959).

99. Randolph Sailer to William Fenn, August 1949, Sailer file, AC:UB.

100. Lucy Burtt to friends, January 10,1949.

101. Boynton diary, October 3 and 26,1949.

102. Lapwood, *Through the Chinese Revolution,* 199-200. 北京一位著名的新教领导人王明涛仇视革命, 他与燕大领导人试图改造基督教信仰以接受革命秩序的做法背道而驰。见 Ng Lee Ming, "Christianity and Social Change: The Case in China, 1920—1950," chap. 2.

103. Randolph Sailer to William Fenn, August 1949, Sailer file, AC:UB. 一位女学生投入北京天桥区小偷和妓女中心的工作中, 她第一次看到了普通民众是如何生活的。Louise Sailer to Yenching Women's College

Committee, July 13,1949, Sailer file, AC:UB.

104. Stuart, *Fifty Years,* 242-243.

105. Ibid., 236; Boynton diary, August 20,1949.

106. Stuart, *Fifty Years,* chaps. 14 and 15.

107. 范天祥报告说，有7位中西教员在"翻身"之前离开了，见Wiant to McMullen, December 6,1948, Wiant file, AC:UB. 但包贵思表示除了范天祥信中提到的艾德敷和Mary Cookingham 之外，还有人离开。包贵思提到了宗教学院院长Philip de Vargas，女子学院院长Ruth Stahl，英语系的Thomas and Ruth Breece和20世纪20年代起就长期担任司徒雷登秘书的 Hilda Hague。见Boynton diary, 1948年11月28日和12月12日。

108. Bliss Wiant and Mildred Wiant, interview, November 17,1972; Boynton diary, January 21,1950; copy of William Gilkey letter, May 24,1952, PC：GMB.

109. Wiant to Evans，January 27,1949, Wiant file, AC:UB.

110. Wiant to McMullen, April 3,1949, Wiant file, AC:UB.

111. 抗美援朝运动期间，在校西方人被要求购买战争债券。范天祥妥协了，买了两张，价值16美元。一个反美情绪高涨的象征，就是贝德福的半身雕像被移除了，这位公理会教士是燕大的奠基人。他的半身雕像在贝公楼的一侧，另一侧是毛泽东的雕像。贝公楼的牌匾被摘除，并在院子里烧毁。尽管面对敌视和孤立，范天祥仍然被允许参与圣诞节歌剧表演，但不是在校园里，而是在北京的教堂。Wiant interview, November 16,1972.

112. 这些对比见Wiant's letters to McMullen, December 6, 1948, and December 11, 1950, Wiant file, AC:UB.

113. Porter to children，December 12,1948, PC:LLP.

114. Ibid.,January 30,1949, March 13,1949, April 24,1949, May 11,1949.

115. Grace Boynton diary, February 28,1947, May 25,1947，May 17,1948.

116. Ibid.,July 29,1949, September 26, 1949.

117. Ibid., January 31, July 25, August 11, 19, September 26, October 3, 17,November 6,1949.

118. Perleberg, *Who's who in Modern China,* 245; and Grace Boynton, *The*

River Garden of Pure Repose (New York, 1952).

119. 题为"Hope of Chinese Liberals That America Can Save China by Forcing Democratic Reform"的外交通信的日期为1944年7月11日。发表在*The Amerasia Papers: A Clue to the Catastrophe of China* (Washington, D.C., Senate Judiciary Committee,1970), I, 665. 包贵思对杨刚十分熟悉，自从20世纪20年代末她们在燕大校园建立联系以来，从来没有遗忘过她，那时，杨是个自由主义者。她把杨刚看成是学生当中的革命典型。即使在1946—1947年，杨刚在美国学习和写作期间，她也没有放弃过革命理想。Yang to Boynton, February 12, September 3, October 27,1945, and March 6, June 6, 1946, and April 12, 1948, PC:GMB.

120. Boynton diary, March 1, 1949.

121. Ibid., January 29, and November 11,1949.

122. Boynton letters, November 20 and December 31,1950, PC:GMB (HL).

123. Boynton to Russell Boynton, December 28,1950, PC:GMB (HL).

124. Sailer to Fenn, August 1949, Sailer file, AC:UB.

125. Sailer to McMullen, November 22,1952 and to Mary Ferguson, July 25,1952, Sailer file, AC:UB.

126. Lapwood, *Through the Chinese Revolution,*163.

127. Lapwood to friends, March 19 and December 29,1951, PC:RNL.

128. Lapwood, *Through the Chinese Revolution,* 171-172, 197; Lapwood to friends, June 2,1952, PC:RNL. William Gilkey是最后被召入燕大音乐教师队伍的人，也经历了"三反"运动。他1952年5月报告抵达香港，他说自己被吓坏了。6个多月后，Gilkey被控和Rickett夫妇一样担当美国间谍。他否认这些指控，认为是无稽之谈，并强烈批评警方长达6个多小时的审讯。William Gilkey, May 14,1952. PC:GMB.

129. Ralph Lapwood, "Extracts from my China Diary,1964," mimeographed, 1964, PC:RNL.

130. Sailer to author, June 8,1973.

131. Stuart to Mary Ferguson, November 1,1949, Stuart file, AC:UB. 据包贵思记载，司徒雷登在教师中的威信大减，尤其是1949年8月对白皮书批判之后。Boynton diary, October 17 and 30,1949.

132. John Leighton Stuart's introduction to Cheng Tien-fang's *History of Sino-Russian Relations.* 我大量引用这部文献，它和司徒雷登回忆录的后半部分十分相似，这表明，司徒雷登在回忆录里流露出的对革命的敌视态度不是受到Stanley Hornbeck 影响的结果。见Topping, *Journey Between Two Chinas,* 89.

133. See item dated November 1957, and Stuart to Fenn, November 25,1947, Stuart file, AC:UB.

134. Sailer to McMullen, November 22,1950, Sailer file, AC:UB.

135. Ibid., October 24, 1950.

136. Lapwood, *Through the Chinese Revolution,* 167-171; Lapwood to friends, February 29,1952, PC:RNL.

137. "What Did the United States Open Yenching University For?" *Ta kung-pao* (Hong Kong) April 22,1952, and "Ideological Struggle Reaches New High in Yenching," *Chin-pu jih-pao* (Tientsin) March 17，1952，both in *Current Background,* no.182.

138. 有关侯仁之的攻击，见*HYC,* 1952年4月14日；Lapwood to friends, May 5, 1952, AC:RNL。

139. 《人民日报》，1951年11月3日和1952年4月16日。引自Chung Shih, *Higher Education in Communist China,* 41-43.

140. T. C. Chao to "Y. C. and David," November 26,1948,Yenching file, AC:UB.

141. Chao, "Days of Rejoicing in China," *Christian Century,* 66.9:266 (March 2,1949); and "Christian Churches in Communist China," *Christianity in Crisis,* 9.11:85 (June 27, 1949).

142. Chao, "Christian Churches," *Christian Century,* 85.

143. Chao, "Days of Rejoicing," 266, and "Red Peiping after Six Months," *Christian Century,* 66.37:1066 (September 14,1949).

144. 《伟大的抗美援朝运动》，703-704。

145. 《大公报》（香港），1951年12月12日。该报告的英文版可在燕京档案AC:UB 中找到。在同一次会议中，Philip de Vargas尽管是个瑞士人，但也被指责"和美元以及美国传教士组织一样为侵略者散布毒药"。Frank Price则被批评是"伪装成传教士的间谍"。蔡永春教授承认自己有弱点，被"不革命和害怕斗争"引入了死胡同。范天祥被指控引用《圣经》段落，"为了正义，被上帝保佑的人就是被迫害的人"，以此来"歪曲新中国基督教的情况，攻击人民政府，破坏中国人民的团结"。上述所有人都想"彻底改变学校"。

146.《人民日报》，1951年7月12日。

147. *Documents of the Three Self Movement,* 70-71; and Lapwood to friends, September 26,1952, PC:RNL.

148. *Documents of the Three Self Movement,* 138-139.

149. 1973年5月，夏仁德访问了赵紫宸；Sailer, "interim report," May 15,1973.

150. Lu to McMullen, December 9, 1948, Lu Chih-wei file, AC:UB.

151. Kenneth Ch'en to Serge Elisseeff, February 15,1949, Yenching file, AC:UB; interview with Mei Yi-pao, July 16,1968, Iowa City; and Dwight Edwards, *Yenching University,* vii-ix, 405.

152. Wiant to Seaman, November 17,1950, and Sailer to McMullen, October 24，1950, AC:UB; Lapwood to friends, December 29,1951, PC:RNL; Boynton diary, March 13, June 30, and September 11, 1949.

153. Lu to McMullen, October 28,1950, Lu Chih-wei file, AC:UB.

154. "United States Imperialist Cultural Aggression as Seen in Yenching University," *Hsin kuan-ch'a* (Peking, February 10,1951),as translated in *Current Background,* no. 107.

155. Lu to McMullen, November 1,1949, AC:UB.

156. Ibid., Boynton diary, September 11,1949.

157. *New China News Agency,* Peking, December 5,1951; Lapwood to friends, December 29,1951,PC:RNL.

158. Lapwood to friends, February 6,1952, PC:RNL.

159.《帝国主义分子范天祥日记中的陆志韦》，*HYC,* 1952年4月14日，6；另见James Endicott, "A Report on How American Imperialism Used Religion in China," *China Monthly Review,* June 1952.

160. 吴兴华，《我认识了陆志韦是怎样的学者》，*HYC,* 1952年4月14日。

161. 侯仁之，《揭露陆志韦反动集团的罪行》，*HYC,* 1952年4月14日。

162. 陆耀华，《控诉我的父亲陆志韦》*HYC,* 1952年4月14日。

386 / 燕京大学与中西关系，1916—1952
    Yenching University and
    Sino-Western Relations, 1916—1952

163. 同上。

164.《陆志韦的检讨》, *HYC,* 1952年4月14日。

165. Lapwood letters, June 2,1952; "Extracts from a letter to the Bliss Wiants from the Lapwoods," n.d., c. summer 1952, PC: GMB; Randolph Sailer, "Interim Report," May 15,1973.

166. Lapwood to friends, June 29 and September 26,1952, PC:RNL.

167. Edwards, *Yenching University,* 437-438.

第 08 章

/ 结论

    从学校本身的发展来看，燕京大学既成功，又失败。它实现了根植于基督教新教传教事业和中国土壤的国际主义理想。中西友好关系的梦想变成了年度预算、大学学位和一座美丽的大学校园。20世纪20年代初期，燕大已成为精心孕育和策划下的一所大学，其继续发展的前景也十分明朗。但20世纪40年代末，燕大得以存续的政治秩序几近崩溃，但它在当时的地位还很高。1948年9月，在共产党接管学校之前，申请入校的新生超过4000人，创造了学校历史最高纪录。20世纪，东方和西方因文化差异而彼此隔绝，如果有什么东西可以跨越，那就是燕京大学。

    然而，燕京大学的成功并非没有原因。燕大有着很强的跨文化联系，也能满足现实的需要，但面对攻击，它又显得无能为力，西方宗教原教旨主义者率先发难，中国民族主义的挑战更加严峻，最后是朝鲜战争期间国际关系所带来的压力。燕大在创立初期是成功的，因为它给人以救国的希望，要把中国从国际混乱和外部屈辱中解救出来，但随着这种希望愈发黯淡，燕大也陷入了困境。救国，以及教育和基督教社会改革在其中的作用，一直是民国年间很难表述清楚的事。授予学位、设立学院并招募教师、向燕大学生们传授技能和理想主义，使其进入中国社会和政府，但这些还远远不够。

19世纪末和20世纪初，西方民主国家的政局相对稳定，社会改革和教育似乎是有效的。但中国的环境缺乏这种稳定性，渐进社会变化很快就消失了。把西方国家解决社会发展问题的办法移植到中国，很快结出了硕果。但人们要求更加综合性的解决办法，爱国热情也使人们变得缺乏耐心，在此背景下，社会改革退化成了慈善救济，文科教育也有蜕变为攫取更高社会地位工具而不是服务社会的危险。即使改革主义者不懈努力，燕大在20世纪30年代参与的农村重建计划，也仅仅带给人们一丝微弱的希望。

燕大发出的声音也提到综合性的解决方案，但它未能与任何政治力量联合起来实施这些计划，因此很大程度上只是一种抗议的声音而已。社会福音运动承诺要实现社会公正，但却从未清楚地表述过用什么办法实现。基督教救国模式的确能够产生新的社会范式，创建一个新社会，提出教育的新任务，以及培养完成那些任务的技能。不过，社会上只有一小部分人能参与这些任务，他们对重塑新的政治秩序也没有什么影响。那些基督徒领导人的名字，包括蒋介石在内，都与低效、腐败和依赖西方联系在一起。服从上帝的基督徒被要求，不论现行制度有多大缺点，都不能参与推翻它的暴力行动。燕大的支持者也不能反对在农村动员起广大民众，这是越来越多的中国爱国主义者所认定的救国方式之一。

从这个意义上看，基督教高等教育在城市里的成功，或许也是一条自我毁灭之路，因为那些改革主义者和爱国者初衷虽好，却接受了西方模式，这让他们与普通民众之间的隔阂越来越深。如果燕大的基督徒们不是爱国者，他们之间的隔阂还不会有如此重要的影响。但从20世纪初老一辈华人教员皈依基督教，到政权交替时期基督教协会成员的行为来看，爱国主义始终是具有决定性意义的主题。正如"生命社"的华人成员不断强调的那样，个人救赎不能与社会重建和救国分开。

马克思主义对燕大的实践提出了强烈批评。早年马克思主义学习小组的诉求跟"生命社"相差无几。但马克思主义所采取的方式是自由主义基督教所无法接受的，因为它提供一个框架，可以把觉醒的爱国意识转化为强有力的政治组织。马克思主义比其他任何一种理论都更强调解决政权问题，中国共产党在社会中创立了一整套横向和纵向的结构，为新的社会秩序奠定了基础。这种框架下的运动在早年间就影响到燕大的师生群体，但直到中国共产党夺取政权之前，也只有少数燕大学生积极参与运动。那些通过地下活动参加抗日游击队和20世纪40年代末参加革命运动的人，都加入了新政权。政权交替后，其他人通过政治学习、入团、入党等方式参加了新政府，而更多的人则依靠他们的本职工作。救国就在眼前，他们都直接参与其中。从一开始，司徒雷登和其他"生命社"成员就非常清楚地意识到，革命意识形态产生了相反的吸引力。20世纪20年代后，人们只听说有基督徒变成了马克思主义者，却没有马克思主义者变成了基督徒。

除了救国政治外，燕大也强烈地影响了民主政治。西方人通过19世纪的炮舰外交在中国得以立足，燕大与他们的联系曾被人诟病，但通过调整学校组织以实现种族平等的不懈努力，使这一弱点有所改善。有时，与外国的联系也会变成优势，如抗日战争期间，燕大因西方人的治外法权而得到了4年保护。但仇外情绪从来没有完全消失，在共产党政府的鼓动下，1950年朝鲜战争期间，达到了前所未有的高度，当时，燕大的华人师生都相信，美国领导的军队将入侵中国。

燕大领导人也必须面对日本日益增强的军事影响。在30年间，反日爱国主义点燃了学生们的不满，也严重干扰了校园的生活。1937年后，一部分学生和教师逃到中国西部，并最终在剩余的战争岁月里建设了另一座校园。战争结束时，学校重返北平郊区的海淀校园，但由于战争，燕大师生的人数严重减少。抗日战争也为国民党和共产党的内战提供了舞台，并导致了双方的进一步冲突。

与苏联的外交也影响了燕大的发展。当20世纪20年代初美国拒绝支持孙中山时，苏联却向他提供了援助，并给出了建议，苏联的影响塑造了中国的革命运动，这一切在燕大的整个历史发展中，决定了学生们的想法和认识。1949年后，苏联对中国政治的影响力大增，燕大被关闭也与之有关。

美国的影响和外交也许在所有外部因素中最具决定性意义。燕大主要由美国的资金资助，民国年间，教育部门中美国的影响占主导地位，燕大的文科课程和学位要求都参照其模式确立。抗日战争期间，中美关系也得到了加强。但到了战后这一联系却成了负担，因为学生们痛恨美国帮助蒋介石，20世纪40年代末期，蒋介石的领导已经几乎遭到了全体学生的反对。司徒雷登个人对蒋介石的忠诚，以及作为驻华大使帮助国民党政府加强统治的努力，都使燕京大学受到了伤害。1949年和1950年，美国对新政权采取的政策及其在朝鲜战争中的行为，都是影响战时民众心理不可分割的一部分，而燕大的终结也被笼罩在这种心理之下。

只关注思想和个人的跨文化交流历史，会把上述政治和外交事实放入过于狭窄的理论框架内。把思想和政治分开，在民国初年的短暂时间内似乎是可行的，那时，无条件接受西方思想的新文化运动正处于高潮。但人们很快就从好奇中走出来，并逐渐意识到，在破坏旧秩序的过程中，西方的角色首先是发动政治运动。随着民国历史的演进，这种意识转化为寻找新价值和新社会结构的热情，它们将为中国重新带来秩序和尊严。与国际主义理想相结合的爱国主义很快就遭到了更加激进、更加狭隘的民族主义的挑战。思想与爱国的政治化，不仅在燕大师生那里变成了事实，对于中国整整一代的知识分子都是如此，他们在年轻时极端崇尚个人主义和浪漫主义，看起来根本不关心政治，但到20世纪20年代末期，他们就无法忽视中国继续遭受屈辱和陷入混乱的政治事实。这一发展趋势也同样扩展到在华西方知识分子（以及中国知识分子）群体，其艺术、文学和教育实践本是与政治分离的，但从那时起，与政治的联系就成了他们生活的主流，这有助于解释为什么1949年知识分子都接受了社会主义革命，尽管他们知道自己在社会中的地位将受到巨大影响。如果认识不到革命之前人们的思想已经政治化的事实，就很难理解为什么那些华人教员，作为跨文化关系的主要纽带，却能够接受一套反对这种关系的政治体制。

但在研究中西关系的政治史时，我们不应该把文化史（或跨文化交流史）与政治发展史等同起来。最终，中国的民族主义、共产主义革命和朝鲜战争联合起来，形成了燕大面前一道难以逾越的障碍，使它无法继续存在。然而，不管是中国的民族主义还是革命政策，其中任何一个都未必会导致燕大的终结。当然，每一个因素都引发了急剧的变化，但即使到1951年底，燕大董事会也仍然愿意接受这些变化。革命意识形态极大地调整了国际主义理想，但并不一定要摧毁它。国际关系在燕大的终结中成为决定性因素。若果真如此，那么在使燕大走向终点的政治力量中，中国和西方各占一半。

想找到所有影响燕大存在和终结的因素几乎是不可能的。但显然，在燕大成立之前，这些因素尚未表现出来，仅仅依靠中国的排外或西方的扩张——无论怎样理解这两个概念，都不能清楚地解释上述问题。在华基督教会的撤离和中国尝试文科教育的失败已经足以表明，20世纪初期把燕大人凝聚在一起的那股历史浪潮已经一去不返。但作为文化史的一部分，燕京大学的故事也说明，在和谐的中西关系中，没有什么东西本质上就是非中国的，或非西方的。

注释中的缩写简称

AC   亚洲基督教高等教育联合会，燕京大学行政通信地址：475
            Riverside Drive，纽约

         HSG   高厚德

         JLS   司徒雷登

         LTF   刘廷芳

         UB   与联合会的通信，1945-1958

AP   燕大校务管理委员会行政档案

         BM   校务管理委员会会议简报

         BT   董事会会议简报

         D   指南和简报

         HYI   哈佛燕京学社

         R   校长、院长和院系报告

CLYSM　《真理与生命》

HYC　《新燕京》

PC　本书作者搜集的私人档案和通信

　　GMB　包贵思(HL，藏于哈佛大学霍顿图书馆)

　　LLP　博晨光

　　MBS　玛格丽特·斯皮尔

　　RNL　赖朴吾夫妇，由包贵思提供

　　SFB　步济时夫人

PSYTI　北平私立燕京大学

SM　《生命》

YCHW　《燕京新闻》

YTCK　《燕大周刊》

YTYK　《燕大月刊》

YTYS　《燕大友声》

参考文献

The Amerasia Papers: A Clue to the Catastrophe of China. 2 vols. Washington, D.C., Committee on the Judiciary, United States Senate, January 26, 1970.

Arima, Tatsuo. *The Failure of Freedom: A Portrait of Moden Japanese Intellectuals.* Cambridge, Harvard University Press,1969.

Bailie, Victoria W. *Bailie's Activities in China: The Account of the Life and Work of Professor Joseph Bailie in and for China, 1890—1935.* Palo Alto, Calif. Pacific Books,1964.

Band, William and Claire. *Two Years with the Chinese Communists.* New Haven, Yale University Press, 1948.

Bao Ruo-wang (Jean Pasqualini) and Rudolph Chelminski. *Prisoner of Mao,* New York, Coward, McCann & Geoghegan, 1973.

Becker, Stephen. *The Season the Stranger,* New York, Harper and Brothers, 1951.

Bider man, Albert. *March to Calumny: The Story of the American POWs in the Korean War.* New York, Macmillan, 1963.

Blaustein, Albert P. *Fundamental Legal Documents of Communist China.* South Hackensack, N. J., F. B. Rothman, 1962.

Bodde, Derk. *Peking Diary.* New York, Schuman, 1950.

Boorman, Howard, ed. *Biographical Dictionary of Republican China.* 4 vols. New York, Columbia University Press, 1967, 1970, 1971.

Borg, Dorothy. *American Policy and the Chinese Revolution, 1925—1928.* New York, The Macmillan Co., 1947.

Boynton, Grace. *The River Garden of Pure Repose.* New York, McGraw Hill, 1952.

Bush, Richard C., Jr. *Religion in Communist China.* Nashville, Abingdon Press, 1970.

Caute, David. *The Fellow-Traveler: A Postscript to the Enlightenment.* New York, Macmillan, 1973.

Chang Ch'in-shih, 张钦士 ed. *Kuo-nei chin-shih-nien lai chih tsung-chiao ssu-ch'ao* 国内近十年来之宗教思潮(Tides of religious thought in China over the last ten years). Peking, 1927.

Chao Tzu-ch'en 赵紫宸.*Yeh-su ckuan* 耶稣传(The life of Jesus). Shanghai, 1935.

—— *Hsi yu chi* 系狱记(My experience in prison). Shanghai, 1948.

Chen-li chou-k'an 真理周刊(The truth weekly). Peking, 1923—1926.

Chen-li yu sheng-ming 真理与生命(The truth and life). Peiping, 1926—1937.

Ch'en, Theodore H. E. *Thought Reform of the Chinese Intellectuals,* Hong Kong, Hong Kong University Press, 1960.

Ch'en Tu-hsiu 陈独秀.*Tu-hsiu wen-ts'un* 独秀文存（Collected essays of Ch'en Tu-hsiu). Hong Kong, 1965.

Chen, Wen-hui C. *Chinese Communist Anti-Americanism and the*

Resist-America Aid Korea Campaign. Series 1, no. 4. Maxwell Air Force Base, Ala., Human Resources Research Institute, May 1955.

Cheng Tien-fong (Ch'eng T'ien-fang). *A History of Sino-Russian Relations.* Washington, D. C, Public Affairs Press,1957.

China Christian Yearbook. Shanghai, Christian Literature Society, 1926,1929, 1931.

China Monthly Review. Shanghai, 1949—1953.

Chinese Recorder. Shanghai,1874—1940.

Chinese Social and Political Science Review, Peking, 1916—1940.

The Chinese Yearbook. Shanghai, 1935—1936.

Christian Century. Chicago, The Christian Century Press.

Chow Tse-tsung. *The May Fourth Movement.* Cambridge, Mass., Harvard University Press, 1964.

Christian China. New York, Chinese Student Christian Association, 1910s and 1920s.

Ch'uan-kuo kao-teng chiao-yu t'ung-chi 全国高等教育统计 (Statistics on Chinese higher education). Nanking, Central Government Publications, 1931, 1933.

Chung Shih. *Higher Education in Communist China,* Hong Kong, Union Research Institute, 1953.

Current Background. Hong Kong, Press monitoring service of the American Consulate,1950-.

DeBary, Wm. Theodore, ed. *Self and Society in Ming Thought.* New York, Columbia University Press, 1970.

——*Sources of Chinese Tradition.* New York, Columbia University Press, 1960.

Dewey, John. *Lectures in China, 1919—1920,* trans. and ed. Robert W.

Clopton and Tswin-chen Ou. Honolulu, University Press of Hawaii, 1973.

Dillenberger, John, and Claude Welch. *Protestant Christianity, Interpreted Through Its Development.* New York, Scribner, 1954.

Dunne, George. *Generation of Giants: The Story of the Jesuits in China in the Last Decades of the Ming Dynasty.* South Bend, Indiana, Notre Dame University Press,1962.

Educational Review. Shanghai, 1907—1938.

Edwards, Dwight, *Yenching University.* New York, United Board for Christian Higher Education in Asia, 1959.

Fairbank, John K., ed. *The Missionary Enterprise in China and America.* Cambridge, Harvard University Press, 1974.

Foreign Relations of the United States, China volumes for years 1945,1946,1947, 1948. Washington, D. C., U.S. Government Printing Office.

Fraser, Stewart, *Chinese Communist Education.* Nashville, Tenn., Vanderbilt University Press, 1965.

Fu Ssu-nien 傅斯年, *Fu Ssu-nien hsüan-chi* 傅斯年选集(Selected works of Fu Ssu-nien). 5 vols. Taipei, 1967.

Fulton, Brank. "Notes on Dr. Stuart's Life." Interviews during 1940-1941, in GMB:PC.

Gamble, Sidney D. *Peking: A Social Suvey.* New York, George H. Doran, 1921.

Garrett, Shirley S. *Social Reformers in Urban China: The Chinese Y.M.C.A., 1895—1926.* Cambridge, Harvard University Press, 1970.

Garside, B. A. *One Increasing Purpose: The Life of Henry Winters Luce.* New York, F. H. Revell, 1948.

Gilkey, Langdon Brown. *Shantung Compound: The Story of Men and Women under Pressure.* New York, Harper and Row, 1966.

Gregg, Alice H. *China and Educational Autonomy.* Syracuse, N.Y., Syracuse University Press, 1946.

Grieder, Jerome B. *Hu Shih and the Chinese Renaissance: Liberalism in the Chinese Revolution, 1917—1937.* Cambridge, Harvard University Press, 1970.

Griggs, Thurston, *Americans in China: Some Chinese Views.* Washington，D.C., Foundation for Foreign Affairs,1948.

Han Su-yin. *A Mortal Flower.* New York，G. P. Putnam, 1965.

Harrison, James P. *The Long March to Power: A History of the Chinese Communist Party.* New York, Praeger Publishers,1972.

Hashikawa Tokio 桥川时雄 ed. *Chūgoku bunka kai jimbutsu sōkan* 中国文化界人物总鉴(Biographical dictionary of Chinese intellectuals). Peking, 1940.

Hsin ch'ing-nien 新青年(The new youth). Peking and Shanghai, 1915—1921.

Hsin Yen-ching 新燕京(The new Yenching). Peking,1949—1952.

Hsü, Immanuel C. Y., ed. *Readings in Modern Chinese History.* New York, Oxford University Press, 1971.

Hsü Ch'ien 徐谦,*Chi-tu-chiao chiu-kuo chu-yi k'an-hsing chih san* 基督教救国主义刊行之三(Three publications on Christian national salvation). Shanghai, 1920.

Hsü, Pao-ch'ien. *Ethical Realism in Neo-Confucian Thought.* Peiping, Yenching University, 1933.

—*Tsung-chiao ching-yen t'an* 宗教经验谈(Discussions of religious experience). Shanghai, Ch'ing-nien hsieh-hui shu-chü,1934.

Hummel, Arthur W., ed. *Eminent Chinese of the Ch'ing Period, 1644—1912.* 2 vols. Washington, D.C., U. S. Government Printing Office, 1943.

Hung Yeh. *Ho Shen and Shu-sh'un-yuan: An Episode in the Past of the Yenching Campus.* Peiping, Yenching University, 1934.

International Review of Missions. London, Continuation Committee of the World Missionary Conference,1910-.

Isaacs, Harold R. *No Peace for Asia.* New York, Macmillan, 1947.

Israel, John. *Student Nationalism in China, 1927—1937.* Stanford, Stanford University Press, 1966.

James, William. *Varieties of Religious Experience.* New York, Modern Library, 1902.

Jen-wu yüeh-k'an 人物月刊 (Journal of personalities). Vol. 1. Peiping, 1936.

Jones, Francis P. *The Church in Communist China.* New York, Friendship Press, 1962.

Kates, George Norbert. *The Years That Were Fat.* New York, Harper,1952.

Kiang Wen-han. *The Chinese Student Movement.* New York, King's Crown Press, 1948.

*Kindai Chūgoku Kenkyū*近代中国研究(Studies of modern Chinese). Tokyo, 1958.

Lang, Olga. *Chinese Family and Society.* New Haven, Yale University Press, 1946.

Lapwood, Ralph and Nancy. *Through the Chinese Revolution.* London, Spalding and Levy, 1954.

Latourette, Kenneth Scott. *A History of Christian Missions in China.*

London, Society for Promoting Christian Knowledge, 1929.

Levenson, Joseph. *Modern China and Its Confucian Past.* Garden City, N.Y., 1964. (Paperback version *of Confucian China and Its Modern Fate.* Berkeley, University of California Press,1958.)

Lifton, Robert J. *Thought Reform and the Psychology of Totalism: A Study of "Brainwashing" in China.* New York, Norton, 1963.

Lin Yu-tang. *My Country and My People.* New York, Reynal & Hitchcock, 1935.

Liu Kwang-ching, ed. *American Missionaries in China.* Cambridge, Harvard University Press, 1966.

Lutz, Jessie. *China and the Christian Colleges, 1850—1950.* Ithaca, N.Y., Cornell University Press, 1971.

Lutz, Jessie G., ed. *Christian Missions in China: Evangelists of What?* Boston, D.C. Heath, 1965.

Mao Tse-tung. *On New Democracy.* Peking, Foreign Languages Press,1954.

—*Selected Works.* 4 vols. Peking, Foreign Languages Press,1964.

Meisner, Maurice. *Li Ta-chao and the Origins of Chinese Marxism.* Cambridge, Harvard University Press,1967.

Merwin, Wallace, and Francis P. Jones, eds. *Documents of the Three-Self Movement: Source Materials for the Study of the Protestant Church in Communist China.* New York, National Council of the Churches of Christ, 1963.

National Cyclopedia of American Biography. New York, James T. White, 1954. *Nationalist China.* New York, Foreign Policy Association, 1931.

Ng, Lee Ming. "Christianity and Social Change: The Case in

China, 1920—1950," Ph.D. dissertation, Princeton Theological Seminary,1971.

North, Robert. *Moscow and the Chinese Communists.* Stanford, Stanford University Press,1953.

Oksenberg, Michael, ed. *China's Developmental Experience.* New York, Praeger, 1973.

Peake, Cyrus. *Nationalism and Education in Modern China.* New York, Columbia University Press, 1932.

Pei-p'ing ssu-li Yen-ching ta-hsüeh yi-lan 北平私立燕京大学一览 (Catalogue of Yenching University). Peiping, Yenching University, 1931, 1937.

People's Republic of China: An Economic Assessment. Washington, D.C., U.S. Government Printing Office, May 18,1972.

Perleberg, Max. *Who's Who in Modern China.* Hong Kong, Ye Olde Printerie, 1954.

Porter Lucius C. *China's Challenge to Christianity.* New York, Missionary Education Movement of the United States and Canada, 1924.

Price, R. F. *Education in Communist China.* New York, Praeger, 1972.

Rankin, Mary. *Early Chinese Revolutionaries:Radical Intellectuals in Shanghai and Chekiang, 1902—1911.* Cambridge, Harvard University Press,1959.

Rawlinson, Frank, et al., eds. *The Chinese Church: The National Christian Conference.* Shanghai, Oriental Press, 1922.

Records of the General Conference of the Protestant Missionaries of China. Shanghai, American Presbyterian Mission Press, 1890.

Scheiner, Irwin. *Christian Converts and Social Pretest in Meiji Japan.*

Berkeley, University of California Press, 1970.

Schneider, Laurence A.*Ku Chieh-kang and China's New History: Nationalism and the Quest for Alternative Traditions.* Berkeley, University of California Press, 1971.

Schram, Stuart R. *The Political Thought of Mao Tse-tung.* New York, Frederick A. Praeger, 1963,1969.

Schwartz, Benjamin. *Communism and China: Ideology in Flux.* Cambridge, Harvard University Press, 1968.

Sheean, Vincent. *Personal History.* New York, The Literary Guild, 1935.

Sheng-ming 生命 (The life journal), Peking, Sheng-ming she, 1919-1926.

Snow, Edgar. *Journey to the Beginning,* New York, Random House, 1958.

Snow, Helen Foster. *Women in Modern China.* Hague, Mouton, 1967.

Stauffer, Milton T., ed. *The Christian Occupation of China,* Shanghai, China Continuation Committee, 1922.

——*China Her Own Interpreter.* New York, Missionary Education Movement of the United States and Canada, 1927.

Stuart, John Leighton. *Fifty Years in China: The Memoirs of John Leighton Stuart, Missionary and Ambassador.* New York, Random House, 1954. (Stuart's memoirs were published in Chinese as *Ssu-t'u Lei-teng hui-yi lu*司徒雷登回忆录.Taipei,1954.)

Sung-chu sheng-shih 颂主圣诗 (Hymns of universal praise). Shanghai, Chung- hua Chi-tu-chiao wen-she, 1936.

Thomson, James C., Jr. *While China Faced West: American*

Reformers in Nationalist China, 1928-1937. Cambridge, Harvard University Press, 1969.

Topping, Seymour. *Journey Between Two Chinas.* New York, Harper and Row,1972.

Treadgold, Donald. *The West in Russia and China: China 1582—1949.* Vol. II. New York, Cambridge University Press, 1972.

Tsou Tang. *America's Failure in China,1941—1950.* Chicago, University of Chicago Press, 1963.

United Nations Security Council Official Records. New York, United Nations, 1951.

United States Relations with China. Washington, D.C., U.S, Government Printing Office, 1949.

Varg, Paul. *Missionaries, Chinese and Diplomats.* Princeton, N.J.,Princeton University Press, 1958.

Vincent, John Carter. *The Extraterritorial System in China.* Cambridge, Harvard University Press, 1970.

Wang, T. C. *The Youth Movement in China.* New York, New Republic, 1927.

Wang, Y. C. *Chinese Intellectuals and the West, 1872—1949.* Chapel Hill, N.C., North Carolina University Press, 1966.

Wei-ta ti k'ang-Mei yüan-Ch'ao yün-tung (The great Resist America Aid Korea movement). Peking, 1954.

Whiting, Allen S. *China Crosses the Yalu: The Decision to Enter the Korean War.* New York, Macmillan,1960.

Who's Who in China. Shanghai, China Weekly Review Press, 1925, 1931, and 1936.

Who's Who in Communist China. 2 vols. Hong Kong, Union Research

Institute, 1969.

Wu Lei-ch'uan 吴雷川，*Chi-tu-chiao yü Chung-kuo wen-hua* 基督
教与中国文化 (Christianity and Chinese culture). Shanghai, 1936.

——*Chi-tu-t'u ti hsi-wang* 基督徒的希望 (The Christian's hope).
Shanghai, 1939.

——*Mo-ti yü Yeh-su* 墨翟与耶稣(Motzu and Jesus). Shanghai, 1940.

Yamamoto Sumiko 山本澄子.*Chugoku Kirsutokyo shi kenkyu* 中國キ
リスト教史研究 (Studies on the history of Christianity in China).
Tokyo, 1972.

Yang K'ai-tao (Cato Yang) et al. *Ching Ho: A Sociological Analysis.*
Peiping, Yenching University,1930.

Yen, Maria (Kuei-lai). *The Umbrella Garden: A Picture of Student Life
in Red China.* New York, Macmillan, 1954.

Yen-ching ta-hsüeh hsiao-k'an 燕京大学校刊(Yenching University
Faculty Bulletin). Peiping, 1927-1937.

Yen-ta chou-k'an 燕大周刊 (Yenta weekly). Peking, 1923—1936.

Yen-ta hsiao-k'an 燕大校刊(Yenta Alumni Bulletin). Palo Alto Calif.,
Yenching Alumni Association, USA, 1973.

Yen-ta hsiao-yu t'ung-hsün 燕大校友通讯 (Yenta Alumni
Bulletin). Hong Kong, Yenching University Alumni Association,
1963,1965,1967.

Yen-ta yu-sheng 燕大友声(Yenta Alumni News). Peiping, 1931—1937.

Yen-ta yüeh-k'an 燕大月刊(Yenta monthly). Peiping, 1927—1934.

图书在版编目（CIP）数据

燕京大学与中西关系：1916-1952/〔美〕菲利普·韦斯特著；
程龙译．—北京：北京师范大学出版社，2019.7
ISBN 978-7-303-24660-1

Ⅰ．①燕…　Ⅱ．①菲…　②程…　Ⅲ．①北京大学－校史－
1916-1952　Ⅳ．①G649.281

中国版本图书馆CIP数据核字（2019）第079202号

北京市版权局著作权合同登记号：图字01-2017-7689

营　销　中　心　电　话　010-58805072 58807651
北师大出版社高等教育与学术著作分社　http://xueda.bnup.com

YANJING DAXUE YU ZHONGXI GUANXI
出版发行：北京师范大学出版社 www.bnup.com
　　　　　北京市海淀区新街口外大街 19 号
　　　　　邮政编码：100875
印　　刷：北京盛通印刷股份有限公司
经　　销：全国新华书店
开　　本：890 mm×1240 mm　1/32
印　　张：13.25
字　　数：270 千字
版　　次：2019 年 7 月第 1 版
印　　次：2019 年 7 月第 1 次印刷
定　　价：78.00 元

策划编辑：宋旭景　　　　责任编辑：宋旭景　陈　鹏
美术编辑：王齐云　　　　装帧设计：周伟伟
责任校对：王志远　包冀萌　责任印制：马　洁